国家“十二五”重点图书

本书获国家软科学研究计划重大项目“金砖国家的增长与转型”（2012GXS3D040）资助

国家出版基金项目
NATIONAL PUBLICATION FOUNDATION

大国经济丛书　　主编　欧阳峣

新兴大国的增长与转型

"金砖国家"经济研究

欧阳峣　易先忠　等著

格致出版社　上海人民出版社

图书在版编目(CIP)数据

新兴大国的增长与转型:"金砖国家"经济研究/欧阳峣等著.—上海:格致出版社:上海人民出版社,2015

(大国经济丛书)

ISBN 978-7-5432-2526-8

Ⅰ.①新…　Ⅱ.①欧…　Ⅲ.①世界经济-经济增长-研究　Ⅳ.①F113.4

中国版本图书馆CIP数据核字(2015)第117489号

责任编辑　彭　琳
装帧设计　路　静

大国经济丛书

新兴大国的增长与转型——"金砖国家"经济研究

欧阳峣　易先忠　等著

出　版	世纪出版股份有限公司　格致出版社 世纪出版集团　上海人民出版社 (200001　上海福建中路193号　www.ewen.co) 编辑部热线　021-63914988 市场部热线　021-63914081 www.hibooks.cn
发　行	上海世纪出版股份有限公司发行中心
印　刷	苏州望电印刷有限公司
开　本	787×1092　1/16
印　张	14.5
插　页	2
字　数	211,000
版　次	2015年10月第1版
印　次	2015年10月第1次印刷

ISBN 978-7-5432-2526-8/F·851　　定价:45.00元

总　序

经济学发展历史表明，经济理论的重要程度往往取决于被解释现象的重要程度。中国的崛起被称为“东亚奇迹”，“金砖国家”的崛起已成为“世界奇迹”，这说明大国经济现象的重要程度是毋庸置疑的。如果将典型的大国经济发展现实和经验的研究提升为普遍性的理论体系和知识体系，那么，中国经济学就有可能掌握国际话语权。

一般地说，掌握国际话语权应该具备三个条件：一是研究的对象具有典型意义，被解释的现象不仅对某个国家的发展具有重要意义，而且对世界的发展具有重要意义；二是取得的成果具有创新价值，在学术上有重要发现，乃至创造出新的科学理论和知识体系；三是交流的手段具有国际性，研究方法符合国际规范，可以在世界范围交流和传播。

在大国经济研究领域，第一个条件是已经给定的，因为大国经济发展具有世界意义。关键是要在第二个条件和第三个条件上下功夫。要通过创造性的思维和研究，深刻把握大国经济的特征和发展规律，构建大国经济的理论体系和知识体系，追求深层次的学术创新和理论突破；要使用国际化的交流手段，运用规范的研究方法和逻辑思维开展研究，从中国与世界关系的角度来看待大国经济问题，并向世界传播大国经济理论和知识体系，从而使大国经济理论具有世界意义和国际影响力。

我们将联合全国的专家学者，致力于探索超大规模国家经济发展的特征和规律，进而构建大国经济理论体系和知识体系。格致出版社以深邃的目光发现了这个团队的未来前景，组织出版这套《大国经济丛书》，国家新闻出版总署将其列入

"十二五"国家重点图书出版规划，为大国经济研究提供了展示成果的平台。

我们拥有这样的梦想，并且在集聚追求梦想的力量。我们期望这个梦想成为现实，并用行动构建中国风格的经济学话语体系，为中国经济学走向世界做出积极的贡献。

欧阳晓

前　言

进入21世纪，以金砖国家为代表的新兴大国对世界经济增长的贡献与日俱增，成为世界经济发展的典型化事实。新兴大国怎样实现经济可持续增长和转型升级，成为世界经济发展所面临的挑战和机遇。本书运用理论分析方法、比较分析方法、定量分析方法和系统分析方法，从发达大国的经济发展进程出发分析发达大国经济增长的动力机制，对金砖国家的经济增长质量进行实证分析，探索金砖国家的经济增长与转型路径，提出通过技术进步和产业升级实现效率型经济增长，通过内需引导和结构调整实现平稳型经济增长的战略思路。

首先，分析发达大国经济增长的动力机制。通过回顾发达国家经济增长从数量型增长阶段过渡到质量型增长阶段的过程，总结发达大国经济增长动力机制的特点：其一，经济增长方式演变的总体趋势是从要素驱动型向生产效率驱动型转变；其二，产业结构演变的总体趋势是从农业主导向工业主导和服务业主导转变；其三，技术进步和制度创新可以加快经济增长方式转型的过程。我们选取美国、日本、英国、法国、德国等五个发达大国1981—2011年的相关数据，运用柯布—道格拉斯动态生产函数和索洛经济增长速度方程模型，实证分析各国技术进步和要素投入对经济增长的贡献率，结果表明，在近30年的发达大国经济增长中，劳动与资本等要素投入的作用不太明显，而技术进步的贡献率达到50%至100%，可见技术进步是发达大国经济持续增长的动力源泉。进而，我们从微观和宏观两个方面分析技术进步促进经济持续增长的机理：在微观方面，主要是通过降低成本、提升品质和优化要素促进经济增长；在宏观方面，主要是通过改变需求结构，转变产业结构和就业结构以及培育战略性新兴产业促进产业结构升级。

其次,评价金砖国家的经济增长质量。在明确经济增长质量分析框架的前提下,从四个方面对金砖国家的经济增长质量进行评价。一是选取1992—2009年的数据分析金砖国家的产业结构,结果表明:产业结构变动是新兴大国经济增长的重要驱动力量,它对经济增长的贡献呈现出显著的周期性,但这种贡献在逐步下降。二是选取1980—2008年的数据分析金砖国家的增长稳定性,结果表明:金砖国家的经济均维持高位增长,经济周期长度有延长的趋势,波动幅度较小,而且有进一步平稳增长的迹象。三是选取2003—2009年的数据分析金砖国家的收入分配,结果表明:金砖国家除巴西外均有收入差距扩大的趋势,虽然贫困人口的比重在减少,但失业压力大,收入分配不均的现象比较突出。四是选取2003—2010年的数据分析金砖国家的全要素能源效率,结果表明:金砖国家全要素能源效率整体水平不高,技术进步对俄罗斯、巴西和南非的全要素能源效率存在正向作用,而对中国和印度的作用不明显。

再次,探索金砖国家的经济增长与转型路径。针对金砖国家经济粗放型增长和过度依赖外部市场的问题,借鉴发达大国的经验,从两个基本方面分析了金砖国家的经济增长与转型路径。一是分析通过技术进步,产业升级推动效率型经济增长的路径,通过比较金砖国家和发达大国的技术创新与产业结构状况,提出了培育国家技术创新战略意识,构建技术创新保障体系,适时调整技术创新战略重点,加快技术创新与产业发展深度融合的思路。二是分析通过内需引导、结构调整促进平稳型经济增长的路径,在考察金砖国家经济波动与最终中间需求结构波动的关系的基础上,提出了逐步完善消费市场体系,扩大消费需求规模,保持投资合理增长和外需平稳增长的思路。

然后,分析金砖国家在增长与转型过程中外贸的共享式增长。在金砖国家的贸易利益分析框架下,具体探索金砖国家贸易结构的互补性、竞争性关系及共享式外贸增长途径。一是选取相关数据分析金砖国家的贸易结构,发现:从出口产品的总体结构来看,金砖国家的出口商品结构存在较大差异;从主要出口产品来看,金砖国家的出口产品结构差异显著,互补性强,而且,中国与印度、巴西、俄罗斯的总体出口结构相似度指数有明显下降的趋势。二是分析中国与其他金砖国家的竞争性贸易关系，发现中国与印度仅仅在低技术产品上构成贸易竞争关系，中国与南非仅在中等技术产品出口上具有竞争性，其他竞争关系不明显。三是分析中国与其他金砖国家实现外贸共享式发展的途径，包括：通过产业链的“雁行”布局，构建互利共赢的贸易格局；以科技合作强化优势互补，实现经济和贸易结构的调整升级；通过“出口转投资”模式，实现外贸的共享式增长。

最后，研究金砖国家金融合作平台的构建。在金砖国家加强和深化金融合作的框架下，提出了设立金砖国家开发银行的方案。一是从功能视角分析设立金砖国家开发银行的现实依据，认为金砖国家基础设施的巨大融资缺口以及危机传染和储备不均的现实状况，迫切要求设立金砖国家开发银行，以满足金砖国家发展与稳定的需求。二是通过构建基于协助性的博弈模型，论证了金融合作给各个参与国家带来的潜在利益，认为相对于建立开放的金砖区域市场等其他形式的合作，设立金砖国家开发银行是一种具有效率、剩余增大、灵活性强的合作制度安排。三是分析金砖国家开发银行的宗旨，提出了“开发银行＋货币基金组织”的方案，以及具体的股本规模、结构和投票制度，论证了金砖国家开发银行的机构设置、总部选址和业务运行等问题。

本书将理论研究与实证研究、系统研究与专题研究相结合，通过总结发达大国经济增长的历程，分析从数量型增长向质量型增长的转变，揭示技术创新和制度创新的作用，从微观和宏观的视角分析技术进步促进发达大国经济持续增长的机理，丰富和深化经济增长理论；通过评价金砖国家经济增长的质量，揭示金砖国家在产业结构、增长稳定性、收入分配和全要素能源效率等方面的状况及其特点，分析金砖国家经济增长中存在的矛盾和问题，为制定金砖国家的经济增长与转型战略奠定基础和前提；通过分析金砖国家的经济增长与转型路径以及金融合作战略，提出推动经济增长与转型的具体对策，实现外贸共享式增长的具体路径以及设立金砖国家开发银行的具体方案，有着重要的实践意义。

Abstract

In the 21st century, a stylized facts is that large emerging countries represented by BRICS contribute increasedly to world economic growth. How to achieve sustainable economic growth and transformation for large emerging countries, has become the challenges and opportunities of the world's economic development. This book analyzed the momentum mechanism of economic growth in the large developed countries through theoretical analysis, comparative analysis, quantitative analysis and systematic analysis methods, and empirically analyzed the economic growth quality in BRIC countries, exploring the path of economic growth and transformation in BRICS. Based on our analysis, we proposed that a more efficient economic growth mode can be achieved through technological progress and industrial upgrading, and a balanced economic growth mode can be achieved through stimulating domestic demand and structural adjustment.

Firstly, this book analyzed the growth momentum mechanism of large economies. Through reviewing the growth phase transition from quantity-oriented to quality-oriented in large developed countries, we summarized the characteristics of economic growth momentum mechanisms of the major developed countries as follows. First, economic growth mode evolves from factor-driven growth to productivity-driven growth. Second, the overall trend of industrial structure evolution is a shift from the agriculture-dominant to the industry-led and service-led economy. Third, technological progress and institutional innovation can accelerate the transformation of economic growth mode. We conducted an empirical analysis on the contribution of technological progress and factor inputs to economic growth by using the dynamic Cobb-Douglas production function and the Solow model based on the data from 1981 to 2011 covering United States, Japan, Britain, France, Germany the five major developed countries. The results show that in the past nearly 30 years, the role of factor inputs such as labor and capital were less obvious in economic growth of the major developed countries, and the contribution rate of technological progress reached 50% to 100%, showing that technological progress is the major momentum in large developed country's economic growth. Furthermore, we conducted an analysis of the mechanism of technological progress to promote sustained economic growth further from micro and macro aspects. As far as micro aspect is concerned, technological progress spurs economic growth mainly through reducing costs, improving quality and factors optimizing. And technological progress can promote macro economic growth mainly through adjusting the demand structure, industrial structure and employment structure and promoting industrial upgrading by the development of strategic emerging industries.

Secondly, this book evaluated the quality of economic growth in BRICS. The quality of economic growth can be evaluated from four aspects under the clear analytical framework of the evaluation of quality of economic growth. First, the analysis of industrial structure in BRICS based on the 1992-2009 data showed that the industrial structure changes in large emerging countries is an important driving force in economic growth, whose contribution to economic growth shows a significant cyclicality but has gradually declined. Second, the analysis of the growth stability in BRICS based on the 1980-2008 data showed that BRICS have maintained high economic growth, extended and less volatile economic cycles, and there are further signs of steady growth. Third, the analysis of the income distribution in BRICS based on the 2003-2009 data showed that the BRICS except Brazil are experiencing the widening income gap, with the unemployment pressure and unequal income distribution are quite prominent, although the proportion of poor people is decreased. Fourth, the analysis of the total-factor energy efficiency in BRICS based on the 2003-2010 data showed that the total-factor energy efficiency in BRICS is not high, the technological progress exerts a positive effect on the total-factor energy efficiency in Russia, Brazil and South Africa, but not in China and India.

Furthermore, this book explored the path of economic growth and transformation in BRICS. Allowing for the extensive economic growth and the problem of over-reliance on external markets in BRICS, we analyzed the two basic paths of economic growth and transformation in BRICS by drawing on the experience of the large developed counties. One is the efficiency-driven path promoting by technological progress and industrial upgrading. By comparing technical innovation and industrial structural condition between BRIC countries and the large developed countries, we proposed the strategy accelerating the integration between technology innovation and industry development by fostering national technology innovation strategical awareness, building technology innovation support system, adjusting technology innovation focus. Another is the stable economic growth path based on the domestic demand and structural adjustment. Based on investigation into the relations between economic fluctuations and changes in the structure of demand in BRICS, we proposed the steady growth mode by gradually improving consumer market system and expanding the scale of consumer demand and maintaining rational growth of investment and external demand.

After that, this book analyzed the shared foreign trade growth among BRICS. Under the analysis framework for the trade benefit of BRICS, we specifically explored complementary and competitive trade relationships among BRICS and development approach of shared foreign trade growth. First, we analyzed the trade structure of BRICS based on the trade data and found that the export commodity structures of BRICS are quite different from the point of view of overall structure, and that export product structures of BRICS are significantly different, exerting a strong complementary effect, with the similarity index of overall export structure among China and India, Brazil, Russia significantly decreased. Second, we tested the competitive trade relationship between China and other BRICS. The results suggested only competitive trade in the low-tech products between China and India and in the medium-tech exports between China and South Africa can be found. Third, We proposed the channels to achieve the shared foreign trade growth among BRICS, including Flying Geese Layout of industries chain to build mutually beneficial trade patterns, strengthening cooperation in science and technology to achieve structural adjustment of economy and trade, and china's mode transition from export to reinvestment to achieve shared trade growth.

Finally, this book studied the financial cooperation platform building in BRICS. We proposed the program to establish BRICS Development Bank under the framework of strengthening and deepening financial cooperation among BRICS. First, we analyzed the realistic basis of the establishment of the BRICS Development Bank, and found that the huge financing gap in infrastructure, crisis contagion and reserves inequality exerts urgent need to establish the BRICS Development Bank to meet the need of development and stability. Second, we demonstrated the potential benefits from financial cooperation of BRICS based on the game model. It suggested that BRICS Development Bank is a cooperative arrangements with more efficiency, more surplus and more flexibility compared with other forms of BRIC cooperation such as open regional markets. Third, we analyzed the purpose of the BRICS Development Bank, and proposed the program of "Development Bank plus IMF", as well as specific capital size, structure and voting system, demonstrated the BRICS Development Bank's institutional settings, headquarters location and business operations and other issues.

The book combined theoretical studies with empirical research, systems research with case studies. By summarizing the course of economic growth, we analyzed the transition from quantitative growth to quality-oriented growth, revealing the role of technological innovation and institutional innovation and the mechanism of technological progress to promote sustained economic growth, wich enriched the theory of economic growth theory. By evaluating the quality of economic growth in BRICS, we demonstrated the situation and characteristics of industrial structure, growth stability, income distribution and total-factor energy efficiency, analyzed the contradictions and problems that exist in economic growth in BRICS, which laid a strong basis to develop the economic growth and transformation strategy in BRICS. By analyzing the path of economic growth and transformation in BRICS and financial cooperation strategy, we proposed specific measures to promote the economic growth and transformation, the specific path to achieve shared growth in foreign trade, and the specific program to establish BRICS Development Bank, which undoubtedly have important practical significance.

目 录

CONTENTS

第 1 章

绪论

1.1 国际背景

进入 21 世纪以后，以金砖国家为代表的新兴经济体呈现出群体性崛起的态势，成为全球经济增长的新引擎。中国、印度、俄罗斯、巴西和南非作为主要的新兴市场国家，经济持续快速增长，在全球 GDP 中所占的份额从 2000 年的 17%提高到 2010 年的 50%，2012 年已经达到 60%左右。根据国际货币基金组织(IMF) 2012 年初发布的《全球经济展望》报告，2011 年中国、印度和俄罗斯的经济增长率分别为 9.2%、7.4%和 4.1%，远远高于全球经济平均增长率，巴西和南非的经济增长率也远远高于发达国家的平均水平。随着经济的快速增长，金砖国家的国际竞争力逐渐增强，在世界的排名不断攀升。根据复旦大学发布的《世界竞争力报告(2010—2011)》，2010—2011 年在世界各国的国际竞争力总指数的排名中，中国、俄罗斯、巴西、印度和南非分别居于第 2 位、第 4 位、第 20 位、第 29 位和第 50 位，其中有四个国家排在世界前 30 位，可以说位于世界前列。

金砖国家的崛起已经令世界瞩目，许多学者在探讨这种现象发生的条件和原因。然而，对经济增长的评价应该包括数量和质量两个基本方面。从质量来看，金砖国家的经济增长属于依托资源和资金的高投入而实现的增长，总体上还是粗放型的经济增长。其主要问题在于：其一，经济增长的速度很快，但是效率不够高，特别是资源利用的效率较低，经济增长的成本较高；其二，资源的过度开发加剧了环境的污染，生态环境的质量普遍下降，不仅使经济增长的可持续性受到质疑，而且给人的生存和发展带来消极影响；其三，居民整体的福利水平状况欠佳，生活质量没有得到相应的提高，而且贫富差距呈现拉大的趋势，劳动者的收入增长不快。根据复旦大学发布的报告，2010—2011 年中国、印度、巴西、南非和俄罗斯的“经济表现指数”分别为 4.38、2.91、2.51、2.50 和 2.23，居世界的第 1 位、第 22 位、第 44 位、第 47 位和第 59 位；“内能指数”分别为 3.31、2.46、3.13、2.42 和 3.36，居世界的第 26 位、第 67 位、第 36 位、第 68 位和第 22 位；“环境指数”分别为 3.60、2.35、3.23、3.55 和 3.43，居世界的第 46 位、第 70 位、第 56 位、第 47 位和第 52 位。可见，金砖国家的“内能指数”和“环境指数”均明显低于“经济表现指数”。从各个指数的内涵来看，“经济表现指数”主要包括宏观经济稳定、经济增长、开放度和金融发展等内容；“内能指数”主要包括工作重视度、创新、劳动者参与和劳动者素质等内容；“环境指数”主要包括社会文化、教育、国际空间、社会政治稳定、制度体制和政府行政等内容。以上情况表明，金砖国家在经济增长、经济开放等方面表现突出，但是在创新能力和劳动者素质以及体制机制和政府行政等方面有较大的差距。

金砖国家在经济快速增长的同时，也逐渐暴露出内生能力和体制环境等方面的缺陷，这种粗放型的经济增长方式将带来一系列的后果，从而使人们对其增长的质量和持续性提出了质疑。因此，新兴大国的政府和学者都应该冷静地思考：第一，这种粗放型的经济增长是我们所需要的吗？在当代世界，发展已经具有了新的内涵，人民所期待的是以人为本的发展、全面的发展，它包括经济的增长、人民福祉和生态环境的改善，教育的发展和人的素质的提高等方面的内容，而不仅仅是为增长而增长。第二，这种粗放型的经济增长具有可持续性吗？以资源和资金高投入所推动的经济增长，对各种增长要素的耗费很大，随着自然资源的过度开发、生态环境的破坏、人口红利的消失和刘易斯转折点的到来，我们赖以推动经济增长的条件也将丧失，那么，经济将不可能实现可持续发展。基于这样的背景，本书将对“金砖国家”的经济增长与转型进行系统研究：一是深入分析发达大国经济增长方式转变的动力机制，把握经济从数量型增长过渡到质量型增长的基本条件；二是具体地测度金砖国家的产业结构状况、经济稳定性、收入分配机制以及全要素能源效率，科学地评价金砖国家经济增长的质量；三是全面分析金砖国家经济增长面临的矛盾和问题，从通过技术进步推动产业升级，以及通过扩大内需调整经济结构等方面提出转型的思路和对策。

1.2 文献综述

1.2.1 技术进步、经济增长和经济增长方式转变

经济学家很早就认识到技术进步对于生产的重要作用。索洛(Solow, 1956)和斯旺(Swan, 1956)在哈罗德—多马模型的基础上，放弃固定比例的生产函数的假设，将技术进步作为变量引入一个要素之间互相可以替代的总量生产函数，创立了新古典经济增长理论。经济增长除了需要资本与劳动力之外，还需要技术进步的推动。索洛—斯旺模型较哈罗德—多马模型在研究技术进步与经济增长的关系方面向前迈进了一大步，并为经济增长理论模型的研究确立了基本准则，此后主流的增长模型都是在这一模型的基础上发展起来的。

在索洛—斯旺模型中，尽管技术进步是生产函数的变量，模型本身却无法处理技术进步这一经济现象，技术进步是一个外生变量，与经济系统中的劳动力和资本无关，所以该模型也被看作外生经济增长模型。在现代社会，技术进步的产生需要大量人力和资本的投资，反过来又会对资本与劳动力的质量以及数量产生重大影响，因此技术进步与增长模型中的其他变量应该以某种方式互相关联。沿着这一思路，Romer(1986)借鉴 Arrow(1962)的“干中学”思想，把外部性引入生产函数，探讨了与技术进步相关的知识溢出效应对生产的外部影响。Lucas(1988)则将 Arrow 模型和 Uzawa(1965)的人力资本模型结合起来，用人力资本的溢出效应解释技术进步，说明经济增长是人力资本不断积累的结果。Romer 和 Lucas 的

工作标志着把技术进步内生化的新经济增长理论即内生经济增长理论正式诞生。此后，在 Barro(1990)、Romer(1990)、Grossman 和 Helpman(1991)以及 Aghion 和 Howitt(1992)进一步的推动下，新经济增长理论得到蓬勃发展。新经济增长理论的内生经济增长模型是对新古典经济增长理论的完善和修正，其共同特点是强调内生化的技术进步对经济增长的决定作用。在知识积累(accumulation of knowledge, AK)模型中，技术进步是推动经济增长的重要变量(Arrow, 1962; Romer, 1986; Lucas, 1994)；在基于研发(research and development, R&D)的模型中，技术进步依赖于人力资本投资，而人力资本投资的差异主要归于对 R&D 部门投入的不同，这是各国经济增长率间存在显著差异的原因(Romer, 1990; Lucas, 1998)；分工演进(evolvement of division of labor, ED)模型则主要是从专业化和劳动分工的演进出发，研究经济增长问题(Yang and Borland, 1991)。新经济增长理论说明，要素投入的增加只有在其能够带来科技进步的条件下才能推动经济持续增长，技术进步必须遵循内在的实现机制。

Solow(1957)率先将技术进步因素引入生产函数，并对“余值”作出解释。其得出了著名的索洛技术进步模型，认为产出增长率可以分解为资本、劳动要素增长率的加权和再加上技术进步率。Denision(1960)主要利用统计分析方法进行“余值”的分解及要素分析。他通过统计分析 1929—1957 年期间美国的经济增长情况，提出了自己的增长因素分析法，且把投入要素的范围扩大，研究某些特殊的投入与产出增长速度之间的关系，将“余值”进行了进一步分解。Dension(1987)运用自己提出的增长因素分析方法，对美国 20 世纪 70 年代经济增长速度下降的原因进行了分析。在 3%的经济增长率下降中，有 73%是由“知识先进程度降低”而引起的，这是经济滑坡的主要因素；除此之外，资源配置程度下降的影响是 12.8%，年龄性别构成的影响是 10%。此后，很多学者借鉴丹尼森(Dension)的方法，对技术进步对经济增长的促进作用进行了测算，为后来的研究提供了思路和方法。

国内学者对于经济增长方式的研究也相当丰富，相关文献资料较多。马凯(2004)较为全面地分析了现阶段我国经济增长方式中存在的主要问题，将之具体分为六个方面:高投入、高消耗、高排放、不协调、难循环、低效率。在推进经济增长方式根本性转变的途径和措施中,他提到要摒弃传统观念、完善GDP核算体系、调整经济结构、发展循环经济、提高国民素质、进行体制和机制创新等。张卓元(2005)研究和分析了现行重产值的财税体制、受政府管制的价格体制等存在的弊端,提出要深化改革、推进我国经济增长方式的转变。吴敬琏(2006)认为,粗放型经济增长方式不能从根本上改变的原因是,没有完全消除经济增长方式转变的体制性障碍。他总结了四个方面的内容:各级政府仍然保持着对重要经济资源的配置权力;以GDP增长为主的政绩标准;以生产型增值税为主的财税体制;劳动、自然资源、资本等生产要素价格的扭曲。他认为,这些因素产生了诸多消极后果:原材料、能源的高度紧张;生态环境的破坏;就业问题;通货膨胀压力等。上述学者也提出了一些针对性的意见和建议,包括以技术进步化解现有经济增长方式出现的问题,但由于分析的侧重点不一样,导致对相关问题的分析也不深。

兰玲等(2006)认为,经济增长方式是指经济体增长的总体特征,表现为粗放和集约两种形式,无论从理论上说还是从历史逻辑角度看,经济增长方式总是不同程度地从粗放向集约转变——这是各种生产要素通过各种途径不断吸纳,从而使科技含量提高的结果。由于我国具有人口众多、人均资源少、技术水平相对落后等资源禀赋特点,因而我国的经济增长方式注定要由粗放向集约转变,这就必须实施技术进步战略,同时实施一套以教育和公共事业为主的有利于人力、物力资源开发利用,改善社会经济环境的策略。张留建、李明星、汤萱(2007)在分析了技术进步的内涵之后,认为技术进步是转变经济增长方式、提高经济效益、增强市场竞争力的内在源泉,是推动经济和社会发展的决定性因素。转变经济增长方式就是不要用传统的简单再生产的方法,而要在技术进步的基础上发展经济。因此,要想在激烈的竞争中占据更多的市场份额,获取更大的经济效益,就应当注重技术进步,不断开发高科技新产品和新工艺,并通过获得知识产权来保护和巩固其市场地位。卫兴华、侯为民(2007)认为,经济增长在不同历史阶段具有不同的特点,中国目前的经济增长在实际运行中仍具有粗放型特征,制约了经济的可持续发展和国际竞争力的提高。从中国经济发展所处的阶段和现实国情来看,集约型增长是经济增长方式的必然选择。当前中国经济增长方式的转变，需要克服资源供给、投资与消费结构协调、产业优化与扩大就业等难题，必须通过技术进步和体制创新，实现经济的良性增长。沈坤荣、唐文健(2008)在全面解析中国经济增长的总量水平、现有格局和"四大引擎"的基础上，阐述经济增长的外部环境、体制背景及其形成的发展方式，重点分析了当前面临的挑战，并提出以技术进步促进经济增长方式转变的观点。

1.2.2 金砖国家技术进步、经济转型和可持续发展

Javier M.Ekboir(2001)在研究巴西经济增长时提出，要提高巴西技术进步的速度，就必须建立完善的技术创新政策体系，包括促进代理人的相互作用，提高的公共研究机构的效率，增加技术人才的福利待遇，给予科研人员足够的自由，并加强技术研究质量的监测。涂俊、吴贵生(2005)认为，过分自由的宏观经济政策削弱了巴西国内技术进步的能力，使得巴西技术进步的速度和能力下降。Alan Wright(2008)认为，要想提升巴西技术进步的速度和能力，就要加强创新成果的商业运作，推动并完善技术进步的公共政策。Rafael Oliva(2009)认为，进一步提高巴西的技术进步能力需要多部门的共同努力，完善国家创新体系，并学会运用资本工具筹措技术创新资金，为巴西技术进步提供良好的保障措施。

Leonid Gokhberg(2003)在研究新经济形势下俄罗斯的国家创新体系时，认为俄罗斯的创新体系中遗留着苏联体制，忽视了市场需求，使得俄罗斯的技术创新没有发挥相应的效能。柳卸林、段小华(2003)认为，俄罗斯目前实施的技术创新体制与原苏联时代相比，有了较大的改进，尤其是在技术创新激励和创新成果的商业化运作方面。张寅生、鲍鸥(2005)论述了俄罗斯科技创新体系改革的进展情况，从面临的问题、改革的目标、科研组织结构改革、创新促进组织现状四个方面论述了俄罗斯技术进步改革的沿革、措施和效果，为俄罗斯的技术进步提出了有针对性的策略和建议。戚文海(2005)分析了转轨时期俄罗斯政府在技术进步中的地位与作用，认为经济转轨新时期俄罗斯政府在技术创新中从被动到主动，从

主动到创新，加快政府职能转变，并在更高层次上努力实现政府行为创新。俄罗斯工程技术转化部(2006)通过对俄罗斯与欧盟国家间的比较，认为俄罗斯国家创新体系不完善，创新政策不利于竞争，法律规制符合国际惯例但缺乏执行能力和经验，技术转让和商业化方面较弱，公共机构与私营机构间合作较少，公共研究机构仍然是主要技术推动力量。戚文海(2007)对经济转轨以来俄罗斯技术进步的战略路径进行了分析和阐述，认为俄罗斯的技术进步战略是演进的——从经济转轨初期的“培植战略”、“引进战略”、“转让战略”到进入稳定增长阶段后的惯性发展模式、出口发展模式和投资发展模式转变。随后，戚文海(2008)分析了中小企业在俄罗斯技术进步中的地位和作用，认为在俄罗斯经济转轨过程中，中小企业的技术进步效果显著，成为俄罗斯经济走向复苏的增长点。Leontiev Alexey (2006)认为，俄罗斯的技术进步效果显著，使俄罗斯在短期内迅速增强国家的竞争实力。Tompson(2007)分析了俄罗斯的技术创新制度和政策对俄罗斯技术进步的作用，认为俄罗斯的政策倾向于投资研究机构而忽视了对企业的鼓励，导致效益不高；因此，提高创新效益的政策需要鼓励私营部门间的竞争，让企业成为技术进步的主体。Peltola(2008)通过对俄罗斯的创新体系进行国际比较，分析了俄罗斯创新体系的优劣势，并讨论了俄罗斯创新环境和政策面临的机遇和挑战。Kari(2009)讨论了俄罗斯经济特区的创新改革现状，认为转型期内俄罗斯的技术进步要转变驱动力，要由政府驱动转变为企业驱动，加速创新主体的培育。

Bowonder 和 Sunil Mani(2005)分析了印度风险资本对印度技术进步的支持效果，发现风险资本对印度的技术进步起到了良好的促进作用，弥补了创新资本的严重不足。Gupta 和 Dutta1(2005)分析了印度创新体系及其功能，认为印度的技术进步正处于一个演变阶段，创新体系不断适应新的研发方式，使经济融入全球创新体系。黄军英(2006)认为，国家创新体系是促进信息技术进步的关键，印度的国家创新体系包括高等教育、优秀的研究中心及研发机构、软件技术园等，这些机构为印度的技术进步作出了巨大的贡献。Mark Dutz 和 Editor(2007)认为，印度经济制度是一种自由的经济体制，它极其有利于企业间的技术进步，有利于促进企业间的竞争从而释放创新，尤其是早期阶段的技术开发资金和风险资本等，为印度的技术进步作出了巨大的贡献，从而验证了 Bowonder 和 Sunil Mani(2005)的说法。Herstatt 和 Tiwari(2007)揭示了印度创新体系特别是知识密集部门的长处和短处，分析了印度国家创新体系的关键要素，认为印度成为跨国公司研发中心聚集地的原因在于：人力成本优势、市场潜力、收入水平上升、印度政府的作用及教育质量。沈开艳、刘社建(2007)认为，印度技术进步模式是政府推动、企业主导、政府与企业共同努力的"双核心"模式，该模式有效提升了印度的自主创新能力和科学技术水平，促进了印度的经济发展。Prakash(2007)分析了印度技术进步与信息软件跨国公司涌现间的关系，认为印度信息跨国公司的形成和发展得益于印度的创新政策环境、政府对发展新机构的支持、人力资本积累和风险投资等。Kavita Mehra(2008)研究了中介机构在印度国家创新体系中的作用，认为中介结构在技术转让、专利申请、技术转移等技术进步方面起到非常重要的作用。

Liu, Xielin 等(2001)运用通用的框架分析了中国技术进步中的五个基本活动：研发、实施、最终用途、教育、连锁和集中，这五个基本活动影响了技术进步系统的结构和动态。Kazuyuki Motohashi 和 Xiao Yun(2003)认为，中国的技术进步系统受原苏联的影响，公共研究机构和国有企业的科学研究基本分开，但在目前的转轨阶段，中国的创新体系正在向网络型体系迈进，企业与大学、研究机构间的联系日益密切。Shulin Gu 和 Bengt-Åke Lundvall(2006)试图抓住当前中国技术进步的特点，分析在转轨期间，中国的技术进步必须注重"内源性创新"和"和谐发展"，而不是片面侧重于以出口促进经济增长，走"以市场换技术"的道路。Dong Zhu 和 Jennifer Tann(2009)认为，中国的技术进步经历了三个不同的阶段：1949—1977 年、1978—1998 年及 1999 年至今，每一阶段都出现了重大政策转变——从对技术和创新的高度集中控制，到以市场为导向和合作政策，并把中国系统模型分为三个空间层次。

有的学者对金砖国家进行比较研究，重点分析了各国的创新体系。李杰(2005)分析了中印两国的人力资源、产业集聚、科研机构和知识产权状况，重点评价和比较国家范围内的知识配置和知识流动的主要渠道，找出制约中国和印度软件产业创新的瓶颈。Mizuho Research Institute(2006)比较分析了金砖国家的技术进步后，认为金砖国家的创新体系日益完全，创新能力逐步上升，是未来世界经济发展的动力源泉。李海海（2007）对中印国家创新系统创建路径、规制体制和绩效进行对比研究，并从制度角度分析导致中印国家创新能力差异的原因。André Nassif（2007）比较研究了印度和巴西的技术进步，认为虽然巴西的研究和开发支出、教育覆盖面、平均年的教育和识字率等方面优于印度，但20世纪80年代初以来，印度已经用实证表明本国技术进步驱动作用优于巴西，对宏观经济的推动作用也更强。KONG Xinxin和Joel RUET（2007）比较分析了中国与印度间技术进步的商业模式轨迹，认为两者的原始创新的起源和动机存在差异。吴晓波、范志刚、杜健（2007）以国家创新系统的理论为背景，从创新环境子系统、创新运行子系统、宏观经济绩效三个方面来分析中印两国的技术进步，发现中国在这些方面还存在着明显的不足。Peilei Fan（2008）比较分析了中国和印度的创新能力和经济发展，认为两国政府在改变国家技术进步中发挥着重要的作用，主要通过改变研究机构与商业机构间的关系，对创新活动实行奖励，但有限的财政支持和落后的人力资本是两国提升技术进步能力面临的最大挑战。

1.2.3 金砖国家优势互补、利益共享和经济金融合作

金砖国家是由新兴市场大国组成的群体，它们之间有着共同的利益、共同的诉求以及经济合作的基础和条件。欧阳峣（2010）分析了金砖国家崛起的大国效应，认为这些国家的经济有一些共同的特点，形成了一种推动经济增长的大国效应，具体表现为市场潜力大，国内需求推动经济增长；资源总量大，国内要素推动经济增长；经济规模大，加深国内产业分工程度；产品多样性，增强对外贸易比较优势；区域差异性，促进区域经济快速增长。李扬（2011）认为，金砖国家的资源禀赋和经济结构存在较强的互补性，并形成了较好的经贸合作基础；它们在开展跨国投资合作和科技合作方面潜力巨大，而且全球气候变化和国际金融危机等问题为金砖国家深化合作提供了机遇。王勋等（2011）的研究表明，金砖国家的出口贸易长期依赖发达国家市场，很容易受发达国家市场需求的影响而导致经济波动，

因此,金砖国家应该加强经贸合作,将新兴经济体市场作为进出口的目标市场。赵福昌(2011)认为,金砖国家经济互补性较强,中国和印度是世界的主要制成品和服务的提供者,巴西和俄罗斯是世界主要的原材料提供者,应该开展更加广泛的合作。

郑慧等(2010)认为,金砖国家在货币金融合作方面有巨大的空间,应该在倡导储备货币多元化、竞争化和特别提款权篮子多元化方面加强合作,从而提升金砖国家货币的国际地位。汤凌霄(2010)根据金砖国家经济金融一体化及相似性的现实状况,认为随着各国贸易、投资、金融一体化程度的提高,其传染危机的概率增大,因而主张在普遍的国际性金融监管合作之外,有必要建立专门的针对金砖国家的金融监管合作平台。张兵等(2011)认为,随着金砖国家对外开放的扩大,各国面临外部冲击的风险增加,它们迫切需要在经济、贸易、金融发展等领域加强合作与协调。特别是金砖国家通货膨胀周期具有协动性,在这种周期波动共同面临着不利的冲击时,各国更应该加强经贸合作和政策协调,利用发展中大国拥有的有利因素,有效地治理通货膨胀。陆前进(2012)认为,在金砖国家货币合作中,如果通过构建币值相对稳定的货币篮子作为各国都能接受的结算货币,以确定共同的计价和计账单位,则有利于加强金砖国家的货币和汇率政策的协调与合作,有利于摆脱对美元和欧元的依赖,降低美国和欧洲的宏观经济溢出效应对金砖国家的不利影响。

国外学者分析了金砖国家之间的竞争与合作关系。法里德·扎卡利亚(2008)认为,随着金砖国家和一些小国的崛起,它们之间可能产生新的冲突点,因为这些国家之间存在许多的历史恩怨、领土争端和现实纠纷。艾汉·高(2010)认为,一些新兴国家的企业对其他新兴市场国家的市场环境和社会文化的认知不足,从而导致它们之间的贸易、投资、合作等经济活动受到限制。瓦季姆·卢科夫(2012)认为,金砖国家的发展面临着诸多离心因素,如文化、社会和经济发展的差异,现代化模式和政治制度的差异,外交政策的重点不同,以及对西方国家的经济联系的过分依赖等。

综上所述,国内外学者深入分析了技术进步与经济增长的关系,初步探讨了金砖国家的经济增长质量与可持续发展，并且开始研究金砖国家的优势互补和经济金融合作，提出了一些有价值的观点和对策建议。但是，从总体上看，这方面的研究还存在缺陷：其一，虽然研究了技术进步和经济增长的关系，却没有深入分析经济增长方式转变的机理，更没有专门研究发达大国的成功经验并进行科学的理论总结；其二，虽然研究了金砖国家的国别状况，分析了各国经济发展中遇到的矛盾和问题，却没有对金砖国家的整体经济发展质量进行科学评价；其三，虽然研究了金砖国家转变经济增长方式的对策措施，却没有形成一个科学的框架，提出金砖国家经济转型的宏观思路；其四，虽然研究了金砖国家的经济贸易和金融合作问题，却没有深入分析合作的现实条件和影响因素，更没有对经贸合作和金融合作进行细致深入的探讨。为此，很有必要对金砖国家的增长与转型问题进行系统研究，在评估经济增长质量的基础上发现存在的问题，深入分析金砖国家经济转型的基本路径，探讨金砖国家经贸和金融合作的机制，并提出有针对性和操作性的政策建议。

1.3 研究思路

本书的研究内容由五个部分构成，主要包括发达大国经济增长的动力机制分析、金砖国家的经济增长质量评价、经济增长与转型路径、外贸的共享式增长、金融合作平台的构建。

一是发达大国经济增长的动力机制分析。大国经济发展有着不同于小国经济的驱动因素或作用机理，表现在发达的教育、丰富的人力资本、良好的经济体制、持续不断的技术进步。本书将通过了解美国、日本、英国、法国、德国等大国经济增长的历史演变、运行机制、创新政策及市场环境，考察大国经济持续增长的动力系统，分析这些动力系统作用于大国经济的作用机理，探索大国经济持续增长的动力源泉。主要有两条线索：一条是经济增长的路线，即从技术进步到产业升级，再到经济增长；另一条是产业成长的路线，即从技术创新到核心技术，再到产业创新。

二是金砖国家的经济增长质量评价。经济增长会呈现不同的方式：一是主要依靠资本、资源和劳动要素投入数量的增加来推动经济增长的粗放型方式；二是主要依靠技术的进步和生产效率的提高来推动经济增长的集约型方式。本研究将比较金砖国家不同经济体经济增长动力因子之间的运行机制和绩效，对金砖国家的经济增长状况进行综合评价。并通过比较金砖国家经济增长方式的异同，归纳金砖国家经济增长方式的特征，揭示金砖国家经济增长方式不同的深层次原因。本部分有两个重点：一是评价金砖国家经济增长质量；二是分析金砖国家经济增长方式。

三是金砖国家的经济增长与转型路径。技术进步对经济增长的推动作用也一直是经济增长理论关注的核心问题——从古典经济增长理论、新古典经济增长理论到内生经济增长理论，一直都在探索技术进步与经济增长的作用机理。本研究将分析技术进步对金砖国家经济增长影响的途径、方式及机理，判断金砖国家经济增长方式转型的关键因素，由此探索金砖国家的经济增长与转型路径。主要从两个方面探索：一是通过扩大内需，进行经济结构的战略性调整，推动金砖国家经济的可持续发展；二是通过技术创新，促进产业结构的优化和升级，发展战略性新兴产业，推动金砖国家经济发展质量的提升。

四是金砖国家外贸的共享式增长。金砖国家领导人第三次会晤发表的《三亚宣言》确立了以包容性发展为方向、经贸领域为重点的全方位金砖国家合作机制，包容性发展的核心是利益共享。基于共同的利益诉求和高度互补的经济结构，金砖国家积极开展多层次、多领域的务实合作，共享式合作态势不断加强。本部分从金砖国家的贸易互补性和竞争性两个方面，探讨中国与其他金砖国家实现共享式外贸增长的可行性及途径。从金砖国家出口产品结构的系统性变化，分析中国与其他金砖国家的贸易关系，重点引入金砖国家之间的内部贸易竞争和它们在外部市场的贸易竞争，以及由于金砖国家之间经贸利益的不对等性与相同目标的产业发展所引致的竞争。在此基础上，进一步探讨实现中国与其他金砖国家共享式外贸增长的可行途径。

五是金砖国家金融合作平台的构建。金融合作是金砖国家的重要领域，为此，需要基于“发展与稳定”两大主题，构建金砖国家的金融合作平台。立足于当前金砖国家旺盛的基础设施、金融稳定融资需求与巨额外汇储备之间缺乏有效资产转换机制的现实，金砖国家银行的设立对维护金砖国家金融稳定、实现经济可持续增长具有重大现实意义。本部分从功能视角出发，基于协动性的博弈模型分析建立金砖国家银行的必要性和可行性，并围绕“发展与稳定”两大主题设计银行宗旨，目的是以较少成本维持金砖国家目前经济发展态势，即“可持续金砖性”。通过银行股本规模与结构、投票制度、总部选址、机构设置、业务运行等一系列要素的设计，以保障金砖国家银行能够顺利运作。

围绕上述内容，在具体研究过程中，将运用理论分析方法、比较分析方法、定量分析方法和系统分析方法。

(1) 理论分析方法。运用发展经济学、技术经济学等理论，分析大国经济持续增长的动力因素，揭示相关因素的作用机理及相互作用关系，分析技术进步对经济增长影响的途径、方式及机理，判断金砖国家经济增长方式转型的关键因素。

(2) 比较分析方法。全面比较美国、日本、英国、法国、德国等大国经济增长的历史演变、运行机制、创新政策及市场环境，分析大国经济持续增长的动力系统。同时比较这些动力因子之间的运行机制和绩效，揭示经济增长的关键驱动因素。比较金砖国家中不同经济体的经济增长类型、特征、方式，以及金砖国家经济增长方式的异同、优势、劣势，为增长方式转型的路径提供借鉴。

(3) 定量分析方法。运用定量与定性相结合的分析方法，应用统计学和相关运算软件对生产部门要素投入量和产出量的关系进行总量分析，对技术进步和国内需求在经济增长中发挥的作用进行测算，判断金砖国家经济增长方式转型的关键因素，为金砖国家的经济增长与转型路径提供科学依据。

(4) 系统分析方法。经济增长与转型是一个涉及多方面体制和政策的庞大的系统，通过深入分析系统内各种构成要素及其作用，把握要素组合方式及整体运行机制，提出经济增长与转型的战略领域、思路及对策，为后发大国经济的持续增长和转型提供战略思路。

同时，本书将系统研究和专题研究相结合，在从总体上系统分析金砖国家的经济增长与转型路径之后，选择目前关注的两个重点问题，专题式研究金砖国家开展经贸合作及金融合作的具体路径，提出有针对性和操作性的政策建议。

第 2 章

发达大国经济增长动力机制分析

2.1 发达大国经济增长动力机制的演变

纵观发达大国(本书中主要指美国、日本、英国、法国、德国等)200余年来的经济发展史,其经济增长方式经历了从工业化早期的劳动与资本投入推动的数量型增长到当今“后工业时代”的技术(知识)带动的质量型增长的演变。而在不同的发展阶段,其经济增长绩效、动力源泉与主导部门等又呈现不同的特点。

2.1.1 工业化早期(约1760—1910年):数量型增长阶段

从18世纪中叶开始之后1个多世纪的工业化革命早期阶段,发达大国的经济增长方式为数量型增长。其间由于存在大量廉价劳动力,资源短缺的矛盾并未凸显,因而通过初级资源、劳动、资本的投入推动经济增长,成为一国发展的绝对或比较优势。在此背景下,斯密、李嘉图及马克思等人认为劳动是财富的源泉,资本积累是经济增长之关键。这一阶段可分为原始积累增长(劳动投入型)和大工业增长(资本投入型)两个阶段。

1. 原始积累增长阶段(约1760—1860年)的劳动投入型经济增长

该阶段的特点是:(1)从生产效率来看,此阶段生产率的提高比较缓慢。尽管此时水力及蒸汽驱动的机械操作和专业化生产逐渐替代了工场手工劳动,个体或合伙的工厂制逐渐成为新的生产组织方式，但由于未发生技术革命的突变，因而生产效率提高并不十分迅速。(2)从要素投入来看，主要依靠劳动力等生产要素投入获得经济增长。与早期主要依靠土地等自然资源投入的农业经济相比，此阶段的经济增长主要依赖于新兴工业部门吸纳大量剩余的农业人口而获得，因此增长方式为"劳动力投入驱动型"。(3)从主导部门来看，农业率先发展，工业逐步兴起。在工业化早期，农业在很长时间里仍然是经济增长的主导部门(1811年农业产出在英国国民收入中的份额为35.7%，工业为20.8%)。从生产率的变化来看，农业的重要性更为突出。如果没有农业生产率的持续增长，没有农业产出来养活日益扩大的工业、服务业就业人口并提供原材料，工业和服务业的扩张是不可能的，工业革命也难以为继。因而法国年鉴派历史大师布罗代尔指出"在工业革命涉及的所有问题中，农业理应排在前列"。直到19世纪20年代，英国工业的产出份额才超过农业。随着工业化的不断推进，农业中就业的劳动力份额也在不断下降，机械制造、铁路及航运业才逐渐成为经济的创新和领涨部门。

2. 大工业增长阶段(1860—1910年)的资本投入型经济增长

19世纪后半期，在能源动力(电力)革命以及材料(化工)技术、信息及运输技术突变的推动下，社会生产率迅速提高。发达国家形成了以电能为中心的技术体系，重型机器替代了简单机械，生产过程自动化和社会化大生产成为可能，股份公司和泰勒制成为主要的生产组织形式。以现代工业体系建立为标志，工业革命于19世纪末20世纪初基本完成。以法国为例，其国民产值中，工业(制造、采掘和建筑及公用事业等)的比重在1885年前后达35%，超过了农业部门。该阶段的特点包括：(1)从增长的绩效来看，此阶段西方国家的经济获得了较快增长(特别是美国和德国崛起)。统计表明，在1870—1913年间，美国GDP的年平均增长率为4.11%，其次为加拿大、澳大利亚等国家，英国和法国的这一指标分别为1.19%和1.17%。但由于人口增长迅速，人均国内生产总值的增长依然缓慢。(2)从增长的驱动力来看，当时技术进步的贡献率依然不高，资本积累是获得经济增长的主要途径。美国、英国、德国、法国等国家的科技因素在经济增长中的贡献率平均只占30%左右。如美国1840—1900年间的生产率对国民生产净值增长的贡献只有

17%，而要素投入占 82%。由于此时的增长主要依赖于工业部门的资本积累而获得，因此经济增长方式为“资本投入驱动型”。(3)从增长的主导部门来看，重工业占主导地位，同时伴随城市化进程加快，服务业开始兴起。19 世纪末，重工业在西方国家工业生产中已经起主导作用。1870—1990 年世界重工业产量大幅度增长，如：钢产量由 52 万吨增加到 2 830 万吨，石油产量由 80 万吨增加到 2 000 万吨，铁路建筑由 21 万公里增加到 79 万公里。基础设施、商业、对外贸易、交通和通讯业在此期间也有了较快的发展，造就了蒸汽机驱动的火车、轮船、全国性的电报网、邮政、港口和货栈及城市煤气等一大批产业的繁荣。伴随经济结构的变化，城市人口在各个资本主义国家人口总数中的比例大大提高。城市化又带动了就业人口从第一产业部门向第二产业和第三产业部门转移，从而出现产业结构和就业结构的变化。

2.1.2　工业化后期(约 1910 年至今)：质量型增长阶段

1. 管理与技术应用增长阶段(约 1910 年至 20 世纪 70 年代)的集约管理型经济增长

从 20 世纪初开始，随着生产流水线的运用，大规模的精益生产与销售成为生产方式的新特征；伴随巨型企业的发展，福特制和管理层级成为流行的组织方式；由于两权分离带来的经理革命以及福特主义的盛行，生产效率大为提高。在此基础上，二战结束后发达国家先后完成了向集约化经济的转型，其经济增长方式已从前期资本投入驱动逐渐转向集约管理型经济增长，从而实现了由数量型向质量型的跨越。一项对世界主要国家(地区)TFP 的测算证明，在发达资本主义国家中，美国于 20 世纪 50 年代率先实现了这种转变。1950—1960 年美国的 GDP 每年平均增长 3.3%，其中，生产要素投入增加的贡献率为 47%，全要素生产率提高的贡献率为 53%。后者超过了前者，表明其经济增长方式已转入质量型。之后，联邦德国于 20 世纪 60 年代，英国、法国、日本于 20 世纪 70 年代相继实现了经济增长方式的转变。此阶段的具体特点体现在：(1)从增长的绩效来看，增长方式转变带来的突出成果就是人均产出的快速增长。虽然战后发达国家(特别是美国、日本和联邦德国)的人口增长很快(如美国人口从1.5亿增加到2.7亿,增长了近1倍),但人均GDP在1950—1973年间却实现了突飞猛进的增长。日本、联邦德国、法国、美国、英国这五国在这一期间的人均GDP增长率分别达到8.1%、5%、4%、2.5%、2.4%,从而被称为资本主义的黄金时期。(2)从增长的驱动力来看:其一,由于教育、研发的投入大大增加,劳动力的质量有了进一步提高,因而劳动生产率的提高颇为明显。以美国为例,1948—1977年间,美国的资本—劳动力比率平均每年递增3%,相应地,其劳动生产率的年平均增长率也一直保持在3%左右的水平。其二,资本投入仍然较高。从西方5个发达国家来看,除美国的资本形成率一直稳定在20%上下外,其他国家由于面临战后重建等原因,资本形成率在20世纪50年代至60年代末趋于上升,说明此阶段资本投入仍较大。(3)从增长的主导部门来看,以汽车工业为核心,石油、民用消费及服务业成为经济的领涨部门(以石油、天然气和合成化工为主要资源投入)。此阶段服务业(生产性服务业、消费性服务业、金融服务业)也得到飞速发展。

2. 知识与创新增长阶段(约从20世纪70年代中后期开始)的知识创新型经济增长

随着20世纪80年代以后信息技术的兴起,信息化和智能化成为发达国家生产方式的新特征;经济组织方式向内部、地区和全球网络转变;服务业(包括金融)和高科技(电子、电信、生物工程和航空航天)成为经济的创新和领涨部门。此阶段的具体特点体现在:(1)从增长的绩效来看,此阶段的成本和消耗很低,产品竞争能力强、经济效益较好。虽然经济增长率并不高,但保持稳定增长,且高于人口增长率。(2)从增长的驱动力来看,西方国家自20世纪70年代中后期以来的资本形成率逐渐下降,近10年基本稳定在20%左右,日本相对高些,但也下降到25%以下。同时,由于经济增长越来越依赖于人力资本的知识含量和创新行为,发达国家对教育、研发以及与提高人口质量相关的投入也在不断增大。此阶段的增长方式因而演变为“知识创新型经济增长”。(3)增长的主导部门出现了三方面的变化:一是信息技术革命催生了一系列高科技产业(如航空航天业、新材料业、生命工程),

并在整个经济中占据主导地位。二是化工机械、纺织、汽车以及家用电器等传统产业经过与信息技术的结合、革新和改造，重新获得了生机。三是 20 世纪 70 年代以后发达国家国民经济中服务业已在三个产业中占有支配性地位。农业和制造业在国民经济中的作用下降，在第二产业内部，新兴的高技术产业也成为物质生产部门的主导产业。世界银行的数据表明，2000 年，在 5 个发达国家中，其农业部门在 GDP 中的比重仅为 2%；制造业为 20%左右，而服务业的比重则在 70%左右。

总的来看，发达大国经济增长动力机制呈现如下特点：(1)在工业化早期，都会经历一个或长或短的数量型增长期。但经济增长方式演变的总体趋势是从劳动、资本投入的要素驱动型到管理、知识创新带来的生产效率驱动型(质量型)，即体现为“要素积累—集约管理—知识创新”的动力演化路径，集约化程度和创新程度越来越高。(2)发达大国经济增长的“火车头”(主导产业)经历了“农业—工业—服务业”的变化过程，服务业兴起并占据主导地位是一个历史趋势。(3)在发达大国经济增长方式的演进过程中，技术进步起了决定性的作用。同时，制度创新的作用也不应忽视。(4)虽然一个经济体不能跨越自身发展阶段而随意选择某种经济增长方式，但是可以通过技术进步、制度完善、政策调控等各种主观努力缩短从数量型增长方式向质量型增长方式转型的时间。这一点对后起国家尤为重要。如英国是老牌资本主义国家，若从产业革命算起到 20 世纪 70 年代实现向集约化转变，时间长达 200 年。日本是继起国，从 1868 年明治维新算起到 20 世纪 70 年代实现经济增长方式转变，大致为 100 年。韩国是新兴工业国，从 1948 年到 20 世纪 90 年代初实现经济增长方式转变，约经历 40 余年。转变时间的缩短，既与后起国经济主体的“干中学”效应有关，也与国家的政策有关。

2.2　发达大国经济持续增长的动力源泉

基于发达大国经济增长进程中动力机制结构的演变分析，可将发达大国经济增长的源泉归结为劳动、资本与技术进步，但在不同发展阶段，其作用程度不同。那么，发达大国经济持续增长的动力源泉是什么呢？本节将从理论与实证层面，对发达大国经济持续增长的动力源泉展开深入分析。

2.2.1 发达大国经济持续增长动力源泉的理论分析

1. 古典经济增长理论

亚当·斯密认为国民收入增长的动力来源于资本的储蓄积累、社会劳动的专业分工以及技术的创新，增加劳动数量和提高劳动生产率是促进经济增长的必然途径。大卫·李嘉图认为收入的分配是经济增长的原因，他建议把收入中的绝大部分进行再投资，另外通过生产要素重新组合达到生产效率的提高，他提出了资本、劳动报酬递减的规律。哈罗德（Harrod）和多马（Domar）在 20 世纪 40 年代后期提出哈罗德—多马经济增长模型，他们把资本、人口、技术作为经济增长的内因，并分析这些因素与其他经济增长因素的长期相互作用和联系。由于时代所限，这个时期的经济学家对经济增长的研究都局限在静态均衡假定前提下。

古典经济增长理论学派后期代表熊彼特提出了经济增长过程状态是动态的，它的状态随着技术创新不断产生改变。技术进步带动经济高速发展，走向繁荣，企业在技术创新过程中优胜劣汰，推动技术更加进步；熊彼特认为经济不会因为报酬递减规律而停止不前。但是，熊彼特技术创新理论只从定性方面分析了技术创新对国民经济增长的影响。

2. 新古典经济增长理论

20 世纪 50 年代，罗伯特·索洛通过实证分析较为系统地研究得出在经济增长中技术进步起了更加重要的决定作用，以此开创了新古典经济增长理论。索洛运用全要素生产率分析法进行了定量的实证研究，他计算出美国 1909 至 1949 年 41 年的非农企业资本和劳动力投入对经济增长的贡献率大约只有 12%，剩下 88%的余值是由技术进步所带来的，这 88%就是“索洛剩余”，这种方法得到众多研究者的大力认可，对之后经济学家计算技术投入对经济增长的贡献具有很大影响。索洛第一次把技术进步列入经济增长因素中的独立部分，打破了之前研究学界的资本决定理论，引导社会重视技术创新。

在索洛经济增长模型的基础上，丹尼森(Denison)的研究更加深入和详尽。他认为影响经济增长率主要有两个方面：资本、劳动的总投入量，及单位投入量的产出量。进一步细化而言，总投入量的劳动方面包括就业、年龄与性别构成、工作时效和教育，资本方面包括存货、建筑与设备、住宅和国际资产，单位投入量产出量包括资源配置改善、知识进展和规模经济。丹尼森在美国经济增长相关实证研究中得出国民收入增长率大大超过劳动和资本的增长率，其余的增长率只能由技术进步来解释。但是，新古典经济增长理论认为技术要素是经济增长的外部因素，没有作为内生因素进行分析，这是它的一个缺陷。

3. 新经济增长理论

1986 年罗默(Romer)在论文《收益递增经济增长模型》中建立了内生经济增长模型，模型在资本和劳动传统生产要素的基础上增加了技术水平和人力资本两个要素。他认为技术创新不仅表现为创造新材料、新工艺这些技术水平上，而且还表现在提高劳动力素质、技术熟练程度等人力资本上。罗默在模型中强调要把技术作为内生变量，国家经济增长要以知识和创新产品为基础。技术作为一种生产要素，它具有正外部性，边际报酬是递增的。技术与投资是相互作用、相互生成的关系，投资带动技术积累和进步，技术的进步反过来又能刺激投资，形成良性循环，所以技术创新能够带来经济的可持续发展。

新经济增长理论的另一代表卢卡斯更加深入分析提高生产者素质水平对经济增长的巨大贡献。20 世纪 80 年代，卢卡斯(Lucas)建立了内生经济增长模型。根据卢卡斯模型，资本由物质和人力组成，劳动由一般人力资本和专业化人力资本组成，人力资本增值是经济可持续增长的基础，部门的经济产出与人力资本增值正相关。要提高人力资本积累，必须通过学校学习和在实践中学习。他认为，边干边学获得的人力资本属于外部效应，而通过学校教育所获得的人力资本则属于内部效应。卢卡斯认为，专业化的人力资本是经济增长的内生变量，而专业化的人力资本由工作人员和受过专门教育的学生组成，正是这种专业化人力资本的不断积累促使经济保持长期增长。

综上所述，学术界一直在探讨影响经济增长的条件或因素。古典经济增长理论认为资本、劳动力、土地及资源是促进经济增长的重要因素。新古典经济增长理论强调了经济增长中技术进步的重要作用，但将技术进步作为一种外生变量。而新经济增长理论着重分析了技术进步、人力资本积累、知识溢出对经济增长的影响，并认为技术进步是一种内生变量，为当今“知识经济”提供了重要理论基础。

2.2.2 发达大国经济持续增长动力源泉的实证研究

西方经济学经典理论表明，与劳动、资本等自然资源不同，技术进步对经济增长起着特别重要的作用。尤其在经济增长方式的转变过程中，技术进步更是起着决定性的作用，它已经成为区分粗放型和集约型经济增长方式的一个重要标志。一般认为，当技术进步贡献率小于50%时，经济增长主要靠增加要素投入驱动，即粗放型的经济增长方式；而当技术进步贡献率大于50%时，经济增长主要靠投入要素的效率和质量取得，即集约型的经济增长方式。本节将从经济增长贡献率的角度出发，选取美国、日本、英国、法国、德国五个发达大国，运用柯布—道格拉斯动态生产函数和索洛经济增长速度方程模型，从实证层面研究这五个大国1981—2011年的技术进步和要素投入对经济增长的贡献率，力图论证技术进步是大国经济持续增长的动力源泉。

1. 研究方法与模型构建

(1) 索洛余值法。

现有文献中关于技术进步对经济增长贡献的测度源于索洛(Solow，1957)，他把技术的变动率表示为产出增长率扣除劳动和资本贡献之后的余额。索洛余值法避开了生产函数具体形式的讨论，而关注函数的相关性质，加之索洛余值法计算方法简便、直观，其实用性也很强，因而成为最常用的技术进步度量方法。

索洛增长速度方程模型为：

$$a = y - \alpha l - \beta k \tag{2.1}$$

其中：a 为技术进步率，y 是综合产出增长率，l 为劳动增长率，k 为资本增长率，α 是劳动产出弹性，β 是资本产出弹性，而 α、β 可由生产函数估计得到。这里采用柯布—道格拉斯动态生产函数进行估计。

(2) 柯布—道格拉斯动态生产函数。

柯布—道格拉斯动态生产函数的一般形式为：

$$Y_t = A_0 e^{\lambda t} K_t^{\alpha} L_t^{\beta} \tag{2.2}$$

其中：Y 代表总产出，K 代表资本投入，L 代表劳动力投入，α、β 分别是资本和劳动力的产出弹性，参数 λ 表示技术的年进步速度，t 表示年份序列。

对式(2.2)取对数，有：

$$\ln Y_t = \ln A_0 + \lambda t + \alpha \ln K_t + \beta \ln L_t \tag{2.3}$$

当 $\alpha + \beta = 1$，即规模报酬不变时，有：

$$\ln(Q/L)_t = \ln A_0 + \lambda t + \alpha \ln(K/L)_t \tag{2.4}$$

2. 变量选择与数据来源

柯布—道格拉斯动态生产函数涉及以下三个变量：产出指标(Y)，资本投入指标(K)以及劳动力投入指标(L)。

产出(Y)：选取历年已消除了价格因素的国内生产总值(GDP)来衡量各国产出水平，数据来源于世界银行网站，并已折算为 2005 年不变价格的实际 R&D。

资本投入(K)：对于资本投入的度量，一般文献选取年资本服务值或资本存量数据指标，也有学者使用固定资产投资额。由于很难搜集五国历年资本服务值或历年资本存量的相关数据，所以这里采用价格指数进行调整后的历年固定资本投资额来衡量资本投入，其数据来源于世界银行网站。

劳动力投入(L)：采用从业人员来度量劳动力数量，其数据直接来源于 OECD 数据库。

3. 计量结果及分析

为估算式(2.4)中的相关系数，以美国为例，先将上述相关指标数据进行整理，得到表 2.1，并将 ln Y/L 作为因变量，将年份 t 和 ln K/L 作为自变量，采用 SPSS17.0 进行回归分析。回归结果如表 2.1 所示：

表 2.1　美国 GDP、资本投入、劳动投入等指标(1981—2011 年)

年份 t	GDP(Y) (\$)	固定资产投资额 K(\$)	劳动力 L (人)	Y/L	K/L	lnY/L	lnK/L
1981	5.943 7E+12	7.999 36E+11	103 399 000	57 483.15	7 736.40	10.96	8.95
1982	5.826E+12	7.448 7E+11	102 620 000	56 772.56	7 258.52	10.95	8.89
1983	6.089 1E+12	7.958 17E+11	103 963 000	58 569.88	7 654.81	10.98	8.94
1984	6.527 2E+12	9.246 63E+11	108 178 000	60 337.59	8 547.60	11.01	9.05
1985	6.795 6E+12	9.804 45E+11	110 371 000	61 570.52	8 883.18	11.03	9.09
1986	7.028 5E+12	9.976 36E+11	112 860 000	62 276.27	8 839.59	11.04	9.09
1987	7.251 1E+12	1.008 29E+12	115 743 000	62 648.28	8 711.47	11.05	9.07
1988	7.548 4E+12	1.039 72E+12	118 241 000	63 839.11	8 793.22	11.06	9.08
1989	7.817 5E+12	1.073 12E+12	120 606 000	64 818.50	8 897.71	11.08	9.09
1990	7.962 6E+12	1.066 04E+12	121 998 000	65 268.28	8 738.21	11.09	9.08
1991	7.941 8E+12	1.012 23E+12	120 863 000	65 709.11	8 375.03	11.09	9.03
1992	8.212 2E+12	1.067 03E+12	121 472 000	67 605.70	8 784.15	11.12	9.08
1993	8.448 1E+12	1.141 97E+12	123 059 000	68 650.81	9 279.87	11.14	9.14
1994	8.795 7E+12	1.233 21E+12	125 708 000	69 969.29	9 810.13	11.16	9.19
1995	9.019 9E+12	1.310 48E+12	127 444 000	70 775.40	10 282.82	11.17	9.24
1996	9.361 4E+12	1.421 42E+12	129 154 000	72 482.46	11 005.63	11.19	9.31
1997	9.783 2E+12	1.546 6E+12	131 934 000	74 152.23	11 722.50	11.21	9.37
1998	1.021 38E+13	1.699 53E+12	133 785 000	76 344.88	12 703.42	11.24	9.45
1999	1.071 11E+13	1.854 97E+12	135 779 000	78 886.28	13 661.66	11.28	9.52
2000	1.115 81E+13	1.982 2E+12	139 175 000	80 173.16	14 242.50	11.29	9.56
2001	1.128 01E+13	1.960 71E+12	139 222 000	81 022.40	14 083.34	11.30	9.55
2002	1.148 63E+13	1.901 79E+12	138 807 000	82 750.15	13 701.00	11.32	9.53

续表

年份 t	GDP(Y) ($)	固定资产投资额 K($)	劳动力 L (人)	Y/L	K/L	$\ln Y/L$	$\ln K/L$
2003	1.177 95E+13	1.962 41E+12	140 084 000	84 088.83	14 008.82	11.34	9.55
2004	1.218 94E+13	2.084 63E+12	141 569 000	86 102.18	14 725.20	11.36	9.60
2005	1.256 43E+13	2.195 93E+12	143 980 000	87 264.20	15 251.62	11.38	9.63
2006	1.289 84E+13	2.247 32E+12	146 678 000	87 936.84	15 321.47	11.38	9.64
2007	1.314 44E+13	2.212 31E+12	148 295 000	88 636.84	14 918.33	11.39	9.61
2008	1.309 72E+13	2.084 36E+12	147 643 000	88 708.57	14 117.59	11.39	9.56
2009	1.263 52E+13	1.749 04E+12	142 183 000	88 865.76	12 301.34	11.39	9.42
2010	1.301 7E+13	1.740 8E+12	141 386 000	92 067.11	12 312.43	11.43	9.42
2011	1.323 83E+13	1.810 02E+12	142 133 000	93 140.15	12 734.68	11.44	9.45

表 2.2　美国 1981—2011 年计量统计结果及检验结果

模　型	系数	标准误差	t	显著性
常　量	−18.054	0.599	−30.139	0.000
年份(t)	0.014	0.000	39.643	0.000
$\ln K/L$	0.128	0.013	9.619	0.000

得到的回归方程为：

$$\ln Y/L = -18.054 + 0.014t + 0.128\ln K/L$$

$$t = (-30.139)\ (39.643)\ (9.619)$$

上式中，对常数项和自变量的两个系数的 T 检验量均通过了显著性检验。另外，回归方程的判决系数 R^2 值为 0.998，F 值为 6 263.266。由此可见，回归方程中的自变量与因变量之间具有高度的相关关系，即回归相关性高。

因此，资本的产出弹性 $\alpha = 0.128$，由规模收益不变假定，计算劳动的产出弹性 $\beta = 1 - 0.128 = 0.872$。

进而可得美国1981—2011年的索洛增长速度方程模型为：$y=a+0.128k+0.872l$，再利用几何法算出总产出、资本投入及劳动投入的增长速度，并进行分析，得到表2.3。

表2.3 美国1981—2011年索洛增长速度方程模型

年份 t	GDP增长率 y	K增长率 k	L增长率 l	资本贡献 αk	劳动贡献 βl	技术贡献 λ	资本增长贡献率 E_K	劳动增长贡献率 E_L	技术进步贡献率 E_A
1981	0.025	0.011	0.013	0.001	0.011	0.013	0.055	0.452	0.493
1982	−0.020	−0.069	−0.008	−0.009	−0.007	−0.004	0.445	0.332	0.223
1983	0.045	0.068	0.013	0.009	0.011	0.025	0.194	0.253	0.553
1984	0.072	0.162	0.041	0.021	0.035	0.016	0.288	0.491	0.221
1985	0.041	0.060	0.020	0.008	0.018	0.016	0.188	0.430	0.382
1986	0.034	0.018	0.023	0.002	0.020	0.012	0.065	0.574	0.361
1987	0.032	0.011	0.026	0.001	0.022	0.008	0.043	0.703	0.254
1988	0.041	0.031	0.022	0.004	0.019	0.018	0.097	0.459	0.444
1989	0.036	0.032	0.020	0.004	0.017	0.014	0.115	0.489	0.395
1990	0.019	−0.007	0.012	−0.001	0.010	0.009	−0.045	0.542	0.503
1991	0.003	−0.050	−0.009	−0.006	−0.008	0.017	−2.473	−3.106	6.579
1992	0.034	0.054	0.005	0.007	0.004	0.023	0.204	0.129	0.667
1993	0.029	0.070	0.013	0.009	0.011	0.008	0.313	0.397	0.290
1994	0.041	0.080	0.022	0.010	0.019	0.012	0.249	0.456	0.295
1995	0.025	0.063	0.014	0.008	0.012	0.005	0.315	0.472	0.213
1996	0.038	0.085	0.013	0.011	0.012	0.015	0.286	0.309	0.405
1997	0.045	0.088	0.022	0.011	0.019	0.015	0.250	0.417	0.333
1998	0.044	0.099	0.014	0.013	0.012	0.019	0.288	0.278	0.434

续表

年份 t	GDP 增长率 y	K 增长率 k	L 增长率 l	资本贡献 αk	劳动贡献 βl	技术贡献 λ	资本增长贡献率 E_K	劳动增长贡献率 E_L	技术进步贡献率 E_A
1999	0.049	0.091	0.015	0.012	0.013	0.024	0.240	0.267	0.493
2000	0.042	0.069	0.025	0.009	0.022	0.011	0.210	0.523	0.267
2001	0.011	−0.011	0.000	−0.001	0.000	0.012	−0.127	0.027	1.100
2002	0.018	−0.030	−0.003	−0.004	−0.003	0.025	−0.210	−0.142	1.353
2003	0.026	0.032	0.009	0.004	0.008	0.013	0.160	0.314	0.526
2004	0.035	0.062	0.011	0.008	0.009	0.018	0.229	0.266	0.505
2005	0.031	0.053	0.017	0.007	0.015	0.009	0.222	0.483	0.295
2006	0.027	0.023	0.019	0.003	0.016	0.007	0.113	0.614	0.273
2007	0.019	−0.016	0.011	−0.002	0.010	0.011	−0.105	0.504	0.601
2008	−0.004	−0.058	−0.004	−0.007	−0.004	0.008	2.062	1.068	−2.129
2009	−0.035	−0.161	−0.037	−0.021	−0.032	0.018	0.584	0.914	−0.498
2010	0.030	−0.005	−0.006	−0.001	−0.005	0.036	−0.020	−0.162	1.182
2011	0.017	0.040	0.005	0.005	0.005	0.007	0.299	0.271	0.430
平均							0.146	0.291	0.563

从表 2.3 可以看出，美国资本投入每增加 1%，可以使经济平均增长 0.128%，对经济增长的贡献度是 14.6%；劳动投入每增加 1%，可以使经济平均增长 0.872%，对经济增长的贡献度是 29.1%，而技术进步对经济增长的贡献率则达到 56.3%，充分说明美国 1981—2011 年的经济增长主要是由技术进步引起的，其经济增长方式是一种基于技术进步的集约型经济增长方式。

同理，我们可分别基于日本、英国、法国、德国的总产出 Y、资本投入 K 和劳动投入 L 数据，进行整理后得到它们的回归方程及检验结果分别为：

$$\ln Y/L = -21.307 + 0.014t + 0.369\ln K/L$$
$$t = (-39.942)\ (48.453)\ (19.629)$$
$$R^2 = 0.994,\ F = 2\ 242.411$$
$$\ln Y/L = -16.879 + 0.013t + 0.230\ln K/L$$
$$t = (-9.155)\ (11.782)\ (5.730)$$
$$R^2 = 0.992,\ F = 1\ 720.891$$
$$\ln Y/L = -9.333 + 0.009t + 0.249\ln K/L$$
$$t = (-3.793)\ (5.609)\ (2.743)$$
$$R^2 = 0.961,\ F = 347.698$$
$$\ln Y/L = 0.645 + 0.003t + 0.540\ln K/L$$
$$t = (0.357)\ (3.362)\ (3.403)$$
$$R^2 = 0.544,\ F = 16.709$$

利用这些回归方程对日本、英国、法国、德国的产出增长率、资金投入增长率、劳动投入增长率进行计算，得出各自的资本增长贡献率、劳动增长贡献率和技术进步贡献率，并将历年数据进行平均，结果如表 2.4 所示：

表 2.4　日本、英国、法国、德国 1981—2011 年平均技术进步贡献率

贡献率(%) 国家	资本增长 贡献率 E_K	劳动增长 贡献率 E_L	技术进步 贡献率 E_A
日　本	−20.0	16.5	103.5
英　国	37.2	−12.3	75.1
法　国	26.3	10.0	63.7
德　国	−35.8	21.3	114.5

根据表 2.4，1981—2011 年，日本、英国、法国、德国的技术进步对其经济增长的贡献最大，尤其是日本与德国，其技术进步贡献率更是达到 100%以上，处于一个非常高的水平。而根据表 2.3，美国技术进步对经济增长的贡献率也达到 56.3%。因此，以美国、日本、英国、法国、德国为代表的发达大国的索洛余值分析

结果表明:近 30 年来,在发达大国的经济增长中,劳动与资本等要素投入的作用不太明显,技术进步在发达大国的经济增长中起着至关重要的作用,可以说,技术进步是发达大国经济持续增长的动力源泉。

2.3　技术进步促进发达大国经济持续增长的机理

2.3.1　技术进步促进发达大国经济持续增长的微观作用机理

从微观层面讲,技术进步推动发达大国经济持续增长的作用机理,首先表现为企业为了提高自身市场占有率而采取各种技术创新方法来提高要素使用效率和要素间组合效率,这样必然会导致单位产品成本下降。此种作用机理被称为基于成本下降的效应。其次,企业可能还会基于提高产品质量、开发新产品或新功能等原因展开技术创新活动,因此在这一诉求下的技术创新活动对扩大市场占有份额的实现是基于产品品质提升的效应,被称为基于产品品质提升的效应。第三,企业在进行技术创新进而取得技术进步过程中,对劳动者质量也提出了更高要求,同时也进一步扩大了资本的范围,进而促进经济增长,此种效应被称为基于要素优化的效应。

1. 基于成本下降的效应

基于成本下降的效应主要源自技术进步带来单个要素的生产效率提升以及要素组合优化配置而导致的经济增长。一方面,经过技术创新,产品的质量与性能没有发生变化,但是生产过程中单个投入要素的产出效率大大提高,厂商生产单位产品所需的劳动或资本等单个要素投入量减少了,从而使得生产成本降低。在市场价格不变的假定下,减少成本必然增加厂商利润。此时,厂商一般会扩大再生产,从而导致生产供给增加,经济增长得以发生。另一方面,通过技术创新,改变要素间的配置比例或组合方式,优化要素组合配置,从而使得所有要素的整体生产效率大大提高,整体要素的单位产出上升,最终在总要素投入不变的条件下,实现产出数量的增加。

2. 基于产品品质提升的效应

基于产品品质提升的效应主要源自由于技术进步而带来产品多样性以及产品质量本身的提升而导致的经济增长。一方面,通过技术进步,产品花色、品种等方面更加多样,实现了产品的差异化。新产品体现出的与众不同的风格特色,使其与竞争者的产品区别开来,满足了消费者潜在的需求,促使消费群体扩大或消费者增加消费。这样,新产品就形成了一种"新"的品质效应,这为开拓新的市场、扩大其市场份额创造了有利条件,最终会促进均衡产量的上升,导致经济增长发生。另一方面,经过创新之后,产品的性能及品质得到改善,总体产品质量得以提升。新产品的高质量使得消费者对它的偏好加强,这样,创新就形成了基于产品品质提升的效应,使得消费者对其需求大幅上升。大幅提升的新产品需求刺激了消费,必然带动均衡产量上升并导致经济增长。

3. 基于要素优化的效应

技术进步引发的要素优化推动作用主要体现在劳动者质量的提高和资本的扩大而带来的经济增长。技术进步会促进劳动者质量的提高,这是因为:其一,技术进步后要求劳动者具备更高的素质,这迫使劳动者接受更多的教育,不断进行技术培训。其二,技术进步往往与分工的深化有关,因此,劳动者会在专门化的劳动中提高技能。其三,技术进步导致劳动时间的节约,从而为提高劳动者的精神素质和体力创造了条件。技术进步也会促进资本的扩大,体现在:其一,扩大资本的内涵即增加资源的种类,通过技术进步,一些原来不被利用的资源会因技术的提高而为人类所用,例如,石油的提炼技术使化工产业兴旺起来。其二,技术进步会提高资本的品质,例如,铁矿石的筛选技术使品位差的铁矿石可以达到经济利用的水平。其三,技术进步可扩大资本的规模,例如,金融投资产品因电子信息科技的进步得以迅猛发展,这使得更大规模的投资可以更快地被投入经济实体中,促进了经济的增长。

2.3.2　技术进步促进发达大国经济持续增长的宏观作用机理

区域生产技术结构决定着区域产业结构水平，区域产业结构水平又决定着区域经济增长程度。日趋发展的科技水平使得社会各行各业发生了巨大的变革，也就促进了一些地区主导产业的飞速发展与扩张。技术的进步与发展使得产业部门不断细化，进一步延伸了人们的需求范围，新的需求进一步促进了产业成长。因此，从宏观层面讲，技术进步对发达大国经济持续增长的作用，表现为技术进步作用下带来的就业结构、供给结构、需求结构等多方面的变化，推动产业结构的调整与升级，进而推动宏观经济增长。

1. 技术进步推动需求结构改变，促进产业结构升级

首先，技术进步带来了行业生产成本的降低，从而带来需求结构的变化。很多产品在用途与性能上都能满足社会需求，但由于成本过高使其需求量受到极大地限制，通过技术进步降低生产成本，必然会导致其需求量显著增加，从而促进相应产业的飞速发展；再者，技术进步带来了资源消耗的降低，使得相关资源利用率得到显著提升，这就改变了相关资源的需求结构，甚至是找到更好的替代品，从而促进产业结构的调整与优化；最后，技术进步还能促进消费品的不断升级换代，从而推动产业结构升级。

2. 技术进步带来不同产业间关系的转变，促进产业结构升级

不同产业间的技术进步程度不尽相同，这就导致产业之间的发展速度和生产效率出现不平衡，具有较高发展速度和效率的行业逐渐占据市场中的主体地位，而一些技术发展水平没有得到显著提升，生产效率提升缓慢的产业则会逐渐衰落。这种技术进步带来的不平衡现象使得在技术进步中占据领先地位的企业逐渐主导产业发展趋势，从而带来整个产业结构的优化升级。

3. 技术进步加快就业结构转变，促进产业结构升级

技术进步能够加快社会劳动力的分工，逐渐转变劳动者的就业结构状况，这是技术进步对产业结构带来影响的基本途径。首先是技术创新与进步使得生产工具得到不断改进，进而带来劳动生产率的整体提升，节约了大量的劳动力和劳动时间，部分剩余劳动力被分离出来，向其他产业部门转移，他们可能被需求量上升以及由扩张发展需求的产业部门吸收，可能被技术进步中的新兴产业吸收，这就促进了产业中心逐渐向第二产业及第三产业转移，从而促进产业结构的升级优化。

4. 技术进步促进新兴产业兴起，促进产业结构升级

伴随技术水平的不断进步与创新发展，社会产业分工将不断向精细化和专业化的方向转变，从而带来一大批新兴产业的兴起，其主要体现在两个层面：其一，是对新技术、新材料、新工艺以及新产品的生产与利用，使得社会分工范围得到显著扩大，造就了新的生产活动领域与部门。其二，技术进步得到原有的产业内部逐渐发展细化分解，从而带来一些新的产业部门，这就促进了产业结构的优化调整。

第 3 章

金砖国家的经济增长质量评价

3.1 大国经济增长质量的界定及其分析框架

近年来,金砖国家的经济一直处于高速增长的状态,而与此同时,经济增长中的一些矛盾和问题也逐渐暴露出来:经济增长的结构性矛盾比较突出,经济增长的不稳定因素仍然存在,经济增长的成果分配不和谐,经济增长的模式尚未根本改变。因此,如何保持以"金砖国家"为代表的新兴大国经济增长的可持续性就成为当前最关键的问题之一,而这从根本上来看是与经济增长的质量紧密相关的。中国政府提出"转变发展方式,实现国民经济又好又快的发展",要从依靠要素投入转为从制度建设、科技创新和改革中寻找红利,抓住经济增长转入中速发展的时机,大力提高经济增长的质量和效益,增强增长的可持续性。这就将提高经济增长质量放在更重要的位置上,表明从一定意义上说经济的快速增长已经不是难点,而如何进一步解决经济增长中的种种矛盾,提高经济增长质量才是大国经济发展所面临的关键问题。

尽管已经有许多国内外的研究者在探讨经济增长质量,但目前所能达成的共识仅仅在于我们不能再简单追求数量上的增长,还应当看到数量之外的问题。对经济增长质量问题的研究建立在对其内涵不同理解的基础之上,如何对经济增长质量内涵进行界定直接决定了这一问题的研究视角、研究范围以及研究内容。而现有研究对经济增长质量的内涵却存在不同的看法,如果将经济增长数量之外的所有因素都定义为经济增长质量是不恰当的，这样包含的内容就太过丰富了，而且相应的度量也就无法进一步展开。如何对经济增长质量进行度量的真正困难在于我们无法区分什么是经济增长质量的内容，而什么不是。此外，由于现有相关文献对经济增长质量问题的研究仍停留在基础性问题和单一视角的讨论上，缺乏一个系统的理论分析框架，从而也为经济增长质量的清晰界定、准确度量及经验分析等带来了困难。因此，对经济增长质量的外延与内涵进行清晰界定，并在对经济增长质量分析与数量分析范式进行比较的基础上构建出经济增长质量分析的基本框架就显得格外重要，它是大国经济研究的一个重要范畴。

3.1.1 经济增长质量的界定

经济增长质量的评价建立在对其内涵准确把握的基础上。从现有研究文献来看，对经济增长质量概念的界定主要存在两类观点：一种观点从狭义上来定义经济增长质量，将经济增长质量理解为经济增长的效率（如卡马耶夫，1983；刘亚廷，2002；刘海英、赵英才、张纯洪，2004；康梅，2006）。另一种观点从广义上来界定经济增长质量，认为经济增长质量是相对于经济增长数量而言的，属于一种规范性的价值判断，具有丰富的内涵（Robert J.Barro, 2002；刘树成，2007）。Robert J. Barro(2002)就给予增长质量一种很宽泛的概念，它把经济增长质量理解为与经济增长紧密相关的社会、政治及宗教等方面的因素，具体包括受教育水平、预期寿命、健康状况、法律和秩序发展的程度以及收入不平等等。“质量”属于一种规范性的价值判断，而效率只是评判标准的一个方面。因此，对于经济增长质量内涵的界定应当从更广义的角度进行。

从广义来界定经济增长质量的研究文献，由于只是从经济增长数量视角出发，把除增长数量以外的各种因素都纳入经济增长质量的范围，如果经济增长质量的外延无法得以确定，那么经济增长质量的内涵就不能得到清晰界定。与现有文献不同的是，我们在经济增长和经济发展两个概念的区别与联系中引入经济增长质量，由此来进行内涵与外延的界定，这样就有一条明确的准则让我们可以清楚地把握什么属于增长质量的内容。在宏观经济学中，“经济增长”被定义为一个国家或者地区产品与服务的总和不断的增加，主流经济学家认为它就是以固定价格计算的人均国民收入的某种度量的变化率。但是现在越来越多的学者却认为这样的界定存在着明显的缺陷，如它没有将经济增长相关的成本反映进去，不能解释商品和服务在社会中不同的个人和团体之间分配的变化。一个完整的经济增长的定义应该外在表现为总数量的扩张，而内在表现为质量的提高。经济增长数量扩张是经济增长质量提高的前提，它为经济增长结构的改善和福利水平的提高等提供了必要的物质基础；但同时经济增长质量的高低也决定着经济增长的总量与速度，在其他条件相同的情况下，不同的经济增长质量水平可以带来不同的经济增长数量扩张与不同的增长速度。

由此可见，经济增长数量与经济增长质量就像一枚硬币的两面，是同一个问题的两个方面，它们一起构成了经济增长的全部内容。经济增长既包括经济在数量方面的扩张，又包括经济在质量方面的提高，是数量和质量的统一。而“经济发展”的一种比较有说服力的定义是“将增加人均实际收入作为追求的目标”，但是正如詹姆森和威尔伯所言“发展没有普遍接受的定义，它也没有普遍采用的模式，每个人必须写它自己的历史”。今天的研究者们从更宽的视角上来理解经济发展，认为它不仅是一个量的概念，还是一个质的概念，不仅是经济的数量增长和人均占有物质财富的增加，而且是经济和社会的全面进步、整体演进。

基于以上分析，我们就可以确定经济增长质量的外延。经济发展与经济增长之间是一种包含与被包含的关系，而经济增长数量与经济增长质量则属于经济增长的内容。经济发展是从横向上看，外延要大于经济增长，其中经济增长的内容也是其非常重要的组成部分；而经济增长质量是从经济增长的纵深方面来探究经济增长内在的性质与规律，从经济增长的过程和结果两个方面来考察。因此，与巴罗的观点相反，我们认为经济增长质量的外延就是与经济增长紧密相关的经济方面的内容，而经济发展则包括了社会、政治及其他因素。

基于以上判断，我们来界定经济增长质量的内涵。从一般意义上来看，质量有两层含义，一是用来表示事物的优劣程度，二是指事物的本质与特性。国内大多学者是从优劣程度上来理解经济增长质量的，并进一步将经济增长质量归纳为经济效益、经济结构、生活水平、科技进步、环境保护及稳定性等具体方面进行考察。而我们认为经济增长质量是相对于经济增长数量而言的，因此其内涵应该是从经济增长的性质角度入手，当然这一问题同时也会涉及对经济增长优劣的判断。经济增长数量是从整个经济量的变化上来描述经济增长的，而经济增长质量则是从经济内在性质上来反映经济增长。对经济增长内在性质的判断既要从其动态过程中来考察，也涉及经济增长的后果和前景问题，即经济增长质量是从过程和结果上来讨论的。从经济增长的过程来看，结构主义经济增长理论把结构变动纳入经济增长的分析中，从理论上阐明了结构变量是影响经济增长的重要因素，认为现代经济增长本质上是一个部门变化引起增长的过程，由于结构变化带来生产要素从低收益部门向高收益部门的流动产生了结构效益；随着经济增长理论和经济周期理论之间的交融，出现了大量关于经济波动性与经济增长之间关系的研究文献，理论分析与实证研究的结论基本上都认为频繁和剧烈的经济波动性将对经济增长水平带来负面影响，经济增长的稳定性与经济增长问题紧密相关（梅尔、劳赫，2004）。①

从经济增长的结果来看，福利水平提高、成果共享是经济增长最基本的落脚点，而收入分配与经济增长的关系一直都是经济学研究的一个重点问题。20 世纪 80 年代以来，伴随着新经济增长理论的兴起，关于经济主体的异质性假设及关于多个经济均衡同时存在的基本判断使得经济学对收入分配不平等与经济增长关系的研究又进一步深入，收入分配不平等对经济增长的影响及其作用机制的分析越来越受到研究者们的关注，不管研究者们是从何种视角入手，都在收入不平等会妨碍经济增长的观点上基本达成了共识：除此之外，经济增长的实现也是有代

① 刘易斯也在《经济增长理论》一书中将经济发展定义为“提高普通人的生活水平”，并用人均收入的增长来衡量。巴罗认为经济发展从根本上反映了人均 GDP 的增长，则经济发展的基本测度指标为人均 GDP 的对数、教育年限以及城市化率。在巴罗（Barro）看来，经济发展是与经济增长数量紧密相关的经济方面的因素，而经济增长质量则是与经济增长数量紧密相关的社会、政治及宗教等方面的因素。

价的，近年来资源利用效率和生态环境代价问题已经广为人知，学者们研究的结果指出资源利用效率的高低以及生态环境代价的大小都会对经济增长产生重要的影响。

基于以上分析，经济增长质量主要包含以下几个方面的内容：

(1) 从经济增长的过程来看，经济增长质量是指经济增长结构的优化以及经济运行的稳定性。经济增长结构是指经济系统内要素间联结关系及要素数量间的比例关系，包括产业结构、投资消费结构、区域结构等等，而其中最重要的是产业结构，它在一定意义上决定了经济增长的方式。产业结构升级和转换的快慢程度是经济增长质量非常重要的内容之一。经济增长的稳定性指短期经济增长对长期经济增长趋势的偏离应保持在较小的范围内，这也是经济增长质量的重要方面。

(2) 从经济增长的结果来看，经济增长质量是指经济增长带来的居民福利水平的变化分配状况以及资源利用和生态环境的代价。经济增长的最终目的和结果应该是居民福利水平的改善，也就是居民人均拥有财富的增加，而居民人均财富不仅仅包括实物形态的物质财富，还包括人力财富以及自然、社会环境财富等方面的内容。只有当经济增长的成果能够被绝大多数人所分享时，它才能成为一种长期持续的发展过程，且在追求经济增长的同时要重视成果的分配问题。资源损耗、环境破坏是经济增长的代价，良好的经济增长质量是指经济的数量增长应以较少的资源消耗为代价，与资源环境的承载能力相适应，以可持续的方式使用资源，而不以牺牲环境为代价。

3.1.2　经济增长质量分析与数量分析的比较

在经济增长理论中，经济增长质量分析与经济增长数量分析是两种截然不同的分析范式，它们的区别在于：

第一，经济增长数量分析是客观事实的陈述判断，而经济增长质量分析则属于一种价值判断。事实判断一直在经济学研究当中处于首要地位，现有经济增长理论中的相关研究都是以事实判断来对经济增长数量进行分析的。经济增长数量是指一个国家或者地区产品与服务数量上的不断增加，一般用国民收入、国内生产总值或国民生产总值来度量，这些指标可以对经济增长数量进行客观的描述与解释。但正如科尔奈(Kornal, 1988)所指出的那样："翻阅一下关于经济增长理论的浩瀚文献，我们发现，到处都在用宽泛的数量指标来描述增长过程，而发展过程的质量方面几乎完全被忽略了。"在经济增长理论研究中，事实判断和价值判断各有其不同的作用，不仅要着重于事实判断，而且也不能完全抛开价值判断。经济增长数量分析的局限性就在于它无法对经济增长过程中的各种变化以及经济增长结果上的各种成本代价进行取舍与判断，而这些内容都涉及价值判断问题，属于经济增长质量的范畴。经济增长质量分析考察的是经济增长内在的性质与规律，研究经济增长的结构是否合理、波动趋势是否稳定、福利分配是否公平以及资源环境代价有无过高等带有规范性价值判断的命题。所以说，经济增长数量分析属于一种事实判断，而经济增长质量分析则属于一种价值判断。

第二，经济增长数量分析多采用实证分析的方法，而经济增长质量分析则以规范分析为基础，但同时需要实证研究来说明其正确与否。规范分析与实证分析对应于不同的判断标准，规范分析以一定的价值标准为基础，主要解决的是经济学研究中的行为选择问题，而实证分析以事实标准为基础，排斥价值判断，所解决的主要是经济学研究中的真理属性问题。由于经济增长数量分析属于一种陈述客观事实的事实判断，而经济增长质量分析属于一种讨论行为标准的价值判断，所以经济增长数量分析与质量分析各自对应的研究方法也就存在差异。一般来说，经济增长数量分析以实证分析为基础，而经济增长质量分析则以规范分析为基础。实证分析方法的一般过程是：提出理论假说并界定假设条件，进行理论推理并得出主要结论，对主要结论进行验证，从这一方法的一般过程可以看出，实证分析包括两个阶段，理论实证和经验实证。理论实证是实证分析的第一阶段，主要表现为一种逻辑实证，它是建立在理论逻辑演绎基础上的理论分析，从经济现实中抽象概括出理论假说和基本的假设条件，以此出发进行理论的逻辑演绎，得出结论。这种结论只是在理论上成立，而未经事实检验。经验实证是实证分析的第二阶段，主要表现为一种事实验证，它是对理论实证的基本结论进行经验事实的检验，经验实证的结果决定我们是接受这种理论假说还是放弃这种理论假说，或是做进一步的实证。两者都是对事实标准的实证和检验。基于价值标准的规范分析并没有对应的具本的判断方法，所以大多学者认为规范分析和实证分析解决的是两个不同方面的判断问题，使用的是两种不同属性的判断标准，体现两种不同特征的原则，相互间并不存在绝对的对应关系，在经济学研究活动中是完全可以兼容或结合起来的。经济增长质量分析以主观性的价值标准为基础，无法体现理论研究的科学性问题，因此在具体研究过程中可以与实证分析方法相结合，从而实现经济增长质量分析的科学性。

第三，经济增长数量分析与质量分析的研究对象不同。经济增长数量分析以经济增长的数量变化为研究对象。在经济增长理论发展的 200 多年历史里，研究者们主要围绕两大主题展开研究：其一是通过要素分析来阐释一定时期内国民收入水平或人均国民收入水平的决定问题，而这从根本上体现的是研究者对经济增长源泉的不同理解。其二是考察经济增长在国与国之间存在的巨大差别，即经济增长是否会产生收敛性的结果，而这代表了研究者对经济增长结果的关注。不管是对经济增长源泉的分析还是对经济增长收敛性的研究，都是从经济增长的数量角度来看待经济增长，这种经济增长数量分析以经济增长的数量变化为研究对象，探讨的是如何实现经济数量上的扩张。经济增长质量分析以经济增长的质量提高为研究对象，由于经济增长质量具有非常丰富的内涵，主要包含经济增长的结构、经济增长的稳定性、福利分配以及资源环境代价四个维度，而这就构成了经济增长质量分析研究对象的具体内容。由此可见，经济增长数量分析与质量分析在研究对象上也存在差别。

3.1.3　经济增长质量分析的基本框架

根据经济增长质量外延与内涵的界定，经济增长质量可用函数表示为：

$$Q = Q(struc,\ stab,\ welf,\ cost) \tag{3.1}$$

其中：*struc* 代表经济增长的结构，可以用产业结构优化来表示；*stab* 表示经济增长的稳定性，用经济周期来表示；*welf* 为福利变化与成果分配，用收入分配来表示；*cost* 指资源利用与生态环境代价，可以用全要素能源效率来表示。这四个部分构成了经济增长质量的四个方面。而 Q 是经济增长质量水平。我们假定函数(3.1)满足以下性质：

即对所有 $struc > 0$、$stab > 0$、$welf > 0$ 和 $cost > 0$，每一维度水平的改善会带来函数 Q 正的提高，但这种正向的作用是边际递减的。

对式(3.1)全微分可得：

$$\mathrm{d}Q = \frac{\partial Q}{\partial struc} \cdot \mathrm{d}struc + \frac{\partial Q}{\partial stab} \cdot \mathrm{d}stab + \frac{\partial Q}{\partial welf} \cdot \mathrm{d}welf + \frac{\partial Q}{\partial cost} \cdot \mathrm{d}cost \tag{3.2}$$

将式(3.2)两边同除以 Q，可以得到：

$$\frac{\mathrm{d}Q}{Q} = \frac{\partial Q}{\partial struc} \cdot \frac{\mathrm{d}struc}{struc} \cdot \frac{struc}{Q} + \frac{\partial Q}{\partial stab} \cdot \frac{\mathrm{d}stab}{stab} \cdot \frac{stab}{Q} + \frac{\partial Q}{\partial welf} \cdot \frac{\mathrm{d}welf}{welf} \cdot \frac{welf}{Q} + \frac{\partial Q}{\partial cost} \cdot \frac{\mathrm{d}cost}{cost} \cdot \frac{cost}{Q}$$

其中：$g = \frac{\mathrm{d}Q}{Q}$，$\alpha_1 = \frac{\partial Q}{\partial struc} \cdot \frac{struc}{Q}$，$\alpha_2 = \frac{\partial Q}{\partial stab} \cdot \frac{stab}{Q}$，$\alpha_3 = \frac{\partial Q}{\partial welf} \cdot \frac{welf}{Q}$，$\alpha_4 = \frac{\partial Q}{\partial cost} \cdot \frac{cost}{Q}$ 分别表示各个维度的产出弹性，$g_1 = \frac{\mathrm{d}struc}{struc}$，$g_2 = \frac{\mathrm{d}stab}{stab}$，$g_3 = \frac{\mathrm{d}welf}{welf}$，$g_4 = \frac{\mathrm{d}cost}{cost}$ 表示各个维度的增长率。则有：

$$g = \alpha_1 g_1 + \alpha_2 g_2 + \alpha_3 g_3 + \alpha_4 g_4 \tag{3.3}$$

根据式(3.3)，可以发现：经济增长质量的提高来自各个维度发生改善的贡献，这一方面依赖于各维度提高的增长率，而另一方面依赖于各维度的产出弹性。据此，我们提出如下理论假说：

理论假说 1：当经济增长的结构趋向于均衡时，经济增长质量会得到提高。

经济增长的结构是从经济增长的过程来反映经济增长质量的，它的变化不仅会影响经济增长的数量，同时也会影响整体经济增长质量的高低。从经济增长结构与经济增长数量之间的关系来看，如果经济增长结构均衡，经济增长的效率就高，持续快速增长就有较大的潜力或可能性；如果经济增长结构失衡，就会导致资源配置不合理，经济运行效率低下，经济增长的有效性就会受到破坏。从经济增长结构与经济增长质量的关系来看，如果经济增长结构均衡，就会对经济增长质量发挥正的贡献；而如果经济增长结构失衡，就会制约经济增长质量的进一步提高，体现在式(3.3)中就是随着 g_1 的增加，g 得到提高。

具体来看，经济增长的结构主要从以下几个方面影响了经济增长的质量：首先，经济增长结构的优化有利于改善资源的配置状况，降低国民经济的中间消耗，从而提高经济增长的效率，促进经济增长质量的提高。从资源配置状况来看，由于资源是非常有限的，而经济增长中不同构成要素之间存在着生产率的差异，如果生产率较低的部门或产业占据了过多的资源，那么整个经济运行的效率就不会太高。随着经济增长结构的变动，资源的配置结构也会相应发生变化。当经济增长的结构优化时，各个部门或产业的资源配置也就产生变化，资源从生产率增长较慢的部门向生产率增长较快的部门转移，从而促进经济增长效率和增长质量的提高。从国民经济中间消耗来看，不同的构成要素所使用的中间投入大小是不同的，如果经济增长的结构优化，则国民经济的中间消耗率就会降低，从而经济增长的效率和质量提高。其次，经济增长结构的优化有助于抑制经济增长的大幅波动，保持经济增长的稳定性，从而提高经济增长的质量。经济增长的结构在很大程度上决定着经济增长数量的波动状况，如果经济增长的结构失衡比较严重，就会引发和强化供求总量方面的矛盾，从而强制性地将经济运行推向低谷，形成大幅度的经济波动。随着经济增长结构的优化，各构成要素之间的发展相互协调，经济增长结构的失衡状况就会发生改善，造成经济增长数量剧烈波动的结构性矛盾弱化，经济增长的稳定性增强，从而经济增长质量获得提高。最后，经济增长结构的优化有助于改善一部分居民的福利水平，从而提高经济增长的质量。

作为世界上比较大的发展中国家群体,金砖国家都具有典型的二元经济结构特征:一方面,存在着以城市工业为代表的现代经济部门,另一方面,还存在着以手工劳动为特征的传统农业部门,并没有实现工业化和城市化。由于二元经济结构的存在,广大农民并没有充分享受到改革开放和经济增长的成果,其福利水平不仅没有提高,而且很有可能是下降了。如果二元经济结构可以转化,传统部门的劳动力与现代部门的资本能够有效结合,农村中大量过剩劳动力将实现转移,这些农业剩余人口的转移可以提高他们的收入水平,从而使其社会福利水平获得改善,经济增长质量得到提高。

理论假说 2:如果经济增长没有出现剧烈波动,随着稳定性的增强,经济增长的质量将得到提高。

作为经济增长质量重要维度之一的经济增长稳定性,是指经济增长没有出现"大起大落"式的剧烈和频繁的起伏变动,对均衡的偏离保持在一个较小的范围之内。经济增长稳定性的变化会影响到经济增长的数量。如果增长过程中波动幅度过大,则经济运行的机制就会受到干扰,资源配置将受到影响,经济增长的速度降低,经济增长的可持续性将受到破坏。同时,经济增长的稳定性还影响着经济增长的质量,如果经济增长稳定性强,就会对经济增长质量发挥正的作用;而如果经济增长出现大起大落,就会阻碍经济增长质量的进一步提高。

经济增长的稳定性主要从以下几个方面影响了经济增长的质量:首先,过度的经济波动会破坏经济长期稳定增长的内在机制,导致供求关系失衡、经济增长的结构失衡,从而造成资源的巨大浪费,影响经济增长的质量。如果经济波动的幅度过大,经济增长的运行机制和秩序就会遭到破坏,供求关系出现失衡。一旦发生经济过热,价格上涨、利润增加由此吸引投资进一步增加,投资的增加带来总需求的进一步扩大,由此带来价格的进一步上涨,从而形成恶性膨胀的趋势。当这种趋势形成时,就会出现过度的投资和过剩的生产能力,大量资源被浪费,资源配置的效率降低,从而导致经济增长质量下降。如果经济增长对均衡的偏离保持在一个较小的、合近的范围之内,经济增长的运行就会顺利进行,资源配置的状况改善,从而经济增长质量获得提高。此外,如果经济波动的幅度过大,就会导致经济增长的结构出现严重失衡，此时有限的资源就过多地被生产率较低的部门或产业占据，资源配置的效率降低，从而经济增长质量的水平也就受到负面的影响。其次，过度的经济波动会造成一部分居民福利水平的损失以及福利分配状况的恶化，从而降低经济增长的质量。如果经济波动的幅度过大，产出水平、价格水平或者就业水平发生剧烈波动，一方面部分居民的福利水平将会受到损失，因为价格水平的上涨会对居民的福利产生负面效应，居民的消费、医疗、住房等问题都会受到影响，从而经济增长质量降低。另一方面，如果经济波动的幅度远超出适度的范围，则处于弱势地位的那部分居民就会面临被边缘化的危险，社会财富不平等程度增加，从而经济增长质量降低。随着经济的快速增长，金砖国家失业与收入分配不均的风险也在增加。穷人、病人、老年人、妇女以及失业者是社会中面临风险的主要群体，如果经济发生过度的波动，这些抵御能力较差的弱势群体就更容易成为受到影响的对象，从而使居民福利分配状况变得更糟糕，经济增长质量降低。最后，过度的经济波动会造成经济增长成本的增加，从而影响经济增长的质量。一部分学者从产出波动的角度出发探讨经济增长波动的成本，得出的结论认为经济波动的福利成本是不容忽视的，政府在关心经济数量增长的同时，也应该关心经济运行的平稳性。

理论假说 3：当经济增长带来居民整体福利水平上升或成果分配改善时，经济增长的质量将会提高。

对于经济增长质量不仅需要从经济增长的动态过程上来考察，还应关注到经济增长的结果问题。具体而言，经济增长的福利变化与成果分配主要从以下几个方面影响了经济增长的质量：首先，居民福利水平的改善是我们追求经济增长的最终目的，是经济增长质量的核心内容。经济增长理论中对于经济增长的关注并不是简单为了经济增长的过程，而是因为经济增长的成果会带来整体居民福利水平的改善——它可以提高人们的收入水平、改善人们的衣食住行等物质条件，改善居民的健康状况，提高居民的受教育程度以及自身的素质。只有整体居民的福利水平都获得了改善与提高，才能实现我们追求经济增长的意义。但是这种福利水平的改善不仅仅是指整体层面的，还应当看到经济增长成果在居民间的分配状况。如果从总体层面上看居民福利水平获得了提高，但是其中经济增长成果的分配状况却发生了恶化，那么这样的经济增长质量也是不高的。只有当经济增长的成果能够被绝大多数的人所享受时，经济增长才是一种高质量的增长。其次，经济增长的成果分配不平等会抑制消费需求，导致经济增长的结构失衡，从而抑制经济增长质量的提高。经济增长成果分配状况改善可以提高消费需求，优化经济增长的结构，从而促进经济增长质量的提高。最后，经济增长的成果分配不平等会影响人力资本投资，阻碍二元经济结构的转化，从而抑制经济增长质量的提高。在规模报酬递减的传统农业部门与规模报酬不变的现代部门同时并存的二元经济中，一单位的劳动投入在现代部门的产出要远高于传统农业部门的产出，劳动力从传统农业部门向现代部门转移可以促进总产出的增长，这也就意味着非熟练劳动力进行人力资本投资，变为熟练劳动力在现代部门从事生产可以推动经济的增长，反之则会抑制经济的增长。从短期来看，在初始财富分配不平等时，各收入阶层根据自身财富状况以及人力资本投资后的效用大小来选择是否在第一期进行人力资本投资。当人力资本投资的回报高于非熟练劳动力时，拥有较高财富的个体将选择进行人力资本投资，而拥有较少财富的个体将无法进行人力资本投资，从而影响到人力资本的积累，阻碍经济的增长。从长期来看，财富分配影响个体的收入水平，也决定了其留给子女遗产的数量，而这又是其子女选择能否进行人力资本投资的决定性因素之一，最终经济中就会分化为高收入与低收入两个阶层，人力资本积累受到限制，总产出受到影响。收入分配不平等程度的持续上升，不仅不利于全民分享经济发展的成果，而且也通过人力资本积累机制阻碍了二元经济结构的转化，抑制了经济增长质量的提高。

理论假说 4：随着资源利用效率的提高和生态环境代价的降低，经济增长质量将会得到提高。

资源利用效率是经济增长质量的重要方面，它揭示了各种生产要素转化为产出的有效性。如果资源利用效率得到改进，那么同等数量的生产要素投入就可以得到比资源利用效率改进前更多的产出。而这其中最为关键的因素就是技术进步的作用。在不存在技术进步时，经济增长受到收益递减机制的限制；而当引入技术进步时,经济增长将出现收益递增,从而提高资源利用的效率。生态环境代价也是构成经济增长质量的重要内容,经济增长成本的高低从根本上取决于经济增长的方式,即生产要素的组合和使用方式。粗放型经济增长依靠的是生产要素数量的扩张,会在一定程度上造成对资源的过度开采和使用,并以环境污染与破坏为代价。通过转变经济增长的方式,将提高自主创新能力和节约资源、保护环境作为重要内容,可以降低投入与消耗、减少排放,从而提升经济增长的效率,提高经济增长的质量。

经济增长的资源利用与生态环境代价主要从以下几个方面影响了经济增长的质量:首先,资源利用效率改进可以节约资源、改善生态环境,从而降低经济增长的成本,提高经济增长的质量。经济增长的资源利用效率可以从投入与产出两个视角来考察。因此,资源利用效率低主要表现在两个方面,一是高投入,主要是对投资品的过度需求;二是低产出,包括产出过少,及大量无效产出或是无效供给,两者最终的结果都表现为对资源的浪费。除此之外,资源利用效率低不仅导致了资源的过度利用,而且也加剧了环境的污染。以中国为例,目前我国的水源、大气等生态环境都受到一定程度的污染,我国每年因环境污染造成的损失也是相当巨大,从而带来高成本、低质量的经济增长。如果资源利用效率能够得以提高,那么资源存量和环境状况的问题就会改善,经济增长的代价就会变小,从而经济增长质量获得提高。其次,资源利用效率的改进有助于保持经济增长的持续性,改善生态环境,从而促进经济增长质量的提高。中国当前粗放型的经济增长是以过度的资源环境消耗为基础的,过度的资源消耗会使得经济增长的投入要素成本增加,从而影响经济增长的速度。与此同时,由于经济增长速度加快,增长过程中过度的环境污染和生态的破坏的可能性就越大,从而威胁到人类的生产生活。资源和环境的承载力都是有限的,如果在进一步经济增长的过程中不能有效提高资源的利用效率,那么过度的资源消耗,尤其是在工业化中期对大量资源的使用,最终会造成资源短缺状态的出现,从而制约经济的进一步发展。因此,对资源利用效率的改进可以保持经济增长的可持续性,降低生态环境代价,从而促进经济增长质量的提高。最后,生态环境改善可以提高居民整体的福利水平,从而提高经济增长的质量。对于福利这个概念，早期的福利经济学将其理解为社会福利中能够用货币衡量的部分。而在20世纪40年代左右，一些学者提出了社会福利函数理论，用一个包含消费、劳动、资本等经济要素的多元函数来表达福利水平。20世纪50年代以后，由于收入分配不平等问题的凸显，促使许多学者开始重视人们的心理体验和真正意义上的幸福感受，将福利与幸福、快乐等同起来。20世纪60年代以来，将收入水平等客观指标作为福利标准的研究受到质疑，福利的概念变得越来越宽泛，与人们生活质量息息相关的各种因素都被纳入福利的范围。经济增长是推动健康生活所必须的，它可以从各个方面带来居民整体福利的改善，但毫无约束的增长却是有损于居民福利水平的，如果经济增长过程消耗越来越多的各种资源，那么作为居民生存载体的生态环境在承受太多人类活动之后就会遭到破坏，从而导致居民的福利水平下降，经济增长质量受损。

3.2 金砖国家产业结构优化的测度与评价

3.2.1 增长的困境

传统的经济发展理论遵循完全竞争假设，忽视经济结构优化对经济发展的贡献，但配第、克拉克以及霍夫曼等经济学家分别根据不同国家的历史统计资料进行了深入的研究，发现了经济总量增长与经济结构变动的联系，揭示了产业结构变迁的方向，丰富了发展经济学的内涵。静态上看，产业结构的状态在一定程度上影响着经济总量增长。经济增长是一种投入产出关系，虽然大量的资源投入是经济增长的基础，但其投入的产出效益很大程度上取决于结构的优化程度。动态上看，经济总量的持续增长依赖于结构转变，主要体现在经济增长必须依靠具有高于平均增长率的新兴产业来支撑。这一过程势必出现产出增大、成本下降，从而促进区域经济更快增长。产业结构是联系技术进步与经济增长的纽带，从技术、产业结构和经济增长三者的单向关系来看，技术是起点和原因，经济增长是终点和结果，产业结构是这两者之间的传导媒介。可见，产业结构变迁是经济增长的一个重要来源。

产业结构变动能够引起经济增长的变动，其实质在于不同部门之间的生产率提高速度与需求扩张速度不同，所引发的劳动和资本等要素从生产率低的部门向生产率较高的部门转移，而这是经济不断增长的主要前提和重要条件。可见，产业结构关系到后发国家经济增长速度与质量等诸多经济绩效。因此，在经济发展的每一个重要阶段，产业结构变动都会成为政府和学者最为关注的议题，尤其是随着中国、印度、巴西、俄罗斯、南非等金砖国家的群体性崛起，后发大国的产业结构成为学界关注的核心问题。

国土面积较大、资源丰富、人口众多、发展层次多元化是后发大国的典型特征，也正是这些典型特征的存在，使得传统发展经济学在分析发展中大国时存在很大的局限性，即没有确切地考虑发展中大国"多元结构"的现实，因此其解释能力受到诸多限制。所谓"多元结构"，主要指发展中大国在实现产业结构转换和工业化过程中，不同产业部门间生产函数与劳动生产率的差异所导致的经济性多极分化现象。从这个意义上来讲，后发大国"多元结构"的关键是产业结构的多元化，"多元结构"回归的实质就是不同产业部门中落后产业生产效率的提升和优化。多元结构本身具有特定的性质和内涵，特别是它具有从传统社会向现代社会过渡的阶段性。而像中国、印度、巴西、俄罗斯和南非这样的后发大国正好处于传统社会向现代社会的过渡阶段，其多元结构现象将伴随经济发展的全过程，并随着产业结构的不断优化而得以消除。从现实的角度考察，在多元经济结构下，庞大落后部门的存在，会对生产率更高的现代部门发展和产业结构升级形成严重制掣，并带来有效需求不足、收入分配严重不均等经济和社会问题。因此，促进产业结构科学化、合理化，消除经济中的多元现象是后发大国必须正视的一个问题，其实质在于采取特定的发展路径和制定科学的政策手段，使产业结构以最低的成本和代价，尽可能快地实现优化升级，使产业结构能够最大限度地促进经济增长。

可见,产业结构是影响后发大国区域经济增长的关键因素,产业结构的优劣是后发大国经济发展质量和水平的重要标志。

3.2.2 相关研究述评

对后发大国而言,产业结构的现状和变迁趋势决定了其在国际分工中的相对地位,且对后发区域经济增长和居民收入水平的提高具有重要的作用。尤其是随着金砖国家经济总量的迅猛增加,后发大国区域经济发展差距也在拉大,产业结构变迁与经济增长已成为学界研究的热点。

库兹涅茨认为,一个国家国民收入的度量必须从产业结构的角度去衡量,而产业结构是由其生产方式所决定的。钱纳里对 51 个国家的经验数据分析认为,当一个国家的经济规模发生变化时,服务行业和农业变化最小,而工业增长最大,并认为这种工业化模式能使资源得到最优配置。现代经济发展规律也表明,经济增长除了依靠资本、劳动和其他要素外,更重要的是依靠经济结构的优化调整,这给产业结构变迁促进后发大国经济增长提供了理论依据。同时,不少学者就产业结构变迁对区域经济增长贡献的测度方面进行了深入的研究,取得了一些非常有价值的研究成果,这些研究成果都可以为后发大国产业结构变迁对经济增长贡献的测度提供借鉴。测算产业结构变动对区域经济增长贡献的方法主要有三种:从生产函数角度测算、从投入产出角度测算和从产业结构统计数据角度测算。生产函数是对现实经济生活的近似反映,因此由它所推导的模型对经济增长的测算是近似的,但遗憾的是这种方法所需样本数据的可得性较差。利用投入产出表进行计算结果比较准确,但前提必须是进行了投入产出分析,并且必须是基于行业的投入产出分析,否则无法测算。因而这两种方法都存在一定的局限性,利用经济结构统计数据进行测算,能够克服上述研究方法的不足,不仅结果较为准确,而且数据可得性好。并且利用这种方法来测度产业结构变迁对经济增长影响的成功案例不少。Denison(1976)在对美国 1929—1957 年经济增长研究后发现,美国经济增长中 12%是由产业结构变动造成的。国内葛新元等(2000)对中国 1952—

1997年经济增长进行了深入测度研究，发现不同时期产业结构调整对经济增长的贡献是不一样的，1953—1975年为19%，1979—1997年则为9.8%。刘伟、李绍荣(2002)以全国为研究对象，测算了产业结构对经济增长的贡献。高更和、李小建(2006)以河南省(1952—2003年)为例，田红、刘兆德等(2009)以山东为例，对产业结构变动对区域经济增长贡献的时间演变进行了研究，认为产业结构变动对经济增长的贡献比较大，要引起足够的关注。这些研究证明了从产业结构统计数据角度测算其对经济增长贡献方法是可行的。

产业结构变动是消除后发大国"多元结构"的重要途径，也是影响后发大国区域经济增长和效益的重要因素。在现代经济增长过程中，后发大国产业结构状况和经济发展状况共同反映着后发大国经济的发展方向和发展水平，制约着后发大国经济发展的速度和水平。因此，正确认识后发大国区域经济内部各产业结构变动对经济增长的贡献及其变化规律，对于推动后发大国区域产业结构重心从第一产业向二三产业转移，从制造初级产品的产业转向制造中间产品和最终产品的产业，实现产业结构的高级化和科学化，最终带动后发大国经济的高速发展具有重要的意义。为了能够更科学、系统地考察产业结构变迁对经济增长的促进作用，本节以1992年为研究起点，以金砖四国即中国、巴西、印度、俄罗斯为研究对象，从产业结构统计数据角度出发建立模型，分析金砖国家产业结构变迁对区域经济增长的影响，估计产业结构变迁对金砖国家经济增长的数量关系。

3.2.3　数据来源、研究方法及结果

1. 数据来源及处理

为了便于动态性地考虑产业结构变迁对后发大国经济增长的影响，本书将研究期限向前推8年，以1992年为研究起点。考虑到数据的可得性，将经济总量简单分为第一产业、第二产业和第三产业。因为在计算过程中，测算方法主要是针对增长速度和各产业部门的经济比重，所以相关数据采用当年美元价格计算。相

关数据来自《国际统计年鉴》(1992—2010),值得注意的是,《国际统计年鉴》中巴西、印度、俄罗斯等国大都是按照农业、采掘业、制造业、电、煤气和水供应业、建筑业、批发零售贸易等分类方法,本书根据产业构成统计方法,对相关数据进行了合并处理(见表 3.1)。

表 3.1　1992—2009 年金砖国家经济的产业构成　　(亿美元)

年份	中国			巴西			印度			俄罗斯		
	第一产业	第二产业	第三产业	第一产业	第二产业	第三产业	第一产业	第二产业	第三产业	第一产业	第二产业	第三产业
1992	945	1 904	1 488	460	1 444	1 866	746	690	1 002	316	1 840	2 299
1993	984	2 343	1 617	546	1 669	2 153	790	720	1 071	315	1 692	1 928
1994	1 135	2 673	1 784	796	2 075	2 693	914	869	1 254	205	1 385	1 669
1995	1 435	3 417	2 150	1 014	2 570	3 457	985	1 063	1 483	250	1 423	1 706
1996	1 729	4 194	2 636	1 088	2 790	3 894	1 054	1 108	1 631	322	1 723	2 362
1997	1 716	4 491	2 775	635	2 387	5 014	1 142	1 105	1 831	321	1 461	2 502
1998	1 760	4 665	3 038	662	2 269	4 947	1 204	1 063	1 870	152	1 028	1 644
1999	1 745	4 898	3 272	455	1 620	3 219	1 238	1 176	2 056	129	739	1 091
2000	1 774	5 501	4 710	361	1 785	4 299	1 077	1 206	2 319	166	984	1 447
2001	1 858	5 890	4 009	473	1 723	2 888	1 201	1 268	2 316	208	1 144	1 714
2002	1 843	6 571	4 296	359	1 571	2 677	1 051	1 250	2 801	187	1 061	2 208
2003	2 040	7 397	4 733	286	940	3 697	1 333	1 598	3 075	225	1 481	2 623
2004	2 530	8 924	7 862	690	2 655	3 292	1 374	1 913	3 722	302	2 101	3 515
2005	2 782	10 614	9 043	432	2 215	6 178	1 407	2 183	4 496	428	2 905	4 312
2006	3 110	12 784	10 685	545	3 300	6 834	1 604	2 538	5 021	426	3 210	6 270
2007	3 957	16 641	13 225	644	4 021	8 477	1 789	2 955	5 307	620	4 983	7 307
2008	4 890	21 031	17 353	1 050	4 374	10 253	1 764	3 199	5 993	682	5 208	7 744
2009	4 986	22 014	20 039	1 001	4 131	10 515	1 777	3 320	6 594	706	4 813	7 315

资料来源:《国际统计年鉴》(1992—2009)。

2. 测度模型

这里仍然借鉴葛新元等(2000)构筑的多部门经济模型,产业结构变动对经济增长的贡献为:

$$G_t = \Delta F_t \times Y_t$$

$$\Delta F_t = F_t - F_{t-1}$$

G_t 表示 t 年产业结构变动对各国经济增长的贡献,F_t 表示由 t 年各产业部门经济总量占当年经济总量比重构成的行向量,Y_t 表示由 t 年各部门经济增长率构成的列向量。G_t 的历年平均值 $\overline{G}_t$ 占当地历年经济总量的平均 $\overline{g}_t$ 的比重(B_t),即历年平均经济增长率中结构变动所占份额为:

$$B_t = \frac{\overline{G}_t}{\overline{g}_t} \times 100\%$$

3. 计算结果

根据上述公式,可以计算出金砖国家 1992—2009 年各年的 G_t 和 B_t 值(表 3.2)。

表 3.2　1992—2008 年金砖国家产业结构变动对经济增长的贡献

年份	中国		巴西		印度		俄罗斯	
	G_t	B_t	G_t	B_t	G_t	B_t	G_t	B_t
1992	0.455 4	3.208 6	0.050 8	−2.110	0.025 2	−0.823 8	7.110 2	−30.819 7
1993	0.592 0	4.229 5	0.009 8	0.062	0.010 1	0.172 3	0.278 2	−2.379 0
1994	0.019 7	0.150 1	0.378 1	1.381	0.031 4	0.177 8	0.385 9	−2.249 1
1995	0.111 6	0.442 7	0.035 4	0.133	0.310 6	1.905 4	0.213 0	5.783 7
1996	0.006 8	0.030 4	0.045 6	0.440	0.044 9	0.607 7	0.528 6	1.739 3
1997	0.084 6	1.716 2	6.977 6	205.416	0.254 2	3.371 9	1.045 2	−38.059 2
1998	0.073 2	1.367 1	0.060 3	−3.046	0.119 2	8.244 0	0.490 2	−1.437 7
1999	0.083 0	1.741 0	0.121 6	−0.371	0.103 2	1.286 1	0.291 7	−0.952 3
2000	2.292 3	10.973 2	2.305 2	10.614	1.133 7	38.391 6	0.009 4	0.029 0
2001	1.118 2	−58.781	4.182 2	−19.805	0.214 7	5.398 1	0.041 6	0.230 2

续表

年份	中国		巴西		印度		俄罗斯	
	G_t	B_t	G_t	B_t	G_t	B_t	G_t	B_t
2002	0.173 7	2.143 2	0.247 3	−2.642	1.951 9	29.463 7	2.931 8	23.048 6
2003	0.011 4	0.099 6	12.911 4	188.875	0.651 7	3.678 2	0.722 6	2.860 5
2004	3.275 0	9.018 1	47.430 6	136.152	0.480 2	2.875 3	0.102 6	0.279 8
2005	0.078 4	0.485 2	22.400 5	67.990	0.403 7	2.624 9	0.486 6	1.666 1
2006	0.063 1	0.342 2	2.253 8	10.734	0.022 6	0.169 7	2.554 2	8.636 3
2007	0.070 3	0.258 0	0.018 0	0.078	0.205 9	2.121 9	2.546 2	8.396 3
2008	0.059 6	0.213 2	1.088 0	5.638	0.253 0	2.812 8	0.013 9	0.248 6
2009	0.289 0	3.322 0	0.143 3	−72.491	0.133 5	1.989 3	0.059 8	−1.020 5
平均	0.492 1	0.899 6	5.592 2	31.940 2	0.352 8	1.673 0	1.100 7	10.533 6

3.2.4 产业结构变动对金砖国家经济增长的贡献分析

为便于分析产业结构变迁对金砖国家经济增长的贡献，我们将四个国家的 G_t 放在图 3.1 中，通过比较分析研究其发展趋势和内在规律。

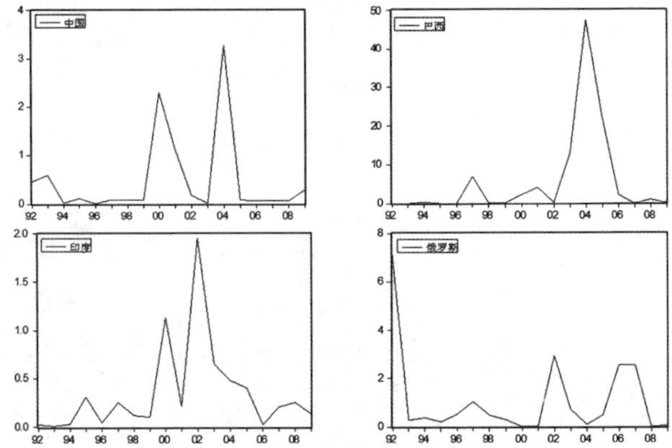

图 3.1　1992—2009 年金砖国家产业结构变动对经济增长的贡献

从图 3.1 中可以看出，在产业结构变迁对经济增长的影响过程中，金砖国家的表现既有共性，如产业结构变迁对经济增长的贡献相对较大、都呈现出一定的周期性等；又有一定的差异性，比如巴西和俄罗斯的产业结构变迁对经济增长的贡献相对中国和印度较大，各国的产业结构差异性较大等。我们将金砖国家产业结构变迁对经济增长的特点总结如下。

1. 产业结构变迁是金砖国家经济增长的重要推动力

结合表 3.2 及图 3.1，我们可以看出，在 1992 至 2009 年 18 年间，金砖国家中巴西产业结构变动对经济增长的贡献 G_t 平均为 5.592 2，相应地占经济增长率的比重为 31.940 2%，即经济增长的 31.940 2%是由产业结构变动造成的。其次是俄罗斯，产业结构变动对经济增长的贡献 G_t 平均为 1.100 7，相应地占经济增长率的比重为 10.533 6%，即经济增长的 10.533 6%是由产业结构变动造成的。这说明巴西和俄罗斯的产业结构存在着一定的问题，经济增长中产业结构优化所占的比重较大。最后是中国和印度，产业结构变动对经济增长的贡献 G_t 分别为 0.492 1、0.352 8，相应地占经济增长率的比重分别为 0.899 6%、1.673%，产业结构变迁对经济增长的贡献有限。上述测算结果表明，在这四个后发大国中，产业结构变迁对经济增长的贡献相对比较大，产业结构是经济增长的重要推动力量。

2. 产业结构变迁对金砖国家经济增长贡献的波动较大

后发大国由于国土面积较大、产业结构体系比较完整，基本上能够形成一个完整的内部经济体系。在这个体系内，要素投入增加、要素质量提升及经济结构优化成为经济增长的重要推动作用。但是由于后发大国经济要素的差异，以及政府政策的倾向性不同，使得要素在不同产业间配置的结果不一样，从而导致产业结构的较大差异，也导致了产业结构变迁对后发大国经济增长贡献的较大差异。在金砖国家内，巴西产业结构变迁对经济增长影响的波动性最大，从最高的 2004 年产业结构变迁对经济增长贡献的 47.430 6 到 1993 年的 0.009 8，相应地，产业结构变迁分别占经济增长率的 136.152%和 0.062%，前者是后者的 2 196 倍，是平均值的 8.5 倍，差距极大。其次是俄罗斯，产业结构变动对经济增长的贡献 G_t 平均为 1.100 7，相应地占经济增长率的比重为 10.533 6%，最高年份是 1992 年，产业结构变迁对其经济增长的贡献达到7.110 2，在以后的18年里，产业结构变迁对经济增长的贡献逐渐趋缓，最低年份是2008年，为0.013 9，前者是后者的511倍，是平均值的6.5倍。中国和印度产业结构变迁对经济增长贡献的波动相对较小，低于同期巴西和俄罗斯的波动性。

3. 产业结构变迁对金砖国家经济增长贡献的周期性显著

从图3.1可以看出，后发大国产业结构变迁对经济增长贡献具有显著的周期性，并且每个国家的周期是不一样的。对中国而言，可以分为两个明显的周期：1992—2003年、2003—2009年。在第一个周期内，产业结构变迁对经济增长的贡献平均为0.418 5，相应地占经济增长率的比重为2.215%，最高的是2000年，产业结构变迁对经济增长的贡献高达2.292 3，在这个周期内达到最高。在第二个周期内，产业结构变迁对经济增长的贡献平均为0.549 6，相应地占经济增长率的比重为0.386 6%。在这个周期内，2003—2005年的波动性最大，2005年以后趋于平稳。巴西产业结构变迁对经济增长的贡献也可以分为1992—2002年，2002—2009年两个周期。在第一个周期内，产业结构变迁对经济增长的贡献为1.310 4，相应地占经济增长率的比重为64.75%。其中1997年达到峰值，产业结构变迁对经济增长的贡献达到6.977 6，相应占经济增长率的205.416%，可以说经济增长主要靠产业结构的优化来带动。在第二个周期内，产业结构变迁对经济增长的贡献为10.811 6，相应地占经济增长率的比重为31.59%。其中2003、2004、2005三年产业结构变迁对经济增长的贡献特别大，分别为12.911 4、47.430 6、22.400 5，相应占经济增长率的比重依次为188.875%、136.152%、67.99%，可见，这也是巴西产业结构对经济增长贡献最大的几年，这可能是由于巴西原来产业结构扭曲导致的积蓄产能的释放，使得这几年巴西经济的增长率也非常高，其中在2004、2005年经济增长达到了34.84%和32.95%，是巴西经济发展的黄金时期。从第一个周期到第二个周期，尽管产业结构变迁对经济增长的贡献增大，但相应地占经济增长率的比重却逐渐下降。印度产业结构变迁对经济增长的贡献也可以分为1992—1999年、1999—2006年、2006—2009年三个周期。在第一个周期内，产业结构变迁对经济增长的贡献为0.112 4，相应地占经济增长率的比重为

0.943 7%。其中 1995 年达到峰值，产业结构变迁对经济增长的贡献达到 0.310 6，相应占经济增长率的 1.905 4%。在 1999—2006 年这个周期内，产业结构变迁对经济增长的贡献为 0.620 2，相应地占经济增长率的比重为 4.135 2%，在这个周期内，产业结构变迁对经济增长的贡献分别在 2000 年和 2002 年达到两个高峰，分别达到了1.133 7和 1.951 9，分别占相应经济增长率的 38.391 6%和 29.463 7%，产业结构变迁对经济增长的贡献相对比较大。2006—2009 年这个周期比较短，这个时期产业结构变迁对经济增长的贡献逐渐趋于平缓，产业结构变迁对经济增长的贡献为 0.153 7，相应地占经济增长率的比重为 1.671 5%。在这三个周期里，除了第二个周期外，第一个周期和第三个周期产业结构变迁对经济增长的贡献都在逐渐平稳。俄罗斯产业结构变迁对经济增长的贡献也可以分为 1992—2001 年、2001—2004 年、2004—2009 年三个周期。在第一个周期内，产业结构变迁对经济增长的贡献从 1992 年的 7.110 2 下降到 2000 年的 0.009 4；此后进入第二个周期开始上升，到 2002 上升到 2.931 8，占当年经济增长率的 23.048 6%，在 2004 年又跌入低谷，此后进入第三个周期，在 2006、2007 年达到较高的水平，产业结构变迁对经济增长的贡献分别为 2.554 2、2.546 2，分别占经济增长率的 8.636 3%和 8.396 3%。由此可见，在金砖国家产业结构变动对经济增长的贡献上，周期性较强，差异性较大。

4. 第二产业比重变迁与产业结构变迁对经济增长贡献的一致性

从产业结构变迁对经济增长的贡献与第二产业比重变迁之间的关系来看，也存在着一个有趣的现象：从产业构成来看，这个时期第二产业的比重明显上升，从 1992 年占 GDP 比重的 43.9%上升到 2003 年的 52.2%，上升了 8.3 个百分点，这也是中国第二产业比重最高的时期，这归功于国家各地区、各部门的工业推动战略的实施，到 2003 年达到了顶峰。但是遗憾的是 2003 年中国产业结构对经济增长的贡献是最低的，仅有 0.011 4，相应地产业结构变迁占经济增长率的比重仅为 0.099 6%。从产业结构的构成及其变迁对经济增长贡献的对应关系来看，产业结构变迁对经济增长的贡献与第二产业产值比重变动之间存在着一致性的关系：2000 年第二产业产值比重相对较小，为 45.9%，但产业结构变迁对经济增长的贡献相对最高;2003 年第二产业比重最高,相对应地产业结构变迁对经济增长的贡献相对最小。在第二个周期内,2004 年产业结构变迁对经济增长的贡献达到最高,为 3.275,相对应的是,在这一年里,第二产业结构的比重相对最低(46.2%),验证了产业结构变迁对经济增长的贡献与第二产业比重变迁存在着一致性。值得注意的是,巴西产业结构变迁对经济增长的贡献也与巴西第二产业比重呈反向关系,第一个周期内的 1997 年,产业结构变迁对经济增长的贡献为 6.977 6,相应地第二产业的比重为最低,仅为 29.7%;此后第二产业的比重逐渐上升,到 2004 年为最高,达到 40%,相应地产业结构变迁对经济增长的贡献在 2004 年也达到最高,达到 47.430 4,产业结构变迁对经济增长的贡献与第二产业的比重变迁是一致的。这个关系在印度和俄罗斯的分析中也得到了印证。

5. 产业结构变迁对"金砖国家"经济增长的贡献逐步下降

从金砖国家的比较分析中,我们可以看到,中国和印度的产业结构变迁对经济增长的贡献相对较小,而巴西和俄罗斯的产业结构变迁对经济增长的贡献相对比较大。这说明相对而言,中国和印度各产业内部生产要素能够充分发挥自己的效用,较大程度地促进经济增长,而巴西和俄罗斯的产业结构还存在着扭曲的地方,需要尽快优化经济结构,促进经济的快速发展。因此,在产业结构变迁对经济增长贡献上,巴西和俄罗斯的产业结构稍微优化一些,其对经济增长的贡献就表现得很明显,而中国和印度产业结构变迁对经济增长的贡献一般。但值得注意的是,在近几年来,尤其是自 2005 年以来,各国产业结构变迁对经济增长的贡献逐渐下降,其占经济增长率的比重也在逐渐下降,这说明随着近年来金砖国家的努力,各国的产业结构逐渐得到优化,经济增长回归到要素投入和要素效率双重驱动的阶段。

3.2.5 结论

产业结构是影响金砖国家经济增长的重要因素之一,通过计算可以测度出产业结构变动对金砖国家经济增长的贡献,通过上述比较分析,可以得出以下几点结论：

（1）产业结构变迁是后发大国经济增长的重要驱动力量。在 1992 年到 2009 年 18 年间，金砖国家中巴西产业结构变动对经济增长的贡献 G_t 平均为 5.592 2，相应地占经济增长率的比重为 31.940 2%，俄罗斯产业结构变动对经济增长的贡献 G_t 平均为 1.100 7，相应地占经济增长率的比重为 10.533 6%。中国和印度产业结构变迁对经济增长的贡献相对较小。但不管怎么样，产业结构是经济增长的重要推动力量。

（2）产业结构变迁对后发大国经济增长贡献的波动较大，呈现出显著的周期性。在金砖国家的周期划分中，各周期产业结构变迁对经济增长的贡献是不一样的。在金砖国家产业结构变动对经济增长的贡献上，周期性较强，差异性较大。并且分析发现，第二产业比重变迁与产业结构变迁对经济增长贡献是一致的。

（3）产业结构变迁对后发大国经济增长贡献逐步下降。从金砖国家的比较分析中，我们可以看到，尽管各国产业结构变迁对经济增长的贡献是不一样的，但一个显著的特点是，自 2005 年以来，各国产业结构变迁对经济增长的贡献逐渐下降，这标志着金砖国家产业结构正逐步向科学化、合理化的方向迈进。

3.3　金砖国家经济增长稳定性的测度与评价

3.3.1　金砖国家经济周期波动性的测度

从金砖国家经济的发展进程来看，大多数国家已经保持了很长时间的快速增长，其中不乏连续 30 年增长的经济体。在这种持续快速增长的背景下，研究这些国家的经济稳定性问题，及其当前的周期性波动特征就显得十分必要。本部分对 20 世纪 80 年代以来金砖国家经济增长的稳定性进行分析。

要分析金砖国家经济的稳定性，首先需要对金砖国家经济周期的具体波动形态有一个基本的了解，因此先对各国的经济周期波动进行测定。研究经济周期波动的指标主要有两种，一种是经济总量绝对量的波动，即古典循环，另一种是基于经济增长速度的波动，即增长率循环，这两种指标分别代表实体经济的绝对波动水平与相对波动水平。由于经济周期对研究指标的选取具有很强的依赖性，不同的研究指标可能导致不同的研究结果，为避免概念性冲突，我们主要对金砖国家经济增长率波动的周期性特征进行分析。

为了减少不规则因素对经济增长的影响，对经济增长率进行移动平均处理。经移动平均处理过的波峰与波谷在时间上会往后移，同时会损失一些数据。为减少移动平均法的负面影响，我们采用两年移动平均法对 GDP 增长率进行处理。书中所有数据均来自联合国统计署官方网站、IMF 官方网站、经济学人智库（Economist Intelligence Unit，EIU）官方网站等国际统计网站。各国波动形态见图 3.2。

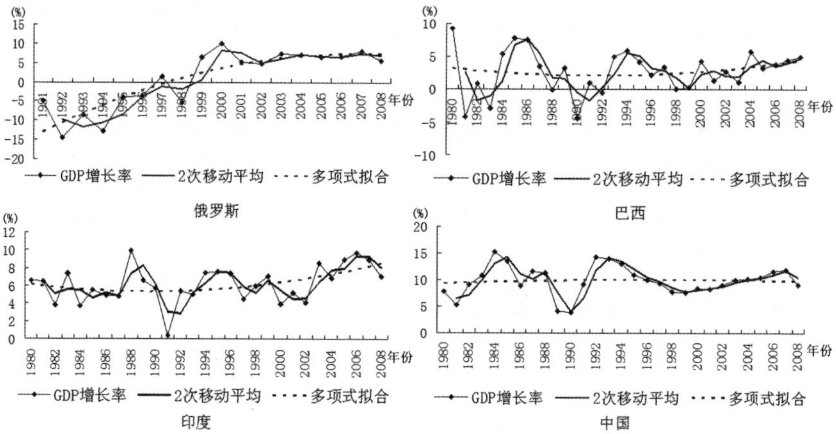

图 3.2　各国经济增长率周期的波动形态

图 3.2 中给出了用速度法描绘的周期波动以及经二次移动平均描绘的增长率周期①，另外还给出了 2 次多项式拟合的各国增长率波动曲线。从图 3.2 中我们

① 速度法是采用未经处理的 GDP 增长率数据来描述经济周期波动。

不仅可以看出各国 1980—2008 年经济总量的波动形态，还可以看出各国经济增长率变动的整体趋势。

从图 3.2 来看，除中国之外，根据速度法描绘的其他国家的经济周期显得非常凌乱，特别是巴西与印度，它们的短期波动非常频繁，而采用二次移动平均处理的增长率周期就要缓和许多，这种去除了不规则因素干扰的周期波动更有利于把握各国的宏观经济走势。根据二次移动平均描绘的经济周期走势，我们发现 1980—2008 年各国的经济波动均呈现出明显的周期性特征。但是，整体来看，各国的周期波动形态区别很大，同时各国在不同时期的周期长度也有较大区别。

从多项式拟合的增长率曲线来看，巴西与印度的波动趋势较为一致，均为开口向上的二次函数，这说明两国近几年的经济呈现出高速增长的趋势。而中国的增长率拟合曲线则均为开口向下的二次多项式函数，这说明近几年中国经济的增长速度与整体增长速度相比均有收敛的趋势。俄罗斯的增长率曲线是本书研究的大国经济中最特殊的。由于受到一系列政治事件的影响，20 世纪 90 年代，俄罗斯经济一直处于负增长状态，直到 1999 年才由负增长转变为正增长，这表明 1991—1998 年间俄罗斯的经济总量不仅没有增长，反而是处于不断恶化当中，但是就其各年经济增长的数据而言，俄罗斯经济的发展趋势还是处于不断好转的过程中，其多项式拟合的增长率曲线呈现出明显的指数化特征也说明了这一点。下面我们对各国经济周期进行划分，结果见表 3.3。

表 3.3　采用二次移动平均法划分的各国经济周期

历次波动	巴　西（1982—2008 年）	印　度（1982—2008 年）	俄罗斯（1991—2008 年）	中　国（1981—2008 年）
波峰—波谷	1986—1991 年	1983—1985 年	2000—2002 年	1985—1987 年
波峰—波谷	1994—1999 年	1989—1992 年	2004—2006 年	1988—1990 年
波峰—波谷	2001—2003 年	1995—1998 年	2007 年	1993—1999 年
波峰—波谷	2005—2006 年	1999—2002 年		2007—
波峰—波谷	2008—	2006—2008 年		

从表3.3中可知，1980—2008年，各国经历的波动次数在3—5次左右。受国际金融危机的影响，目前巴西、印度均处于第五轮周期波动的收缩阶段，中国处于第四轮周期波动的收缩阶段，俄罗斯则处于1991年以来的第三次周期波动的收缩阶段。从经济周期波动的次数上来说，波动时间越长，短期内波动次数越少，往往说明经济发展越稳定。下面我们将1980—2008年期间根据年代划分为三个阶段，即1980—1989年、1990—1999年、2000—2008年，通过各国在不同时期的经济周期次数对各国经济发展的稳定性进行分析。在1980—1989年，除了巴西仅经历了一次经济周期波动之外，其他各国(俄罗斯除外)均出现了两次周期波动，但是第二次周期波动均未结束，其中1982—1991年的周期是巴西在整个时期中历时最长的一次周期波动。1990—1999年各国在这段时间内均经历了一段长时间的周期波动，金砖国家在这一阶段的平均周期长度达到8.8年。尽管俄罗斯在这段时间内的增长率起伏不定，但是由于1991—1999年俄罗斯的经济一直处于负增长，即处于经济的收缩阶段，因此俄罗斯在这一阶段的周期长达12年[①]。2000—2008年，各国经济周期波动的次数出现明显的分化，其中，中国在这一阶段中仅经历了一次周期波动，印度与俄罗斯经历了两次周期波动，巴西则经历了三次周期波动。从各国在不同时期的波动次数来看，中国的经济相对稳定。

为了探讨各国在经济周期转换中的共性，我们对各国经济周期的转折点进行比较分析。从各国历次周期波动的转折点出现的时间来看，不论是在波峰时刻还是波谷时刻，区别都较大。本书对各国波峰、波谷出现的时间频数进行计算，分析各国经济周期转折点的同步性(见图3.3与图3.4)。从图3.3中可以看出，各国在不同时期波峰出现的时间非常散乱，在29年时间的统计中，出现两国波峰时刻重叠的时间点仅有4年，分别是1989年、1999年、2005年以及2007年，这说明各国经济达到短期内的最高增长、出现向下转折点的时间非常不一致。与各国波峰时刻相比，波谷出现的时间相对就要集中一些(见图3.4)。其中，1987年、1991年、1999年、2006年均有两国的波谷时刻重叠，另外在2002年，印度、俄罗斯两国同

① 这个12年还包括已经进入2000—2008年阶段的2000—2002年。

时出现周期内的最低点，这说明各国经济衰退至周期波动内的最低点、出现向上转折点的时间则相对一致。将图 3.3 与图 3.4 相比较，可以发现，一些国家的波峰与波谷时刻相对应出现，例如 1985 年、1999 年以及 2006 年，这说明在这些年份，当一些国家经济增长达到周期内的最大值时，一些国家的经济已经进入周期衰退的波谷。由此可见，就各国整体的转折点出现的时间而言，各国经济周期阶段的转换有其自身的特点，共性并不明显。

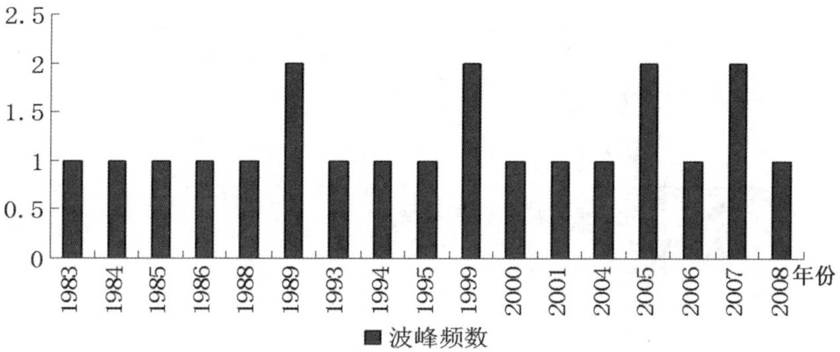

图 3.3　1980—2008 年各国经济周期波动中的波峰统计

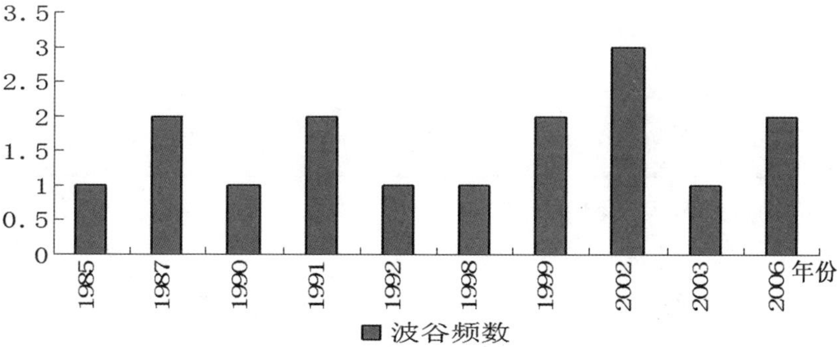

图 3.4　1980—2008 年各国经济周期波动中的波谷统计

根据以上分析，我们发现不论是从周期划分、增长率的总体走势，还是从经济周期转折点来看，这些世界大国的经济周期都有很大的区别。但是，一些国家在一定时期内峰谷位出现重合也说明，在开放经济条件下，这些国家的经济运行存在一定的联系。下面我们在以上分析的基础上,对各国经济周期的主要统计特征、内部特征进行分析。

3.3.2 金砖国家经济周期波动的统计特征分析

金砖国家经济周期波动的统计特征分析主要是对其经济增长率波动的数据特点进行分析,如周期长度、峰值、谷值、平均增长水平、扩张收缩阶段以及波动幅度等,是一种直观的、表面的特征分析。主要从经济周期的平均增长水平、扩张收缩阶段以及波动幅度等指标入手,分析各国经济周期的统计特征(见表 3.4)。

表 3.4 各国经济周期的主要统计特征

国别	最大值%(时间)	最小值%(时间)	平均扩张(年)	平均收缩(年)	平均波长(年)	平均峰谷落差(%)	平均增长水平(%)	标准差	波动系数
巴西	7.7 (1986)	−1.7 (1991)	2.6	3.25	6	4.13	2.71	3.33	1.22
印度	9.4 (2006)	2.9 (1992)	2.4	3	5	2.64	6.2	2.09	0.34
俄罗斯	8.2 (2000)	−11.6 (1993)	1.67	6	7	1.98	0.83	7.65	9.24
中国	14.3 (1985)	4.0 (1990)	4.25	3.33	6.33	5.97	9.87	3.27	0.28

注:平均扩张阶段、平均收缩阶段、平均波长以及平均峰谷落差均只对已经完成的周期波动进行计算。

从各国经济增长率的数值来看,1980—2008 年间,除了巴西与俄罗斯曾经出现过负增长之外,其余两国的经济增长率均未出现过负值,各国的平均增长速度也为正数,这说明从整体上看,各国在这段时间的经济增长趋势总体向好。就最高增长速度与平均增长速度而言,金砖国家高达 9.09%的平均最高增长率与 4.49%的平均增长率充分表明这些大国的发展速度惊人。其中,中国在 1985 年的增长率(14.3%)是金砖国家中最高的增长率,俄罗斯 1993 年的增长率(−11.6%)

则是金砖国家最低的增长速度。另外，中国也是金砖国家中平均增长速度最快的国家，其次是印度、巴西，俄罗斯则由于 20 世纪 90 年代的负增长，成为平均增长速度最慢的国家。从时间上看，巴西、中国的最高增长速度均出现在 20 世纪 90 年代以前，印度与俄罗斯的最高增长速度则出现在最近几年，特别是印度，其最高增长率(9.4%)就出现在 2006 年。这说明巴西和中国等国的高速增长主要发生在 20 世纪，但是印度与俄罗斯的经济目前则还处于加速增长时期。

从各国经济周期的长度来看，各国的平均波长基本在 6 年左右，其中平均周期最短的是印度(5 年)，最长的则是俄罗斯(7 年)。结合图 3.2 来看，各国的周期长度均有延长的趋势，其中，中国是周期延长特征最明显的国家。虽然进入 21 世纪后，巴西与印度两国均出现了两次短时间波动，但是从两国的这两轮周期的波谷与波峰位置来看，均有上移的迹象，且这期间的第一轮周期的收缩阶段均仅有 1 年，因此仅从趋势上看，两国的周期长度也有延长的趋势。俄罗斯在摆脱 20 世纪 90 年代的负增长之后，经济出现明显平稳增长的迹象，虽然 2003—2006 年的周期较短，但是经济波动幅度大幅减小，也说明其周期有延长的趋势。

从各国经济扩张与收缩的阶段来看，只有中国的平均扩张长度超过了平均收缩长度，其次是巴西与印度，而俄罗斯由于在第一个周期内的负增长时间过长，它的扩张长度远小于收缩长度。总体来说，除了俄罗斯之外，其余三国的扩张与收缩阶段的比例均维持在合理的水平，没有出现收缩阶段远大于扩张阶段的现象。

从各国经济周期的波动幅度来看，根据波动系数的计算结果，中国经济的稳定性是金砖国家中最高的，其后依次是印度、巴西与俄罗斯。其中，中国和印度的波动系数均小于 1，这说明这两国的总体波动较小；巴西的波动系数为 1.22，表明其总体波动偏差已经高于其平均增长率，整体波动较明显；俄罗斯由于在 20 世纪 90 年代的长期负增长，导致其经济增长率的标准差远高于平均增长，波动系数高达 9.24。但是，从图 3.1 来看，我们可以发现各国的经济周期在不同时期的波动幅度有一定的差别。为了进一步分析各国周期波动幅度的变动情况，我们对各国 1980—2008 年的波动情况分阶段进行考察(见表 3.5)。

表 3.5　金砖国家在 1980—2008 年各阶段的波动系数

波动系数	巴西	印度	俄罗斯	中国
1980—1989 年	1.52	0.31	—	0.36
1990—1999 年	1.80	0.38	1.27	0.32
2000—2008 年	0.45	0.31	0.24	0.13

从表 3.5 中可以看出，中国与俄罗斯的波动系数呈逐期下降趋势，其中俄罗斯的波动系数下降特别明显。我们发现，当将时间序列进行拆分后，俄罗斯在两个小阶段当中的波动幅度明显减小，这主要是由于其在 1990—1999 年间的长期负增长导致其整体标准偏差过大造成的。巴西与印度两国的波动系数在三个阶段中变化存在一致性，两国在 1990—1999 年阶段的波动系数比 1980—1989 年阶段的波动系数有所上升，但是 2000—2008 年两国的波动系数明显减小。从表 3.5 的计算结果可知，进入 21 世纪以后，各国的波动幅度均出现明显下降，且均处于非常平稳的波动状态，其中尤以中国的波动幅度最小。但是，虽然中国的经济增长率序列相对于平均增长率而言偏差较小，但是其平均峰谷落差在金砖国家中却是最高的，达到 5.97 个百分点，这说明我国在同一周期内的峰谷值差距较大，这种过高的峰谷落差值往往表明经济中可能出现过冷或过热现象。另外，巴西的峰谷落差也相对较高，这表明其增长也面临与中国同样的问题。相比之下，同样保持高速增长的印度的峰谷落差与其平均增长率的比例更为合理。

根据以上分析，我们可以将金砖国家的经济周期的统计特征归纳为三点。

(1) 经济高位增长特征明显。

除俄罗斯之外，中国、印度、巴西各国均已保持了近 30 年的高速增长。虽然从趋势上看，中国的增长速度有所收敛，但这种收敛主要源于波峰位势的下移，并不影响其保持高位的平均增长水平，而印度、巴西、俄罗斯的经济在高位增长的前提下还有进一步增速的趋势，这主要体现在这些国家波峰与波谷位势的上移上。

(2) 经济波动的周期长度有延长的趋势。

1980—2008 年，各国均经历了数次周期波动，且波峰、波谷明显，有显著的周期性波动特征。目前，各大国的平均周期长度在 6 年左右。

(3) 总体波动幅度较小,且有进一步平缓的迹象。

在本书研究的全时期中,除巴西与俄罗斯的波动幅度偏高以外,中国和印度的波动幅度均较小,而进入 21 世纪之后各国的波动幅度进一步减小,特别是原来波动幅度较高的巴西与俄罗斯,波动幅度均出现明显的下降。就目前的情况而言,各国的波动幅度都处于低位状态。

3.3.3　金砖国家经济周期波动的内部特征分析

大国经济周期的内部特征分析主要是通过经济总量波动中主要构成指标的波动情况对经济总量波动的特征进行分析,是一种间接的特征分析。在全球经济一体化的条件下,本书主要考虑进出口、私人消费、政府消费与固定资产投资等主要经济指标对 GDP 波动的影响。图 3.5 给出了这些主要经济指标在各国 GDP 中所占比重的走势。

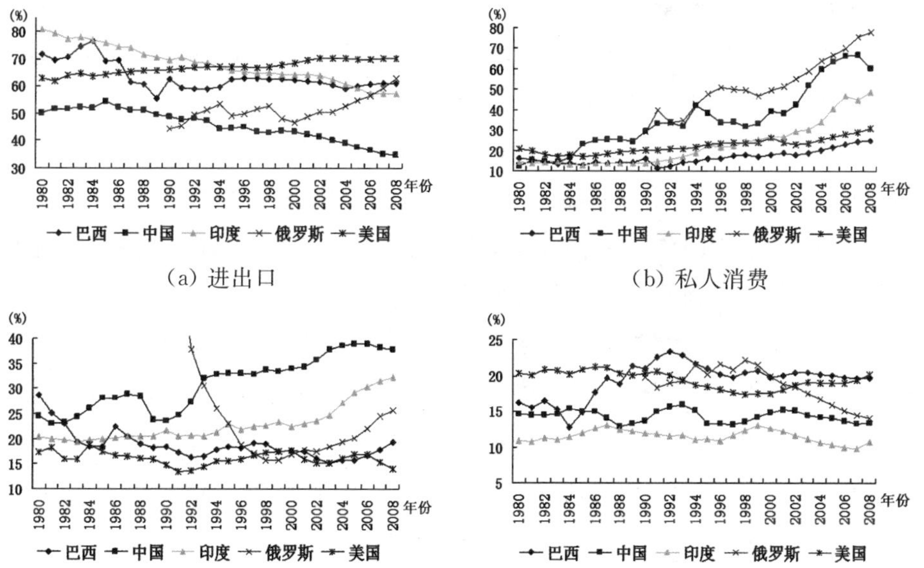

(a) 进出口　(b) 私人消费　(c) 政府消费　(d) 社会投资

图 3.5　各国主要经济指标在 GDP 中的比重

从图 3.5 中可以看出，随着全球经济一体化的推进，进出口在各国 GDP 中的比重均维持上升趋势，但是各国的对外贸易依存度有明显的区别。其中，俄罗斯与中国是五个大国中对外贸易依存度最高的国家，最近几年这两国的进出口总额均占到其 GDP 总量的 60%以上。另外，伴随着印度 GDP 的高速增长，最近十年来印度的对外贸易依存度也上升很快。与前三个国家相比起来，巴西与美国的对外贸易依存度就要低得多，且近几年两国进出口总额占 GDP 的比重上升的幅度也明显小于前三个国家。就各国进出口总额占 GDP 的比重来看，中国、俄罗斯等对外贸易依存度过高的国家，其经济增长必然会更多地受到海外市场变动的影响。

与各国对外贸易依存度普遍上升不同的是，各国私人消费在 GDP 中所占比重的走势就出现了明显的分离迹象。对外依存度小的美国与巴西，其国内消费均占到了其 GDP 总量的 60%以上，其中美国的私人消费占到了 GDP 的 70%，且这一比例自 1980 年以来基本上一直维持上升趋势。另外，俄罗斯的私人消费比重也在经历过 90 年代的波动后，处于直线上升过程中。但是，中国与印度两个增长速度最快的国家，其国内的私人消费占 GDP 的比重均一直处于下降趋势中。不过与中国不同的是，截至 2008 年印度的私人消费仍占到了其 GDP 总量的 57%，而中国的这一比例仅为 35%。

从图 3.5 中可以看出，各国政府消费在 GDP 中所占比例的走势都存在一定的周期性波动特征。如果将政府消费更多地看成政府理性的宏观调控手段，那么各国的政府消费在 GDP 中的走势应该具有一定的反周期性，即 GDP 出现下滑迹象时，政府消费增长，而 GDP 出现快速增长迹象时，政府消费减少。通过将图 3.4 与图 3.5 进行比较，从峰谷对应的角度来看，基本上各国的政府消费存在一定的反周期性，其中最明显的是巴西。进入 21 世纪以后，各国政府消费在 GDP 中所占的比重均有下降趋势，这也反映出各国近几年总体向好的经济形势。就各国政府消费在 GDP 中所占的比例而言，近几年来，巴西与美国政府消费的比重均在 20%左右，其后依次是俄罗斯、中国与印度，其比例在 10%至 20%之间。

从图 3.5 中可以看出，社会投资在 GDP 中比重的走势也存在明显的周期性波动的特征，但是与政府消费的反周期波动不同的是，投资波动均为顺周期波动。

中国的投资在GDP中的比重最高，其次是印度，且近几年印度的社会投资在GDP中所占比重上升速度很快。与前两国不同的是，巴西与美国的社会投资比重却呈一定的下降趋势。虽然近几年由于巴西高速的经济增长，投资比重有所上升，但是从总体趋势上来看，比20世纪80至90年代还是有所下降。五国中，在趋势上有明显变化的是俄罗斯，1990—2008年俄罗斯的社会投资占GDP的比重呈明显的V字形走势，与其经济总量的走势十分相似，这个角度反映俄罗斯的经济总量受其投资波动的影响非常大。

不过各主要指标的波动对大国经济总量波动的影响程度究竟有多高，从以上分析中还不能得出结论。接下来，本书通过构建VAR模型，利用预期方差分解的方法对各主要指标的波动对GDP波动的贡献度进行测算。由于受时间长度的限制，我们仅对巴西、印度、中国、美国等四国进行测算。VAR模型的形式如式(3.1)：

$$y_t = A_1 y_{t-1} + \cdots + A_p y_{t-p} + \varepsilon_t \qquad t = 1,\ 2,\ \cdots,\ T \tag{3.1}$$

其中：y_t是k维内生变量向量，主要包括GDP、私人消费(p-consume)、政府消费(g-consume)、社会投资(invest)以及对外贸易(trade)，p是滞后阶数，T是样本个数。经比较，可确定该模型的最佳滞后阶数为2。VAR显示各国的VAR模型中所有根模的倒数均小于1，故可以判断各国的VAR模型均是稳定的。在模型稳定的前提下，我们对各国的GDP波动做预期方差分解计算。由于书中选取的是年度增长率数据，因此仅给出预测2—4期的方差分解结果(见表3.6)。

表3.6　各主要指标波动对GDP波动的贡献度

国别	period	GDP	p-consume	g-consume	invest	trade
巴西	2	84.26	2.70	5.08	6.13	1.82
	3	65.11	5.08	10.10	12.83	6.89
	4	60.64	4.86	11.00	12.22	11.29
印度	2	88.77	3.96	0.00	5.96	1.31
	3	72.52	4.59	0.00	21.75	1.13
	4	64.46	3.99	1.04	28.78	1.74

续表

国别	period	GDP	p-consume	g-consume	invest	trade
中国	2	83.07	6.14	0.33	4.50	5.97
	3	61.93	12.05	1.40	11.68	12.94
	4	59.74	12.22	3.18	12.33	12.53
美国	2	88.04	2.57	1.64	4.81	2.94
	3	77.93	3.58	2.37	4.64	11.48
	4	70.91	3.23	3.00	11.26	11.59

根据预期方差分解的结果，我们发现各主要指标对这些大国经济的影响有相当的一致性。总体来说，投资波动与对外贸易波动对GDP波动的解释力最高，其次是私人消费与政府消费。其中，投资波动对GDP波动贡献最大的国家是印度，至预测的第四期，印度的投资波动对GDP波动已经拥有28.78%的解释力，这可能源于印度经济总量中投资比例的迅速上升。对外贸易波动对GDP波动影响最大的是中国，由于中国自改革开放以来实施外向型经济政策，近些年中国对海外市场的依赖非常高，不论是进口还是出口，都在GDP中占有很高的比例，从而导致国内经济对进出口波动反应敏感。另外，私人消费波动影响最大的也是中国，至预测的第四期其私人消费波动对GDP的贡献度已经占到12.22%，这说明虽然私人消费在GDP中所占的比重并不是五国中最高的，但是在中国私人消费比重直线下降的情况下，消费市场波动对经济总量的影响仍然是明显的。政府消费在GDP中占比最高的是巴西，其政府消费波动对GDP波动的解释力较高，由此可见呈现明显反周期波动的巴西政府消费对其国内经济有着重要影响。

从以上分析中可见，由于各国进出口、消费、投资等主要指标在经济总量中所占比重区别较大，因此其经济周期的内部特征明显不同。从总体趋势上来说，投资波动对大国经济周期的影响要大于消费波动产生的影响。其中，私人消费与投资波动有明显的顺周期迹象，而政府消费的反周期运动则能够对大国经济周期波动起到一定的缓冲作用。另外，各国经济周期受海外市场波动的影响在扩大。

3.3.4　结论

通过以上分析，我们发现近 30 年来，金砖国家的经济周期特征有其自身的特点，也有一定的共同特征。从经济周期的波动形态上来说，不论是周期长度，还是波峰、波谷出现的时间，各国均存在较大的差别。然而，从经济周期的统计特征来看，这些国家的经济周期特征存在较高的一致性，主要体现在：第一，各国经济均维持高位增长；第二，经济周期长度有延长的趋势；第三，经济周期波动幅度较小，且有进一步平稳增长的迹象。从各国经济周期的内部特征来看，由于各国进出口、消费、投资等主要指标在经济总量中所占比重区别较大，各国经济周期的内部特征明显不同。但是要注意的一个趋势是，随着全球经济一体化的推进，各国经济周期波动受海外市场波动的影响在扩大。

3.4　金砖国家收入分配的测度与评价

3.4.1　收入分配是经济增长质量的重要体现

近年来，金砖国家的经济飞速发展，人均收入得到了很大的提高，但与此同时，金砖国家城乡、区域、行业之间收入差距扩大，工资性收入占比过低，贫富差距进一步拉大。以中国为例，中国的贫富差距表现在城乡差距、行业差距、地区差距等多个方面。如城乡差距方面，2009 年城乡收入差距达到了 3.33∶1，考虑到各种福利差距，这个差距可以达到 6∶1 或更高。行业差距方面，2008 年全国城镇单位在岗职工平均工资最高的三个行业中，证券业的平均工资为 172 123 元，是全国平均水平的 5.9 倍；其他金融业的平均工资为 87 670 元，是全国平均水平的 3.0 倍；航空运输业的平均工资为 75 769 元，是全国平均水平的 2.6 倍。地区差距方面，我国地区收入差距的基尼系数从1992年的0.15扩大到2007年的0.21;整体基尼系数已经从改革之初的0.3扩大到了0.48以上。

不仅如此,就业中的各种歧视现象也是导致贫富悬殊的重要原因。其中总量庞大的农民工是受歧视的主要群体,即使是在同一工种,正式工、合同工和临时工以及男性职工和女性职工之间,收入也存在较大差距。最让老百姓感到不满的是,形形色色的"灰色收入"成为拉大贫富差距的一个重要来源。据估计,2008年中国的"灰色收入"高达5.4万亿元,与2005年的测算相比,扩大了近1倍。巨额"灰色收入"的存在,说明国民收入分配已严重扭曲。而其来源主要是围绕权力对公共资金和公共资源的分配而产生的腐败,寻租,侵占公共资金和他人收入,聚敛财富等行为,以及垄断性收入的不适当分配。

收入分配问题不仅影响人民群众共享经济发展成果,更影响到经济增长的质量。金砖国家的基尼系数普遍超过了0.4的警戒线,影响了社会制度的公正和权威,甚至激化了阶层矛盾,造成了社会对立与冲突动荡。

3.4.2 收入分配的测度方法

国际社会目前主要使用洛伦兹曲线与基尼系数衡量居民收入分配的不均等的程度(图3.6)。

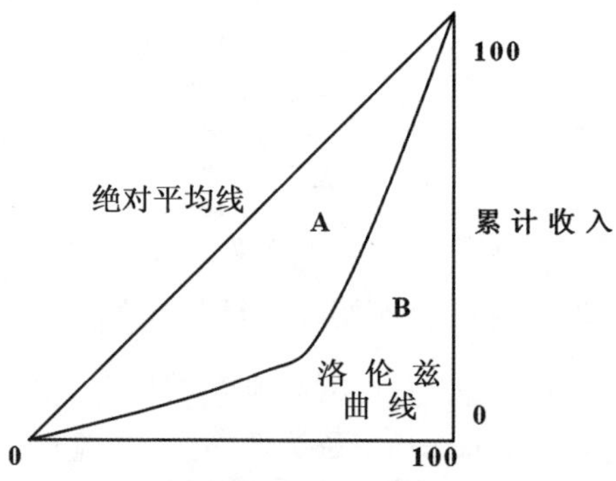

图3.6 基尼系数

基尼系数是根据洛伦茨曲线提出的判断分配平等程度的指标。设实际收入分配曲线和收入分配绝对平等曲线之间的面积为A,实际收入分配曲线右下方的面积为B。并以A除以(A+B)的商表示不平等程度。这个数值被称为基尼系数或称洛伦茨系数。如果A为0,基尼系数为0,表示收入分配完全平等;如果B为0则系数为1,收入分配绝对不平等。收入分配越是趋向平等,洛伦茨曲线的弧度越小,基尼系数也越小;反之,收入分配越是趋向不平等,洛伦茨曲线的弧度越大,那么基尼系数也越大。

基尼系数的优点是可以利用简单的分组数据简练地概括洛伦茨曲线所描述的收入分配状况,以一个数值反映总体收入差距状况,但在衡量和说明收入分配状况时同样存在一些不足。比如它不能精确地反映收入分配的不均等程度:基尼系数是用来反映收入分配差距的总体水平的,当收入分配差距的总体水平发生巨大变化时,对应的基尼系数却只有十分位或百分位的较小变化,这种“缩小镜”效应直接导致基尼系数的灵敏度难以令人满意。但不管怎么样,基尼系数由于给出了反映居民之间贫富差异程度的数量界线,故可以较客观、直观地反映和监测居民之间的贫富差距,防止居民之间出现贫富两极分化。因此,基尼系数得到了世界各国的广泛认同和普遍采用。

3.4.3　金砖国家收入分配情况①

(1) 金砖国家基尼系数表示不平等程度存在差异。如表3.7所示,2009年在金砖五国中,南非和巴西的收入分配最不平等,基尼系数高达0.62和0.55,远远超过了将基尼系数0.4作为监控贫富差距的警戒线;中国自改革开放以来,在经济增长的同时贫富差距逐步拉大,综合各类居民收入来看,已近0.5的基尼系数越过警戒线已是不争的事实;自从原苏联解体以来,俄罗斯经济在石油

① 本部分参阅了马岩:《金砖国家经济和社会发展比较研究》,《中国国情国力》2011年第4期,第43—47页。

等资源的推动下增长，收入不平等扩大，目前基尼系数为0.44；最小的是印度，为0.41。

表3.7 金砖国家基尼系数 （%）

国家＼年份	2003	2004	2005	2006	2007	2008	2009
巴　西	58.7	58.2	57.6	57.0	56.4	55.8	55.0
中　国	38.2	39.5	40.1	40.1	41.5	43.5	48.9
印　度	31.9	32.6	34.1	35.6	36.8	38.2	40.8
俄罗斯	39.6	35.7	36.5	37.0	37.5	40.1	43.7
南　非	57.8	57.9	60.2	60.5	60.9	61.0	61.2

资料来源：根据世界银行数据库及有关文献计算，2008和2009年为初步估算数据。

(2) 金砖国家除巴西外，都有收入差距扩大的趋势。巴西社会发展在减少贫困差距方面做得比较成功，基尼系数从2003年的0.59减小到2009年的0.55，虽然幅度较小，但有了一定的进步和效果。但其他4个国家基尼系数都有不同程度的扩大。印度从2003年的0.32上升到2009年的0.41，南非从0.58上升到0.62，俄罗斯从0.40上升到0.44，中国从0.38上升到0.49，已经接近0.5的中间线。

(3) 贫困人口比重差异比较大，近年来减少幅度显著。金砖国家在贫困线下的总人数在普遍减少，但减少的幅度并不一致，体现了各国在减少贫困方面的差距。目前有两个贫困线标准：①贫困线确定为1.25美元/天，这是依照2005年购买力平价对消费交换比率转换而成，是世界最穷15国的平均贫困线数值。②购买力平价2美元/天，这一贫困线数值是依据现有数据对所有发展中国家所定出的中等贫困线。贫困与否是依照贫困人口指数来衡量的，即个人收入低于贫困线的人数占总人口的百分比。2005年按照1.25美元/天的标准，印度的贫困人口指数为42%，中国为16%，巴西为8%，俄罗斯为2%。若以2美元/天的标准来看在金砖国家中俄罗斯的贫困率最低(见表3.8)。

表3.8 金砖国家国际贫困线 (%)

		2003	2004	2005	2006	2007	2008	2009
按购买力平价2美元/天以下的人口比例(%)	巴西	21.7	20.9	18.3	16.4	12.7	11.3	10.3
	中国	48.9	40.2	36.3	35.6	33.2	32.1	31.0
	印度	78.6	77.3	75.6	73.2	70.2	69.8	68.5
	俄罗斯	3.3	2.5	2.0	2.0	2.0	2.0	2.0
按购买力平价1.25美元/天以下的人口比例(%)	巴西	10.4	11.7	7.8	7.4	5.2	4.9	4.5
	中国	26.3	20.9	15.9	14.0	12.3	11.3	10.2
	印度	43.6	42.0	41.6	40.2	40.0	38.2	37.1
	俄罗斯	2.0	2.0	2.0	2.0	2.0	2.0	2.0

资料来源:同表3.7。

(4) 金砖国家失业率压力加大。金砖国家总体上看失业压力加大,虽然属于新兴市场国家,但快速的经济增长依然没有很好地解决大量的人口就业问题。其中,巴西、印度、俄罗斯2009年的失业率分别达到8.1%,6.8%和8.4%的较高水平,中国的城镇登记失业率为4.2%,南非的就业压力最大,几乎全国有1/4的人口处于失业状态。因此,加快就业社会保障措施的任务非常急迫(见表3.9)。

表3.9 金砖国家失业率 (%)

国家 \ 年份	2002	2003	2004	2005	2006	2007	2008	2009
巴 西	9.3	9.1	10.0	9.3	8.2	7.4	7.9	8.1
中 国	3.6	4.0	4.3	4.2	4.2	4.1	4.0	4.2
印 度	4.0	4.0	4.2	5.0	5.1	5.6	5.8	6.8
俄罗斯	8.9	7.9	7.3	6.2	5.9	6.1	6.3	8.4
南 非	30.5	31.2	26.2	26.7	25.5	23.0	22.9	25.3

资料来源:同表3.7。

可见,金砖国家收入分配严重不公平,收入分配改革势在必行。金砖国家应该将收入分配改革作为缩小贫富差距的一项核心和基础性工作来做。换句话说,在使工资总量占经济总量的比例不断上升的同时,应努力消除贫富悬殊的现象。此外,收入分配改革也对政府转变职能提出了更迫切的要求。政府应通过财政、税收、金融等措施,真正实现藏富于民。只有如此,贫富差距才能缩小,收入分配改革的目标才能顺利实现。

3.4.4 金砖国家推行减贫和收入分配的经验做法

(1) 各国减贫政策的成果有所不同。

在减贫方面,金砖国家在改革期间都颇有进展,只是各自程度不同。从增长模式和收入分配变化来看,中印两国共同点较多,经济增长迅速,但不平等情况加剧。巴西增长相当有限,但不平等情况减少。南非也取得了卓有成效的进步。俄罗斯由于贫困人口较少,这里不予讨论。

中国长达25年的计划经济使其在始于20世纪70年代末期的改革中释放出巨大潜力,而巴西和印度在90年代早期至中期开始切实施行改革。中国在改革初期,贫困人口占世界人口数最多,高达84%的人口生活在1.25美元/天的贫困线标准之下。到2005年,中国贫困人口比例降至16%,大大低于发展中国家的26%的平均值。1981—2005年中国减贫相应比例高达6.6%,贫困人口数以每年5.5%的速度减少。若采用与中国相同的贫困线数值,巴西的贫困人口比例则大大低于中国:1981—2005年期间其比例从17%左右降至8%,减贫相应比例为3.2%,也相当可观。另外,南非建立了比较健全的社会救济制度,到2009年,南非的社会救济金覆盖人口超过1 300万。在创造就业、扶贫政策和社会救济制度等支持下,近年来南非贫困人口收入有了很大提高。1996—2008年,南非有近900万人脱离了贫困。

(2) 在结构改革中调整收入分配政策。

① 俄罗斯通过了政府的税制改革方案。俄罗斯改革的主要目标是简化并改善税收结构,降低整体税收负担水平,其改革的力度相当大,税种从200多种减为28种。其中尤为引人注目的是对个人所得税实施单一税制,即从2001年1月1

日起，取消原有的 12%、20%和 30%的三档累进税率，对居民纳税人获得的绝大部分收入（如工资、薪金等）实行 13%的单一税率，这是欧洲范围内最低的个人所得税税率水平。

② 巴西政府实行反周期的、相机抉择的财税制度来调整收入格局。一是巴西政府扩大预算支出规模，推出大规模减免税收计划，2008 年 12 月出台总额达 100 亿雷亚尔的减税计划。二是对关键行业和基础产业（如交通、建筑等）给予特别支持，以实现整体的经济稳定。三是通过完善社会保障制度拉动内需。巴西通过扶持贫困群体、提高最低工资标准和最低生活标准、改善福利保障等措施拉动内需。巴西政府从 2009 年 2 月 1 日起将最低月工资标准从 415 雷亚尔提高到 465 雷亚尔。

③ 印度结合反危机宏观政策，采取综合措施调整收入分配。一是 2009 年 8 月 27 日，印度商工部发布《2009—2014 年外贸政策》，这是本届政府外贸领域施政思路和措施的集中体现，也是指导未来 5 年印度外贸发展的政策总纲。二是积极吸引外资和扩大出口。为改善印度落后的基础设施，印度政府加大了鼓励外商投资基础设施的优惠政策和措施，如增加投资比例等，尤其在海港、能源、交通等方面力度更大。三是大力增加国民的购买力。四是有效增加基础设施的投资。印度中央和邦政府不但加大了对基础设施建设的投资力度，还放低了外国资本进入印度基础设施建设领域的门槛，采取了更加宽松优惠的政策措施，尤其是在能源、交通和港口建设方面。

④ 南非收入分配改革逐步启动。首先，为抵御金融危机冲击，南非政府决定实施二期扩大公共工程项目，以此作为从根本上改善经济和就业形势的重要举措。其次，提供培训计划。南非劳动力素质较低，是造成存在很多底层穷人的原因。目前，南非农村发展和土地改革部还启动了农村地区青年就业计划，决定在两年内为 1 万名农村地区青年进行培训，并安排他们到地方上的社会发展部门工作。

⑤ 中国将收入分配改革提高到重要地位。在明确提出提高居民收入在国民收入中的比重、提高劳动报酬在初次分配中的比重后，提出努力实现居民收入增

长和经济发展同步、劳动报酬增长和劳动生产率提高同步。

3.5 金砖国家全要素能源效率的测度与评价①

3.5.1 全要素能源效率测度方法介绍

本部分主要采用DEA方法分析评价金砖国家经济增长的全要素能源效率。

DEA方法的原型可以追溯到1957年法雷尔(Farrell)在对英国农业生产力进行分析时提出的包络思想。1978年,著名运筹学家A.查恩斯(A.Charnes)提出了基于相对效率的多投入多产出分析法——数据包络分析法(DEA)。我国学者自1986年开始介入DEA方法的研究,1988年由魏权龄系统地介绍DEA方法之后,关于DEA方法的理论研究得以应用推广。DEA方法是以相对效率概念为基础,用于评价具有相同类型的多投入、多产出的决策单元是否有效的一种非参数统计方法。其基本思想是将一个经济系统或一个生产过程看作一个实体(一个单元)在一定可能的范围内,通过投入一定数量的生产要素并产出一定数量的“产品”的活动,这样的实体(单元)被称为决策单元(decision making units, DMU),再由众多DMU构成被评价群体,通过对投入或产出比率的分析,以DMU的各个投入或产出指标的权重为变量进行评价运算,确定有效生产前沿面,并根据各DMU与有效生产前沿面的距离状况,确定各DMU是否DEA有效,同时还可用投影方法指出非DEA有效或弱DEA有效DMU的原因及应改进的方向和程度。

1. DEA基本模型

若某个DMU在一项经济(生产)活动中的投入向量为 $X = (x_1, x_2, \cdots,$

① 详见胡根华、秦嗣毅:《金砖国家全要素能源效率的比较研究》《资源科学》2012年第3期。

x_i，…，x_m)，x_i 表示第 i 种投入；产出(输出)向量为 $Y=(y_1, y_2, \cdots, y_r, \cdots, y_s)$，$y_r$ 表示第 r 种产出(输出)；(X_j, Y_j)对应第 j 个决策单元的投入、产出向量，(X_0, Y_0)对应被评价决策单元的相应指标，于是可以用(X, Y)表示这个 DMU 的整个生产活动，n 个 DMU 的投入集就可以构成一个 $n \times m$ 阶的投入矩阵，其产出集可以构成一个 $n \times s$ 阶的产出矩阵。

最初的 DEA 模型是 CCR 模型(由 A. Charnes，W. W. Cooper 和 E. Rhodes 于 1978 年提出)，用于评价 DMU 的规模和技术的总体有效性。CCR 包括分式规划和线性规划两种形式。从投入(产出)的角度测算决策单元(X_0, Y_0)相对效率的 DEA 模型可以表示为：

$$\begin{cases} \min \theta = \dfrac{w^T X_{j_0}}{v^T Y_{j_0}} \\ \text{s.t.} \quad \dfrac{w^T X_{j_0}}{v^T Y_{j_0}} \geqslant 1,\ w \geqslant 0,\ v \geqslant 0,\ j=1, 2, \cdots, n \end{cases}$$

$$\begin{cases} \max \eta = \dfrac{v^T Y_{j_0}}{w^T X_{j_0}} \\ \text{s.t.} \quad \dfrac{v^T Y_{j_0}}{w^T X_{j_0}} \leqslant 1,\ w \geqslant 0,\ v \geqslant 0,\ j=1, 2, \cdots, n \end{cases}$$

w^T，v^T 表示对输入和输出的度量权。该分式规划可转变成线性规划(1)和(2)：

$$(1)\begin{cases} \min w^T X_{j_0} \\ \text{s.t.} \quad w^T X_j - v^T Y_j \geqslant 0,\ j=1, 2, \cdots, n \\ w^T X_{j_0} = 1 \end{cases}$$

$$(2)\begin{cases} \max v^T Y_{j_0} \\ \text{s.t.} \quad w^T X_j - v^T Y_j \geqslant 0,\ j=1, 2, \cdots, n \\ w^T X_{j_0} = 1 \end{cases}$$

对偶规划为：

$$(3)\begin{cases}\min\theta\\ \text{s.t.}\quad \sum_{j=1}^{n}\lambda_j X_j\leqslant\theta X_0\\ \sum_{j=1}^{n}\lambda_j Y_j\geqslant Y_0\\ \forall\lambda_j\geqslant 0\\ j=1,2,\cdots,n\end{cases}\qquad (4)\begin{cases}\max\delta\\ \text{s.t.}\quad \sum_{j=1}^{n}\lambda_i X_j\leqslant X_0\\ \sum_{j=1}^{n}\lambda_j Y_j\geqslant\delta Y_0\\ \forall\lambda_j\geqslant 0\\ j=1,2,\cdots,n\end{cases}$$

引入松弛变量，对偶规划(3)和(4)可以表示为线性规划(D)和(P)：

$$(\text{D})\begin{cases}\min\theta\\ \text{s.t.}\quad \sum_{j=1}^{n}\lambda_j X_j+s^-=\theta x_0\\ \sum_{j=1}^{n}\lambda_j Y_j-s^+=y_0\\ \forall\lambda_j\geqslant 0,\ j=1,2,\cdots,n\\ s^+\geqslant 0,\ s^-\geqslant 0\end{cases}\qquad (\text{P})\begin{cases}\max\delta\\ \text{s.t.}\quad \sum_{j=1}^{n}\lambda_i X_j+s^-=x_0\\ \sum_{j=1}^{n}\lambda_j Y_j-s^+=\delta y_0\\ \forall\lambda_j\geqslant 0,\ j=1,2,\cdots,n\\ s^+\geqslant 0,\ s^-\geqslant 0\end{cases}$$

由于线性规划(D)和线性规划(P)互为对偶规划，两者都存在最优解，并且投入和产出的CCR模型评价结果一致，本书仅考察投入比率情况。如果线性规划(D)或(P)的最优值为1，则决策单元 j_0 为弱DEA有效；若(D)的最优值 $V_D=1$，并且它的每个最优解 $\lambda=(\lambda_1,\lambda_2,\cdots,\lambda_n)^T$，$s^{0-}$，$s^{0+}$，$\theta$，都有 $s^{0-}=0$，$s^{0+}=0$，则决策单元 j_0 为DEA有效；反之亦然。在投入型中，对于 $\theta<1$ 的情况，可以通过 $X^*=\theta X-s^{0-}$，$Y^*=Y+s^{0+}$ 将生产前沿面上的投入产出值计算出来。若 $\sum_{j=1}^{n}\lambda_j<1$，则规模收益递增；若 $\sum_{j=1}^{n}\lambda_j=1$，则规模收益不变；若 $\sum_{j=1}^{n}\lambda_j>1$，则规模收益递减。根据经济学中的界定，在规模收益不变时进行生产为规模有效。

班克(R.D.Banker)、A.查恩斯(A.Charnes)和库珀(W.W.Cooper)于1984年提出了BCC模型。该模型将规模假定在规模收益不变（$\sum_{j=1}^{n}\lambda_j=1$）的情况下，仅考察纯技术效率 θ_t。则规模效率为 $\theta_s=\theta/\theta_t$。投入型BCC模型为：

$$\begin{cases}\min \theta_t \\ \text{s.t.}\quad \sum_{j=1}^{n}\lambda_j X_j + s^- = \theta_t x_0 \\ \sum_{j=1}^{n}\lambda_j Y_j - s^+ = y_0 \\ \sum_{j=1}^{n}\lambda_j = 1 \\ \forall \lambda_j \geqslant 0,\ j = 1,\ 2,\ \cdots,\ n \\ s^+ \geqslant 0,\ s^- \geqslant 0\end{cases}$$

2. DEA 模型的应用

DEA 方法的应用步骤如图 3.7 所示。

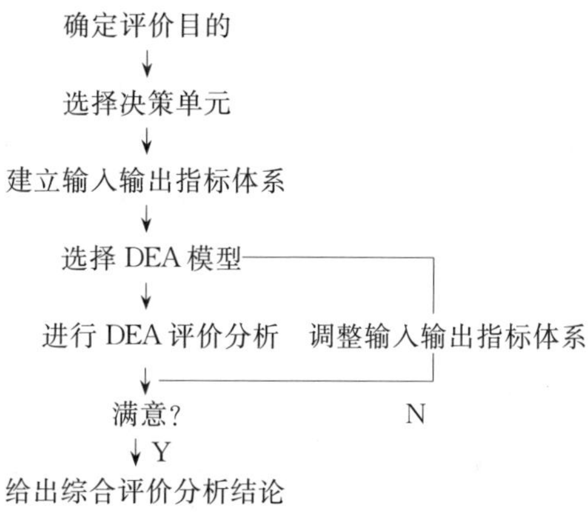

图 3.7　DEA 方法的应用步骤

3.5.2　金砖国家全要素能源效率的测算

1. 指标体系的选取

资本存量 K：采用 Goldsmith(1951)的“永续盘存法”来估算各国资本存量，即 $K_{i,t} = K_{i,t-1}(1-\delta_{i,t}) + I_{i,t}$。其中：$i$ 表示第 i 个国家；t 表示第 t 年；K 表示资

本存量；δ 表示资本折旧率，本书沿用 Hall 和 Jones(1999)及 Young(2003)的假定，即 $\delta = 6\%$；I 表示投资，且各国均以资本形成总额作为当年的投资。

劳动投入 L：使用各国登记的就业人员总量作为劳动投入，单位为万人。

能源 E：采用各国一次能源消费总量作为能源投入，单位为百万吨油当量。

技术 T：对于技术投入的衡量，国外文献通常采用的一些指标包括从事研究的科研人员和工程师数量、专利技术申请量等，但没有统一的指标来衡量。考虑技术折旧率，并参考 Gardner 和 Joutz(1996)的方法，本书选取各国专利技术申请量的存量作为衡量技术投入指标，计算公式为：$T_{i,t} = T_{i,t-1}(1-d_{i,t}) + T_{i,0}$。其中：$T$ 表示技术投入存量，$T_{i,0}$表示基期的技术投入存量；d 表示技术折旧率，假定为 20%。

产出 Y：按各国 2000 年不变价 GDP 作为产出指标，单位为亿美元。

2. 计算结果

以一次能源消费量、资本存量、就业总人数为投入指标，同时引入技术投入因素，以各国 GDP 为产出指标，运用基于投入导向的超效率 DEA 模型测算“金砖国家”2003—2010 年的全要素能源效率，并比较分析五国能源效率之间的差异，应用软件为 DEA-Solver LV3.0。

然而，DEA 模型是一种对具有多输入输出变量决策单元效率进行评价的有效方法，在建立效率测度模型时必须满足“等张性”这一条件，即决策单元的各输出变量数值应该随各输入变量数值的增加而增加，参见查恩斯等(Charnes, et al., 1978)。为验证“等张性”，文章采用汪克亮、杨宝臣和杨力(2010)的方法，运用 Pearson 相关系数研究输入变量和输出变量之间的相关性，如表 3.10 所示。

表 3.10 Pearson 相关性

	资本投入—产出	劳动投入—产出	技术投入—产出	能源投入—产出
中 国	0.996*** (0.000)	0.993*** (0.000)	0.999*** (0.000)	0.985*** (0.000)
俄罗斯	0.914*** (0.000)	0.981*** (0.000)	0.929*** (0.001)	0.828** (0.011)

续表

	资本投入—产出	劳动投入—产出	技术投入—产出	能源投入—产出
印　度	0.998*** (0.000)	0.958*** (0.000)	0.993*** (0.000)	0.994** (0.000)
巴　西	0.991*** (0.000)	0.993*** (0.000)	0.912*** (0.002)	0.998** (0.000)
南　非	0.970*** (0.000)	0.890*** (0.003)	0.975*** (0.000)	0.850** (0.007)

注：*** 表示在1%的显著性水平上显著(双尾)，** 表示在5%的显著性水平上显著(双尾)，括号里的数据为P值；此处只显示各国各自的投入变量与产出之间的相关性系数。

表3.10显示，除俄罗斯、印度、巴西和南非的能源投入与产出是在5%的显著性水平上显著外，所有样本的投入变量与产出变量在1%的显著性水平上均显著，另外，投入变量与产出变量之间均呈现正相关关系，满足“等张性”这一条件，说明建立DEA效率测度模型具有可依性。

表3.11　DEA模型中参数θ的估计

	中国 θ_{CN}/排名	俄罗斯 θ_{RU}/排名	印度 θ_{IN}/排名	巴西 θ_{BR}/排名	南非 θ_{SA}/排名	$\bar{\theta}_1$
2003年	0.462/4	0.279/5	1.014/3	1.928/1	1.127/2	0.962
2004年	0.438/4	0.293/5	0.646/3	1.914/1	1.120/2	0.882
2005年	0.433/4	0.312/5	0.625/3	1.817/1	1.104/2	0.858
2006年	0.438/4	0.333/5	0.615/3	1.791/1	1.101/2	0.856
2007年	0.442/4	0.343/5	0.583/3	1.798/1	1.103/2	0.854
2008年	0.436/4	0.353/5	0.545/3	1.796/1	1.099/2	0.846
2009年	0.439/4	0.334/5	0.540/3	1.862/1	1.105/2	0.856
2010年	0.421/4	0.328/5	0.525/3	1.925/1	1.110/2	0.862
$\bar{\theta}_2$	0.439	0.322	0.637	1.854	1.109	

注：θ_{CN}，θ_{RU}，θ_{IN}，θ_{BR}和θ_{SA}分别表示中国、俄罗斯、印度、巴西和南非全要素能源效率值，$\bar{\theta}_1$表示“金砖国家”各年全要素能源效率值的平均值，$\bar{\theta}_2$表示各国在样本范围内全要素能源效率值的平均值。

表 3.11 显示了 DEA 模型中参数 θ 的估计结果，即全要素能源效率值及排名。就整体而言，“金砖国家”各年全要素能源效率值的平均值均低于 1，平均值最低出现在 2008 年，为 0.846；就个体而言，巴西在样本范围内全要素能源效率值的平均值最高，为 1.854，其次是南非，为 1.109，印度和中国为 0.637 和 0.439，分别位列第三位和第四位，俄罗斯最低，为 0.322。另外，中国和俄罗斯在 2003—2010 年的全要素能源效率均非有效；印度在 2003 年的全要素能源效率是有效的，其余各年均非有效；巴西和南非的全要素能源效率均有效。

从表 3.11 中还可以看出“金砖国家”全要素能源效率值的变动趋势。其中，中国的全要素能源效率基本上处于持续下降的趋势，说明中国还处于“粗放型”的经济发展模式下，这将会阻碍“低碳经济”背景下中国经济竞争优势的增强；印度大体上也呈现下降趋势，尤其是从 2003 年的效率有效变为效率无效；俄罗斯呈现先增后减的单峰“倒 U”形，但趋势不明显；南非和巴西表现出先降后升的“U”形，但南非变化趋势不明显。

表 3.11 显示，2010 年中国、俄罗斯和印度的全要素能源效率是非有效的，而巴西和南非的全要素能源效率是有效的。表 3.12 是对“金砖国家”全要素能源效率的投影分析结果，给出了全要素能源效率非有效的原因。就中国而言，如果资本投入减少 34.51%，劳动投入减少 58.70%，技术投入减少 75.06%，能源投入减少 63.24%，且产出仍然不变的情况下，中国的全要素能源效率将达到有效。由此

表 3.12 “金砖国家”全要素能源效率结构 (%)

	中国	俄罗斯	印度	巴西	南非
资本投入	−34.51	−66.06	−21.64	99.46	0.00
劳动投入	−58.70	−40.66	−81.50	0.00	43.99
技术投入	−75.06	−78.41	−37.73	138.52	0.00
能源投入	−63.24	−83.55	−49.16	131.88	0.00
产　出	0.00	0.00	0.00	0.00	0.00

注：此表只显示金砖国家 2010 年部分估计结果。

可见，中国全要素能源效率非有效的主要原因是过多的投入并没有带来更高的产出，在此种情况下，就造成投入要素的浪费。上述分析说明，中国在投入要素上有很大的节约空间。俄罗斯和印度类似于中国，但要比中国表现得好一些。另外，巴西和南非的全要素能源效率之所以有效，主要是因为在节约部分投入要素的同时，达到了合意性产出。

3.5.3　结论

本部分以一次能源消费量、资本存量、就业总人数、技术为投入指标，以各国 GDP 为产出指标，在规模报酬不变的情况下，运用基于投入导向的超效率 DEA 模型测算金砖国家的全要素能源效率，比较分析五国全要素能源效率之间的差异，并运用投影分析结果分析能源效率有效与非有效的原因。研究发现：

“金砖国家”全要素能源效率整体水平不高，但各国之间存在较为显著的差异，其中，巴西的全要素能源效率最高，南非次之，印度和中国分别位列第三位和第四位，而俄罗斯的全要素能源效率最低。

可见，“金砖国家”全要素能源效率都有待进一步提高，节能的潜力很大。此外，各国应该根据自身的情况分别从技术进步及能源因素等方面入手，提高其全要素能源效率，从而提升各国在“低碳经济”背景下的经济竞争优势。

第 4 章

金砖国家的经济增长与转型路径

4.1 增长的困境

21 世纪以来，金砖国家整体平均经济以超过 6%的速率增长，受到全球瞩目。2011 年中国国民生产总值达到 73 185 亿美元，经济总量全球排名第二位；巴西达到 24 767 亿美元，经济总量全球排名第六位；俄罗斯达到 18 578 亿美元，经济总量全球排名第九位；印度达到 18 480 亿美元，经济总量全球排名第十位；南非达到 4 082 亿美元，经济总量全球排名第 29 位；金砖国家 GDP 总值约占全球 GDP 总值的 20%。"金砖国家"对世界经济增长的贡献率从 1990 年的－0.6%上升至 2000 年的 13.1%及 2010 年的 60%多，成为拉动全球经济增长的火车头。然而，近年来金砖国家推动经济高速增长的模式所带来的弊端，却引发了人们的担忧。一是粗放型增长的资源环境代价巨大且不可持续。根据世界银行统计数据测算，金砖国家每千美元 GDP 产出能耗的平均值为 2.44 吨标准煤，是美国、英国、德国和日本四国平均值的 1.9 倍；每 1 美元 GDP(购买力平价折算值)的二氧化碳排放量的平均值为 0.7 千克，是美国、英国、德国和日本四国平均值的 2.3 倍(见表 4.1 和表 4.2)。二是经济增长过度依赖外部市场，致使经济波动性加剧。根据世界银行统计数据测算，金砖国家整体经济增长波动率为 2.56，高于美国、英国、德国和日本四国平均波动 2.34 的水平(详细情况见表 4.3)。从外贸出口依存度来看，金砖国家整体的外贸出口依存度为 0.29，高于美国、英国、德国和日本四国平均波动 0.25

的水平，尤其是大大高于美国和日本两国平均 0.12 的水平(详细情况见表 4.4)。

近年来，面对经济可持续和内外均衡发展的约束，“金砖国家”也慢慢意识到高能耗、高投入，过度依赖本国能源资源和初级产品外部出口的粗放型经济增长模式必须转型，纷纷从经济发展战略的高度提出转变经济发展方式，追求可持续和内外均衡的经济发展。中国自 2007 年金融危机以来，将“转方式、调整结构、扩内需、保增长”作为经济转型发展的首要任务，多次在重要会议上指出：加快形成新的经济发展方式，把推动发展的立足点转到提高质量和效益上来，着力增强创新驱动发展新动力，着力构建现代产业发展新体系，着力培育开放型经济发展新优势，使经济发展更多依靠内需特别是消费需求拉动，更多依靠现代服务业和战略性新兴产业带动，更多依靠科技进步、创新驱动，更多依靠节约资源和循环经济推动，不断增强经济长期发展后劲。俄罗斯在《2008 年前工作基本方针》和《2005—2008 年社会经济发展中期纲要》中提出：必须从地租经济向发展经济转变。这种发展经济必须建立在创新、人力资本、高技术和自由经营的基础上。要优化经济结构，在 GDP 的增长上，增大内需的贡献率，降低外需的贡献率；在本国生产中，增大加工工业部门的贡献率，降低原材料部门的贡献率；在加工工业部门中，增大高新技术产业的贡献率，降低传统产业部门贡献率。巴西政府在面对 2007 年金融危机后欧美国家经济增长低迷、国际市场不断萎缩的情况下，2013 年提出转变经济增长方式，依靠投资内需促进发展的经济政策目标。2004 年印度辛格政府执政以来，也在不断推动经济改革和结构调整，优先发展信息、金融等技术性服务业，加快发展现代农业和基础设施建设，加大教育和社会保障等公共投入。1994 年南非新政府成立以来，也建立起了面向全体人民的较为系统的科技创新体系。根据南非国家研究基金会 2008—2015 年愿景(战略规划)，今后 7 年，南非政府科研资助将实现从需求驱动型向战略推动型的功能性重大转变，以促进本国向知识经济转型。尽管“金砖国家”针对本国经济增长存在的问题提出了一些有针对性的改革措施，但是并未形成系统性的经济转型思路，以促进长期经济增长。鉴于此，有必要深入研究“金砖国家”的自身特点以及世界经济发展的普遍客观规律，为“金砖国家”的经济增长与转型路径选择提供借鉴。

表 4.1　2010 年金砖国家能源消耗、二氧化碳排放及科技投入情况比较

指　　标	中国	巴西	俄罗斯	印度	南非	平均值
每千美元 GDP(按 2005 年购买力平价折算)能源消耗(千克石油)	265	135	348	186	288	244
电力消耗(亿千瓦时)	39 379	4 647	9 157	7 546	2 401	12 626
每千美元 GDP(按 2005 年购买力平价折算)的二氧化碳排放(千克)	0.9 (2009)	0.2	0.8 (2009)	0.6 (2009)	1.1 (2009)	0.7
居民专利技术申请量(件)	293 066	2 705	28 722	7 262 (2009)	821	66 515
R&D 投入占本国 GDP 比重	1.5 (2008)	1.1 (2008)	1.3 (2009)	0.8 (2007)	0.9 (2007)	1.1
R&D 部门每百万人中研究员人数	1 199 (2008)	696 (2008)	3 091 (2009)	136 (2005)	396 (2007)	1 104

注:各国数据均来自世界银行数据库。因一些指标项 2010 年的数据缺失,以括号中年份的数据作为代表。

表 4.2　2010 年发达大国能源消耗、二氧化碳排放及科技投入情况比较

指　　标	美国	日本	德国	英国	平均值
每千美元 GDP(按 2005 年购买力平价折算)能源消耗(千克石油)	170	126	119	99	128
电力消耗(亿千瓦时)	41 434	10 698	5 901	3 570	15 401
每千美元 GDP(按 2005 年购买力平价折算)的二氧化碳排放(千克)	0.4 (2009)	0.3(2009)	0.3(2009)	0.2 (2009)	0.3
居民专利技术申请量(件)	241 977	290 081	47 047	15 490	148 649
R&D 投入占本国 GDP 比重	2.8 (2008)	3.4 (2008)	2.8 (2009)	1.8	2.7
R&D 部门每百万人中研究员人数	4 681 (2008)	5 189 (2008)	3 780 (2009)	3 794	4 359

注:同表 4.1。

表 4.3　金砖国家与发达大国经济增长速度的平稳性量度

年　份	中国	巴西	俄罗斯	印度	南非	金砖国家	美国	日本	德国	英国	发达国家
2000	8.4	4.3	10.0	4.0	4.2	6.2	4.2	2.3	3.1	4.2	3.5
2001	8.3	1.3	5.1	4.9	2.7	4.5	1.1	0.4	1.5	2.9	1.5
2002	9.1	2.7	4.7	3.9	3.7	4.8	1.8	0.3	0.0	2.4	1.1
2003	10.0	1.1	7.3	7.9	2.9	5.8	2.6	1.7	−0.4	3.8	1.9
2004	10.1	5.7	7.2	7.8	4.6	7.1	3.5	2.4	1.2	2.9	2.5
2005	11.3	3.2	6.4	9.3	5.3	7.1	3.1	1.3	0.7	2.8	2.0
2006	12.7	4.0	8.2	9.3	5.6	8.0	2.7	1.7	3.7	2.6	2.7
2007	14.2	6.1	8.5	9.8	5.5	8.8	1.9	2.2	3.3	3.6	2.8
2008	9.6	5.2	5.2	3.9	3.6	5.5	−0.4	−1.0	1.1	−1.0	−0.3
2009	9.2	−0.3	−7.8	8.2	−1.5	1.6	−3.5	−5.5	−5.1	−4.0	−4.5
2010	10.4	7.5	4.3	9.6	2.9	6.9	3.0	4.4	4.2	1.8	3.4
2011	9.3	2.7	4.3	6.9	3.1	5.3	1.7	−0.7	3.0	0.8	1.2
平均值	10.2	3.6	5.3	7.1	3.6	6.0	1.8	0.8	1.6	1.9	1.2
标准离差	1.75	2.29	4.51	2.35	1.90	2.56	2.06	2.47	2.53	2.33	2.34

注：各国数据均来自世界银行数据库。标准离差根据离差公式计算得出，代表各国经济波动情况。

表 4.4　金砖国家与发达国家的外贸出口依存度

年　份	中国	巴西	俄罗斯	印度	南非	金砖国家	美国	日本	德国	英国	发达国家
2000	0.23	0.10	0.44	0.13	0.28	0.24	0.11	0.11	0.33	0.28	0.21
2001	0.24	0.11	0.44	0.13	0.28	0.24	0.10	0.10	0.35	0.28	0.21
2002	0.28	0.11	0.46	0.15	0.27	0.25	0.10	0.11	0.36	0.27	0.21
2003	0.32	0.12	0.48	0.15	0.26	0.27	0.10	0.12	0.38	0.27	0.22
2004	0.37	0.13	0.50	0.18	0.26	0.29	0.10	0.13	0.41	0.28	0.23
2005	0.41	0.14	0.50	0.21	0.27	0.31	0.11	0.14	0.44	0.29	0.25

续表

年 份	中国	巴西	俄罗斯	印度	南非	金砖国家	美国	日本	德国	英国	发达国家
2006	0.46	0.14	0.50	0.23	0.27	0.32	0.11	0.15	0.48	0.32	0.27
2007	0.48	0.14	0.49	0.22	0.27	0.32	0.12	0.16	0.50	0.30	0.27
2008	0.47	0.14	0.47	0.24	0.27	0.32	0.13	0.16	0.51	0.31	0.28
2009	0.39	0.13	0.48	0.21	0.22	0.29	0.12	0.13	0.47	0.29	0.25
2010	0.45	0.13	0.50	0.24	0.22	0.31	0.13	0.15	0.51	0.31	0.28
2011	0.45	0.13	0.48	0.26	0.23	0.31	0.14	0.15	0.53	0.32	0.29
平均值	0.38	0.13	0.48	0.20	0.26	0.29	0.11	0.13	0.44	0.29	0.25

注：各国数据均来自世界银行数据库。

4.2 技术创新、产业升级和创新与经济效率型增长

技术对经济增长的重要作用较早被人们所认识。从新古典经济学的索罗外生经济增长模型，到以罗默、卢卡斯、格罗斯曼和赫尔普曼为代表的内生经济增长理论，无不表明科学技术是现代经济增长的核心要素。在国内外关于技术创新、产业升级和创新、经济转型增长三者关系的现有研究中，大多数研究偏重于其中二者的关系的研究，如一些学者将技术因素引入生产函数，就技术创新对经济增长的影响进行测算和解释(Solow, 1957; Denision, 1960, 1987; Howitt, 1998;顾新一，1988；张国富，1997；沈坤荣；胡凡，1999；吉川洋，2001；夏杰长，2002；陈伟、罗来明，2002；蒋佩晔，2006)，一些学者就技术创新与产业升级的关系进行了专门讨论(权贤佐，1997；范泽孟，徐建华，2002；钱水土；周永涛，2011；蔡荣生；刘传扬，2012)，另一些学者就高新技术产业与经济增长的关系进行研究(英定文，1996；孙宝文，2002；沈坤荣，马昀，2002；孟伟，2008；王春明，2009；王敏晰，2010)。然而，除上述研究外，也有部分学者就技术创新、产业升级与经济增长三者之间的关系

进行了深入研究(曹新,1997;李卫兵,2008;刘伟,张辉,2008;黄茂兴,李军军,2009;任小军,2011)。本节将在全面分析技术创新、产业升级和创新、经济转型增长三者之间的作用机理基础上,以美国和日本等技术发达国家作为研究比较对象,考察这三者之间的作用关系,以期为金砖国家经济增长与转型的技术路径选择提供理论和实践依据。

4.2.1　技术创新、产业升级和创新与经济效率型增长的机理

1. 技术创新对产业升级和创新的促进作用

无论是产业升级还是产业创新,都必须依靠技术创新,没有技术创新的实现过程,就不会有产品的更新换代和新产业的出现。当行业中的所有企业基于比较优势均能持续采用新技术完成自身产品的升级或生产新产品时,整个产业的升级和创新过程将持续进行。

2. 产业升级和创新对经济转型增长的促进作用

产业升级和产业创新的本质反映了两个方面的要求:第一,产业升级和创新本身就意味着劳动生产效率的提升或产品质量的改善,企业采用新技术生产可以使同样的要素投入获得更多的产品或产出,体现了节约资源的本质;第二,产业升级和创新反映了人们现实需要,应用新技术开发新产品或改善原有产品功能,能够提升产品的附加值,并且能够被人们普遍接受,市场价值能够迅速实现。因此,产业升级和产业创新能转变经济增长的传统方式,推动经济转型增长。

3. 经济增长对技术创新和产业升级创新的推进作用

当一国经济增长达到一定程度,人们的生活越来越富裕,生存需要和发展需要得到满足时,人们对破坏生态环境、浪费资源、低技术水平运行的粗放型经济增长方式必然会越来越厌恶并加以摒弃。一方面,人们可以通过需求选择,倒逼企业采用新技术节能降耗,生产出优质和创新产品,从而不断推动产业升级和产业创新;另一方面,人们将主动加大对技术创新的投入,以使企业更好地研发出先进的生产生活技术,主动促使和加速产业的升级和创新。

总之，技术创新的具体结果表现为产业升级和产业创新，而产业升级和产业创新承载了技术创新的内涵特征，这种内涵特征与经济转型增长的内在要求具有耦合性。反过来，经济的不断增长也要求加快技术创新的力度与产业升级和创新的速度，并通过主动投入和需求倒逼机制来实现这一目标。因此，技术创新到产业升级和创新，再到经济转型增长，三者之间具有内在的促进循环关系。

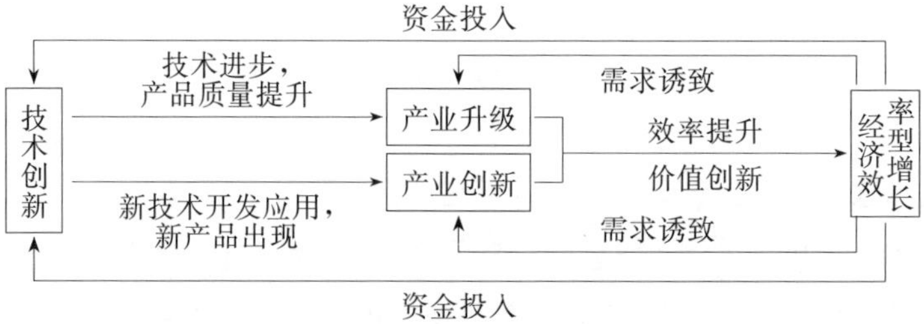

图 4.1　技术创新、产业升级和创新与经济效率型增长的机理关系

4.2.2　金砖国家技术创新、产业升级和创新推动经济效率型增长现状

1. 金砖国家技术创新现状

技术创新反映的是一种技术创造活动过程，其本身无法进行国际比较，但判断一国技术创新程度高低可以利用技术创新的投入指标或中间产出指标，如R&D投入、科技活动人员数、发明专利数等指标来间接反映。表 4.5、表 4.6 和表 4.7 分别利用 R&D 投入占本国 GDP 比重、R&D 部门每百万人中研究员人数、居民专利技术申请量等三项指标反映金砖国家近 10 多年来的技术创新现状。

表 4.5　金砖国家 R&D 投入占本国 GDP 比重

年份	中国	印度	巴西	俄罗斯	南非
1996	0.6	0.6	0.7	1	—
1997	0.6	0.7	—	1	0.6
1998	0.7	0.7	—	1	—
1999	0.8	0.7	—	1	—

续表

年份	中国	印度	巴西	俄罗斯	南非
2000	0.9	0.8	1	1	—
2001	1	0.7	1	1.2	0.7
2002	1.1	0.7	1	1.2	—
2003	1.1	0.7	1	1.3	0.8
2004	1.2	0.7	0.9	1.2	0.8
2005	1.3	0.8	1	1.1	0.9
2006	1.4	0.8	1	1.1	0.9
2007	1.4	0.8	1.1	1.1	0.9
2008	1.5	—	1.1	1	0.9

注:"—"表示该年份数据缺失。

表 4.6　金砖国家 R&D 部门每百万人中研究员人数

年份	中国	印度	巴西	俄罗斯	南非
1996	446.9	152	—	3 786.10	—
1997	475.6	—	—	3 594.40	199
1998	388.7	115.4	—	3 333.30	—
1999	421.7	—	—	3 374.60	—
2000	547.7	110	423.5	3 450.70	—
2001	581.2	—	440.6	3 460.40	312.5
2002	630.3	—	458.7	3 380.60	—
2003	666.5	—	495.6	3 364.70	303
2004	712.2	—	534.8	3 309.90	379.3
2005	855.5	135.8	588.3	3 229.70	362
2006	930.9	—	620.7	3 235.70	384.3
2007	1 077.10	—	658	3 273.50	395.6
2008	1 198.90	—	695.7	3 151.70	—

注:"—"表示该年份数据缺失。

表 4.7　金砖国家居民专利技术申请量

年份	中国	印度	巴西	俄罗斯	南非
1996	11 628	1 661	2 611	18 014	757
1997	12 672	1 926	2 756	15 106	355
1998	13 751	2 247	2 491	16 454	200
1999	15 626	2 206	2 816	19 900	138
2000	25 346	2 206	3 080	23 377	895
2001	30 038	2 379	3 323	24 777	966
2002	39 806	2 693	3 365	23 712	983
2003	56 769	3 425	3 689	24 969	922
2004	65 786	4 014	3 958	22 985	956
2005	93 485	4 721	3 905	23 644	1 003
2006	122 318	5 686	3 810	27 884	866
2007	153 060	6 296	4 023	27 505	915
2008	194 579	6 425	4 084	27 712	860
2009	229 096	7 262	3 921	25 598	822
2010	293 066	8 099	2 705	28 722	821
平均值	90 468	4 083	3 369	23 357	764

表 4.5 反映金砖国家对技术创新的重视程度。从表 4.5 可以看出，金砖国家对技术创新的投入力度基本上呈逐年上升趋势(除俄罗斯有所回落外)。表 4.6 反映了金砖国家技术创新的基础。从表 4.6 可以看出，俄罗斯技术创新人才尽管呈下降趋势，但由于原苏联是一个科技强国，故基础最好；中国、巴西、南非、印度次之，但技术创新均呈上升趋势发展。表 4.7 反映金砖国家技术创新的中间产出水平。从表 4.7 可以看出，中国的技术创新中间产出水平最高，呈逐年上升趋势；俄罗斯次之，呈波浪形发展；印度再次之，呈逐年上升趋势；巴西和南非依次排第四位和第五位，呈波浪形发展。

2. 金砖国家产业发展水平现状

陈佳贵和黄群慧(2009)认为,从行业角度衡量工业现代化水平的指标体系可分为效率、结构和环保三大方面,分别可用行业效率、技术的先进性、国际化水平、产业组织合理化水平、信息化水平、企业管理科学化水平和可持续发展水平等七类指标来进行评价。根据陈佳贵和黄群慧的思路,从行业角度衡量农业和服务业的现代化水平也可用该评价指标体系来完成,即借助陈佳贵和黄群慧的评价方法,金砖国家国民经济各行业的发展水平与国际最先进的发展标准相比较的差距均可反映出来。由于金砖国家各行业的指标数据缺乏,无法对所有金砖国家国民经济各行业进行有效测度评价,但陈佳贵和黄群慧对中国 15 个重点工业行业现代化水平的测度,在一定程度了也说明了金砖国家目前的产业发展水平与发达国家还存在较大差距,金砖国家的产业升级还存在巨大空间。

当然,除了通过测度产业的现代化水平来反映一国产业发展水平之外,也可通过高技术产业产品出口份额来间接反映一国产业发展水平。如果一国产业发展水平越高,那么在出口额中高技术、高附加值的产品出口必然越多。表 4.8 反映的是金砖国家高技术产品出口与本国制造业出口额及全部出口额所占比重情况。从 1996 年到 2010 年期间,金砖国家高技术产品出口占本国制造业出口比重和全部出口额比重均有一个先升后降的缓慢发展趋势。金砖五国中,除中国外,高技术产品出口比重占本国制造业出口比重和全部出口额比重均较低,说明金砖国家制造业整体产业发展水平还处于较低层次。

表 4.8　金砖国家高技术产品出口情况

年份	高技术产品出口占本国制造业出口比重					高技术产品出口占本国全部出口额比重				
	中国	印度	巴西	俄罗斯	南非	中国	印度	巴西	俄罗斯	南非
1996	12.4	6.9	6.2	9.7	5.7	0.09	0.04	0.03	0.02	0.02
1997	13.1	6.5	7.5	9.3	7.5	0.10	0.04	0.04	0.02	0.03
1998	15.4	5.6	9.4	12	8.7	0.12	0.03	0.04	0.03	0.03
1999	17.2	5.7	13.2	12.3	7.1	0.14	0.03	0.06	0.03	0.03

续表

年份	高技术产品出口占本国制造业出口比重					高技术产品出口占本国全部出口额比重				
	中国	印度	巴西	俄罗斯	南非	中国	印度	巴西	俄罗斯	南非
2000	19	6.3	18.7	16.1	7	0.15	0.03	0.09	0.03	0.03
2001	21	7	19.2	14	6.5	0.17	0.04	0.09	0.03	0.03
2002	23.7	6.2	16.5	19.2	5.2	0.19	0.03	0.07	0.04	0.02
2003	27.4	5.9	12	19	4.8	0.22	0.03	0.05	0.04	0.02
2004	30.1	6	11.6	12.9	5.5	0.25	0.03	0.05	0.03	0.02
2005	30.8	5.8	12.8	8.4	6.7	0.26	0.03	0.06	0.01	0.03
2006	30.5	6.1	12.1	7.8	6.5	0.26	0.02	0.05	0.01	0.02
2007	26.7	6.4	11.9	6.9	5.6	0.23	0.02	0.05	0.01	0.02
2008	25.6	6.8	11.6	6.5	5.1	0.22	0.03	0.05	0.01	0.02
2009	27.5	9.1	13.2	9.2	5.4	0.23	0.04	0.04	0.01	0.02
2010	27.5	7.2	11.2	8.8	4.3	0.22	0.03	0.03	0.01	0.01
平均值	23.19	6.50	12.47	11.47	6.11	0.19	0.03	0.05	0.02	0.02

资料来源：世界银行 WDI 数据库。

3. 金砖国家高技术产业发展现状

高技术产业是以技术创新为基础发展起来的创新产业。根据中国国家统计局对高技术产业发布的统计口径（中国国民经济行业分类“GB/T 4754-2011”），高技术产业主要包括核燃料加工、信息化学品制造、医药制造业、航空航天器制造、电子及通信设备制造业、电子计算机及办公设备制造业、医疗设备及仪器仪表制造业、公共软件服务等八大类。由于数据来源有限，本书无法对 5 个金砖国家的高技术产业产值进行精准的统计。但从中国对高技术产业的统计口径来看，高技术产业大多集中在制造业行业，为便于进行国际比较，本书只能利用世界银行 WDI 数据库中现有的统计指标数据，选取金砖国家的制造业总值减除食物、饮料、烟叶、纺织和衣服等 5 个行业的产值后的余值，作为衡量金砖国家高技术产业发

表 4.9　金砖国家高技术产业发展情况

年份	中国			印度			巴西			俄罗斯			南非		
	高技术产业增加值(10亿美元)	高技术产业增加值占制造业增加值比重(%)	高技术产业增加值占GDP比重(%)	高技术产业增加值(10亿美元)	高技术产业增加值占制造业增加值比重(%)	高技术产业增加值占GDP比重(%)	高技术产业增加值(10亿美元)	高技术产业增加值占制造业增加值比重(%)	高技术产业增加值占GDP比重(%)	高技术产业增加值(10亿美元)	高技术产业增加值占制造业增加值比重(%)	高技术产业增加值占GDP比重(%)	高技术产业增加值(10亿美元)	高技术产业增加值占制造业增加值比重(%)	高技术产业增加值占GDP比重(%)
1996	19 639	72.9	24.4	4 344	75.6	12.8	6 758	71.1	11.9	—	76.8	—	1 583	76.9	15.5
1997	21 337	72.1	23.9	4 346	75.6	11.9	6 996	71.8	12.0	—	77.2	—	1 594	76.5	15.2
1998	23 026	72	22.9	4 482	75.6	11.3	6 703	72.3	11.4	—	75.2	—	1 605	76.1	14.8
1999	25 404	73.1	23.1	4 761	76.2	11.2	6 660	73.2	11.8	—	76.2	—	1 669	78.7	14.6
2000	28 640	74.4	23.9	4 975	74.2	11.4	7 347	76.4	13.1	—	77.4	—	1 825	79.6	15.1
2001	31 192	74.6	23.6	5 190	75.7	11.1	7 224	74.6	12.8	—	78.5	—	1 897	80.2	15.3
2002	34 565	75.1	23.6	5 686	77.6	11.6	7 420	74.8	12.6	—	83.6	14.3	1 947	80.1	15.4
2003	40 509	76.6	25.1	6 257	80.3	12.0	7 568	74.9	13.5	—	80.6	13.1	1 901	79.4	15.4
2004	44 719	77.6	25.1	6 878	82.2	12.6	8 351	76.2	14.6	—	82.2	14.3	1 995	79.4	15.2
2005	48 762	77.3	25.1	7 536	81.8	12.6	8 378	75.5	13.7	—	83.1	15.2	2 102	78.8	14.6
2006	55 508	77.8	25.6	8 499	80.7	13.0	8 447	75.4	13.1	—	82.7	14.8	2 212	77.9	13.6
2007	65 070	78.2	25.7	9 697	83.5	13.4	9 003	76.1	12.9	—	83.8	14.7	2 323	77.9	13.2
2008	—	—	—	—	—	—	—	—	—	—	83.5	14.6	2 386	77.9	12.9
平均值	36 531	75.1	24.3	6 054	78.3	12.1	7 571	74.4	12.8	—	80.1	14.4	1 926	78.4	14.7

注：表中增加值以2000年不变价计。

展水平的代理指标。从表4.9来看，金砖国家1996—2007年高技术产业占制造业的比重均在70%以上，并且基本上呈上升趋势，但从绝对值来看，金砖国家的高技术产业产值参差不齐，中国高技术产值最高，印度、巴西次之，南非国家高技术产业产值最低，中国与南非国家高技术产业产值相差几十倍。

4. 金砖国家技术创新带动产业发展现状

技术创新会对一国所有产业带来升级效应，但由于产业或行业不同，技术创新助推产业或行业发展的效应也有所不同。本书利用生产函数 $Y=F(A, K, L)$，通过计量分析，测度金砖国家技术创新对不同产业的影响。

(1) 模型设定及数据指标说明。

生产函数采用柯布—道格拉斯生产函数形式，即 $Y=A^{\alpha}K^{\beta}L^{\chi}\mu$，其中，$Y$ 表示产出，A 代表现有技术水平，K 代表资本投入，L 代表劳动力投入，μ 表示随机干扰，α、β、χ 分别代表技术产出的弹性、资本产出的弹性和劳动产出的弹性。测度"金砖国家"技术创新对不同产业发展的影响，即利用行业数据考察生产函数中 α、β 和 χ 的值。函数 $Y=A^{\alpha}K^{\beta}L^{\chi}\mu$ 可变形为：$\ln Y=\alpha\ln A+\beta\ln K+\chi\ln L+\mu$。$Y$ 表示各种产业的产出，这里主要考察农林牧副渔业(Ya)、制造业(Ym)、建筑业(Yc)、零售批发和餐饮住宿业(Yr)、运输存贮和通信业(Yt)、其他产业(Yo)等六大产业对技术创新的敏感程度；A 为金砖国家的生产技术水平，由于没有直接的技术水平统计指标，以金砖国家的居民专利技术申请量(patent)指标替代技术水平指标；K 为金砖国家的总资本形成(capital)；L 为金砖国家的劳动力投入(labor)。数据跨度为1996—2010年，数据来源于世界银行和联合国统计数据库。

(2) 实证结果分析。

利用Eviews6.0计量软件，分别得到中国、印度、巴西、俄罗斯和南非五国技术、资本和劳动力要素对各产业实际产出的影响。各国具体情况见表4.10至表4.14。

① 中国。

通过对中国六大产业的计量分析，发现：资本对农林牧副渔业、建筑业、零售批发和餐饮住宿业和其他产业具有显著的影响；劳动对制造业、运输存贮和通信业具有显著的影响；技术对各产业均没有显著影响。

表 4.10　中国技术、资本和劳动力要素对各产业产出的影响

被解释变量	农林牧副渔业产出(Ya)			
解释变量	相关系数	标准差	t-统计量	概率值
常数 C	11.665 75	19.380 55	0.601 931	0.559 4
专利技术申请量	0.000 230	0.056 705	0.004 049	0.996 8
资本投入	0.318 330***	0.075 258	4.229 866	0.001 4
劳动力投入	0.290 762	0.947 692	0.306 811	0.764 7
被解释变量	制造业产出(Ym)			
常数 C	−96.421 01	45.812 21	−2.104 701	0.059 1
专利技术申请量	0.168 670	0.134 040	1.258 362	0.234 3
资本投入	0.266 163	0.177 896	1.496 174	0.162 7
劳动力投入	5.598 828**	2.240 177	2.499 279	0.029 5
被解释变量	建筑业产出(Yc)			
常数 C	44.335 72	39.948 18	1.109 831	0.290 7
专利技术申请量	0.002 675	0.116 882	0.022 888	0.982 1
资本投入	1.151 287***	0.155 125	7.421 676	0.000 0
劳动力投入	−2.458 641	1.953 431	−1.258 627	0.234 2
被解释变量	零售批发和餐饮住宿业产出(Yr)			
常数 C	37.918 20	52.559 75	0.721 430	0.485 7
专利技术申请量	0.163 787	0.153 782	1.065 059	0.309 7
资本投入	0.762 249***	0.204 098	3.734 725	0.003 3
劳动力投入	−1.685 198	2.570 126	−0.655 687	0.525 5
被解释变量	运输存贮和通信业产出(Yt)			
常数 C	−91.335 50	45.560 08	−2.004 726	0.070 2
专利技术申请量	0.078 850	0.133 302	0.591 517	0.566 1
资本投入	0.122 321	0.176 917	0.691 403	0.503 6
劳动力投入	5.508 025**	2.227 848	2.472 352	0.031 0

续表

被解释变量	其他产业产出(Yo)			
解释变量	相关系数	标准差	t-统计量	概率值
常数 C	−45.956 87	39.773 10	−1.155 476	0.272 4
专利技术申请量	0.146 296	0.116 370	1.257 162	0.234 7
资本投入	0.343 703**	0.154 445	2.225 407	0.047 9
劳动力投入	3.028 641	1.944 870	1.557 246	0.147 7

注：*** 表示在1%的显著性水平上显著；** 表示在5%的显著性水平上显著；* 表示在10%的显著性水平上显著。

② 印度。

通过对印度六大产业的计量分析，发现：资本对制造业、建筑业和其他产业具有显著的影响；劳动对制造业有显著的负影响，对建筑业具有显著的影响；技术对制造业、建筑业均有显著影响。

表 4.11　印度技术、资本和劳动力要素对各产业产出的影响

被解释变量	农林牧副渔业产出(Ya)			
解释变量	相关系数	标准差	t-统计量	概率值
常数 C	30.097 13	5.404 554	5.568 846	0.000 2
专利技术申请量	0.156 345	0.114 803	1.361 853	0.200 5
资本投入	0.127 007	0.120 183	1.056 780	0.313 3
劳动力投入	−0.452 033	0.278 965	−1.620 393	0.133 4
被解释变量	制造业产出(Ym)			
常数 C	30.317 06	8.944 095	3.389 617	0.006 0
专利技术申请量	0.380 737*	0.189 989	2.003 992	0.070 3
资本投入	0.362 691*	0.198 894	1.823 544	0.095 5
劳动力投入	−0.874 533*	0.461 665	−1.894 304	0.084 8

续表

被解释变量	建筑业产出(*Yc*)			
解释变量	相关系数	标准差	t-统计量	概率值
常数 *C*	1.291 566	5.387 226	0.239 746	0.814 9
专利技术申请量	0.292 944**	0.114 435	2.559 921	0.026 5
资本投入	0.402 515***	0.119 798	3.359 951	0.006 4
劳动力投入	0.529 229*	0.278 071	1.903 216	0.083 5
被解释变量	**零售批发和餐饮住宿业产出(*Yr*)**			
常数 *C*	2.512 288	8.658 036	0.290 168	0.777 1
专利技术申请量	0.305 890	0.183 913	1.663 231	0.124 5
资本投入	0.307 321	0.192 532	1.596 204	0.138 7
劳动力投入	0.626 173	0.446 899	1.401 151	0.188 7
被解释变量	**运输存贮和通信业产出(*Yt*)**			
常数 *C*	−3.501 332	13.838 50	−0.253 014	0.804 9
专利技术申请量	0.515 404	0.293 956	1.753 340	0.107 3
资本投入	0.362 814	0.307 732	1.178 991	0.263 3
劳动力投入	0.731 200	0.714 297	1.023 664	0.328 0
被解释变量	**其他产业产出(*Yo*)**			
常数 *C*	7.775 904	13.232 10	0.587 655	0.568 6
专利技术申请量	0.081 006	0.281 075	0.288 200	0.778 6
资本投入	0.580 545*	0.294 248	1.972 980	0.074 2
劳动力投入	0.127 843	0.682 997	0.187 179	0.854 9

注：同表 4.10。

③ 巴西。

通过对巴西六大产业的计量分析，发现：资本对制造业、建筑业、零售批发和餐饮住宿业、运输存贮和通信业和其他产业具有显著的影响；劳动对农林牧副渔业、建筑业、零售批发和餐饮住宿业、运输存贮和通讯业、其他产业有显著的影响；技术对零售批发和餐饮住宿业有显著影响，对建筑业具有显著的负影响。

表 4.12　巴西技术、资本和劳动力要素对各产业产出的影响

被解释变量	农林牧副渔业产出(*Y*a)			
解释变量	相关系数	标准差	*t*-统计量	概率值
常数 *C*	−8.421 219	1.666 519	−5.053 179	0.000 4
专利技术申请量	0.060 510	0.070 050	0.863 812	0.406 1
资本投入	0.045 802	0.070 457	0.650 078	0.529 0
劳动力投入	1.703 474***	0.181 288	9.396 506	0.000 0
被解释变量	制造业产出(*Y*m)			
常数 *C*	10.325 32	2.562 702	4.029 076	0.002 0
专利技术申请量	0.166 780	0.107 720	1.548 277	0.1498
资本投入	0.279 965**	0.108 345	2.584 010	0.025 4
劳动力投入	0.369 546	0.278 777	1.325 596	0.211 8
被解释变量	建筑业产出(*Y*c)			
常数 *C*	7.551 022	0.957 137	7.889 180	0.000 0
专利技术申请量	−0.101 504**	0.040 232	−2.522 972	0.028 3
资本投入	0.465 117***	0.040 466	11.494 16	0.000 0
劳动力投入	0.315 484**	0.104 120	3.030 010	0.011 4
被解释变量	零售批发和餐饮住宿业产出(*Y*r)			
常数 *C*	−1.209 577	0.973 618	−1.242 353	0.239 9
专利技术申请量	0.074 599*	0.040 925	1.822 842	0.095 6
资本投入	0.494 363***	0.041 162	12.010 10	0.000 0
劳动力投入	0.744 406***	0.105 913	7.028 497	0.000 0
被解释变量	运输存贮和通信业产出(*Y*t)			
常数 *C*	−8.111 292	1.435 918	−5.648 853	0.000 1
专利技术申请量	−0.022 480	0.060 357	−0.372 447	0.716 6
资本投入	0.230 253***	0.060 707	3.792 840	0.003 0
劳动力投入	1.491 098***	0.156 203	9.545 914	0.000 0

续表

被解释变量	其他产业产出(Yo)			
解释变量	相关系数	标准差	t-统计量	概率值
常数 C	1.684 915	1.343 291	1.254 318	0.235 7
专利技术申请量	0.052 638	0.056 463	0.932 251	0.371 2
资本投入	0.251 006***	0.056 791	4.419 795	0.001 0
劳动力投入	0.973 697***	0.146 127	6.663 384	0.000 0

注：同表 4.10。

④ 俄罗斯。

通过对俄罗斯六大产业的计量分析，发现：资本对农林牧副渔业、建筑业、制造业、零售批发和餐饮住宿业、运输存贮和通信业、其他产业均具有显著的影响；劳动对其他产业具有显著的影响；技术对各产业均没有显著影响。

表 4.13　俄罗斯技术、资本和劳动力要素对各产业产出的影响

被解释变量	农林牧副渔业产出(Ya)			
解释变量	相关系数	标准差	t-统计量	概率值
常数 C	−10.978 99	22.097 16	−0.496 851	0.629 1
专利技术申请量	0.087 021	0.248 445	0.350 262	0.732 8
资本投入	0.146 825**	0.056 335	2.606 286	0.024 4
劳动力投入	1.690 325	1.343 469	1.258 179	0.234 4
被解释变量	制造业产出(Ym)			
常数 C	−7.366 142	26.636 12	−0.276 547	0.787 3
专利技术申请量	0.370 861	0.299 479	1.238 355	0.241 4
资本投入	0.262 809***	0.067 907	3.870 165	0.002 6
劳动力投入	1.240 277	1.619 431	0.765 872	0.459 9

续表

被解释变量	建筑业产出(Yc)			
解释变量	相关系数	标准差	t-统计量	概率值
常数 C	−57.018 09	39.518 45	−1.442 822	0.176 9
专利技术申请量	0.118 766	0.444 319	0.267 299	0.794 2
资本投入	0.482 783***	0.100 749	4.791 947	0.000 6
劳动力投入	3.752 029	2.402 654	1.561 618	0.146 7
被解释变量	零售批发和餐饮住宿业产出(Yr)			
常数 C	−65.475 91	52.255 61	−1.252 993	0.236 2
专利技术申请量	−0.169 883	0.587 527	−0.289 149	0.777 8
资本投入	0.493 581***	0.133 221	3.704 973	0.003 5
劳动力投入	4.440 426	3.177 052	1.397 656	0.189 8
被解释变量	运输存贮和通信业产出(Yt)			
常数 C	−29.021 46	27.398 40	−1.059 239	0.312 2
专利技术申请量	0.174 459	0.308 049	0.566 337	0.582 5
资本投入	0.273 550***	0.069 850	3.916 256	0:002 4
劳动力投入	2.500 739	1.665 776	1.501 246	0.161 4
被解释变量	其他产业产出(Yo)			
常数 C	−44.708 28	30.691 27	−1.456 710	0.173 1
专利技术申请量	−0.242 262	0.345 072	−0.702 062	0.497 2
资本投入	0.217 735**	0.078 245	2.782 745	0.017 8
劳动力投入	3.732 822*	1.865 977	2.000 465	0.070 7

注:同表 4.10。

⑤ 南非。

通过对南非六大产业的计量分析,发现:资本对建筑业、零售批发和餐饮住宿业和其他产业具有显著的影响;劳动对制造业、零售批发和餐饮住宿业、其他产业具有显著的影响;技术对各产业均没有显著影响。

表 4.14　南非技术、资本和劳动力要素对各产业产出的影响

被解释变量	农林牧副渔业产出(Ya)			
解释变量	相关系数	标准差	t-统计量	概率值
常数 C	13.522 59	2.951 121	4.582 189	0.000 8
专利技术申请量	0.009 802	0.024 746	0.396 103	0.699 6
资本投入	0.128 743	0.109 226	1.178 682	0.263 4
劳动力投入	0.347 830	0.312 442	1.113 261	0.289 3
被解释变量	制造业产出(Ym)			
常数 C	10.655 68	1.874 563	5.684 355	0.000 1
专利技术申请量	0.020 935	0.015 719	1.331 847	0.209 8
资本投入	0.256 313***	0.069 381	3.694 305	0.003 5
劳动力投入	0.446 062**	0.198 464	2.247 566	0.046 1
被解释变量	建筑业产出(Yc)			
常数 C	0.586 275	4.765 493	0.123 025	0.904 3
专利技术申请量	0.009 197	0.039 960	0.230 167	0.822 2
资本投入	1.094 085***	0.176 379	6.203 045	0.000 1
劳动力投入	−0.272 760	0.504 534	−0.540 617	0.599 5
被解释变量	零售批发和餐饮住宿业产出(Yr)			
常数 C	3.023 205	1.603 122	1.885 824	0.086 0
专利技术申请量	0.016 826	0.013 443	1.251 709	0.236 6
资本投入	0.250 406***	0.059 334	4.220 271	0.001 4
劳动力投入	0.897 340***	0.169 726	5.286 985	0.000 3
被解释变量	运输存贮和通信业产出(Yt)			
常数 C	−29.021 46	27.398 40	−1.059 239	0.312 2
专利技术申请量	0.174 459	0.308 049	0.566 337	0.582 5
资本投入	0.273 550***	0.069 850	3.916 256	0.002 4
劳动力投入	2.500 739	1.665 776	1.501 246	0.161 4
被解释变量	其他产业产出(Yo)			
常数 C	7.224 915	2.134 478	3.384 863	0.006 1
专利技术申请量	−0.009 859	0.017 898	−0.550 861	0.592 7
资本投入	0.423 950***	0.079 001	5.366 420	0.000 2
劳动力投入	0.472 638*	0.225 982	2.091 485	0.060 5

注：同表 4.10。

5. 金砖国家高技术产业推动经济增长现状

利用本国高技术产业推动经济增长，一方面可以发挥资源和能源节约优势，降低经济增长的物质要素投入，另一方面则可以利用产业的高附加值特点，推动本国经济增长。金砖国家自20世纪末以来开始注重经济增长的科技投入，高新技术产业占本国制造业中的比重均在70％以上，对本国的经济增长的贡献率基本保持在15％以上，并呈现不断攀升趋势（见表4.15）。

表4.15　金砖国家高技术产业对本国经济增长的贡献率

年份	中国		印度		巴西		俄罗斯		南非	
	占制造业比重(％)	对经济增长的贡献	占制造业比重(％)	对经济增长的贡献	占制造业比重(％)	对经济增长的贡献	占制造业比重(％)	对经济增长的贡献	占制造业比重(％)	对经济增长的贡献
1997	72.1	0.24	75.6	0.04	71.8	0.11	77.2	0.13	76.5	0.16
1998	72.0	0.30	75.6	0.05	72.3	−14.40	75.2	0.24	76.1	−0.05
1999	73.1	0.32	76.2	0.08	73.2	−0.78	76.2	0.19	78.7	0.03
2000	74.4	0.31	74.2	0.19	76.4	0.18	77.4	0.15	79.6	0.28
2001	74.6	0.33	75.7	0.07	74.6	0.07	78.5	0.17	80.2	0.18
2002	75.1	0.33	77.6	0.16	74.8	0.10	83.6	0.18	80.1	0.12
2003	76.6	0.37	80.3	0.10	74.9	0.19	80.6	0.17	79.4	−0.08
2004	77.6	0.28	82.2	0.16	76.2	0.21	82.2	0.12	79.4	0.16
2005	77.3	0.30	81.8	0.15	75.5	0.06	83.1	0.13	78.8	0.17
2006	77.8	0.30	80.7	0.19	75.4	0.04	82.7	0.14	77.9	0.17
2007	78.2	0.30	83.5	0.15	76.1	0.13	83.8	0.24	77.9	0.14

注：根据联合国统计数据库数据计算得出。

4.2.3　美国、日本等发达国家技术创新、产业创新推动经济效率型增长现状

为了更好地说明金砖国家在技术创新、技术创新对产业发展的影响以及高技

术产业对本国经济增长的贡献等方面与技术发达国家的差距，本书对美国和日本技术创新推动产业发展和经济增长的情况进行深入研究，以期能为“金砖国家”技术创新促进产业发展和经济转型增长提供指引和经验借鉴。

1. 美国和日本技术创新现状

美国和日本是全球科技最为发达的国家之一。美国和日本在 1980—1995 年期间，全要素（技术）生产率年均增长分别为 1.17%和 0.8%，全要素（技术）生产率对经济增长率的贡献平均分别达到 19%和 27%（侯珺然，郭士信，2002）。2002—2006 年日本制造业全要素（技术）生产率仍然保持 0.6%年均增长速度（林秀梅、马明，2012）。由此可见，技术创新已经成为美国和日本等西方发达国家经济增长的重要途径。美国和日本在科技创新中取得的巨大成就不是一蹴而就的，而是得益于美国和日本对科技创新的长期重视。根据近十年的统计，美国 R&D 投入占本国 GDP 比重在 2.6%—2.8%之间，日本则在 2.8%—3.4%之间，其 R&D 部门每百万人中研究员人数也保持在 5 000 人左右。由于对科技创新的重视，美国和日本的科技产出也非常可观，居民专利技术申请量每年保持在 20 万至 30 万件之间（详细情况见表 4.16）。

表 4.16　美国和日本技术创新现状

年份	R&D 投入占本国 GDP 比重(%)		R&D 部门每百万人中研究员人数(人)		居民专利技术申请量(件)	
	美国	日本	美国	日本	美国	日本
1996	2.6	2.8	4 124.15	4 946.20	106 892	339 045
1997	2.6	2.9	4 254.30	4 999.90	119 214	349 211
1998	2.6	3	4 384.45	5 209.20	134 733	357 379
1999	2.6	3	4 514.60	5 249.00	149 251	357 531
2000	2.7	3	4 579.10	5 150.90	164 795	384 201
2001	2.7	3.1	4 623.80	5 187.10	177 513	382 815

续表

年份	R&D投入占本国GDP比重(%)		R&D部门每百万人中研究员人数(人)		居民专利技术申请量(件)	
	美国	日本	美国	日本	美国	日本
2002	2.6	3.2	4 653.70	4 942.80	184 245	365 204
2003	2.6	3.2	4 911.10	5 170.00	188 941	358 184
2004	2.5	3.2	4 708.30	5 176.20	189 536	368 416
2005	2.6	3.3	4 633.50	5 385.00	207 867	367 960
2006	2.6	3.4	4 721.30	5 415.60	221 784	347 060
2007	2.7	3.4	4 673.20	5 408.90	241 347	333 498
2008	2.8	3.4	4 681.6	5 189.30	231 588	330 110
2009	—	—	—	—	224 912	295 315
2010	—	—	—	—	241 977	290 081
平均值	2.6	3.2	4 574.1	5 186.9	185 640	348 401

注:“—”表示该年份数据缺失。
资料来源:世界银行WDI数据库。

2. 美国和日本产业发展现状

由于没有度量一国产业发展水平的直接指标,我们同样以高技术产品出口占本国制造业出口比重和高技术产品出口占本国全部出口额比重两个间接指标来衡量美国和日本的产业发展水平。1996—2010年期间,美国高技术产品出口占本国制造业出口比重和高技术产品出口占本国全部出口额比重平均分别为0.296和0.15,日本则分别为0.234和0.20(详细情况见表4.17),这充分说明美国和日本的产业升级力度非常大,产业发展已经达到相当高的水准。

表 4.17　美国和日本产业发展现状

年份	高技术产品出口占本国制造业出口比重(%)		高技术产品出口占本国全部出口额比重(%)	
	美国	日本	美国	日本
1996	0.308	0.261	0.16	0.22
1997	0.317	0.264	0.17	0.23
1998	0.332	0.262	0.18	0.23
1999	0.343	0.266	0.18	0.23
2000	0.338	0.287	0.18	0.25
2001	0.326	0.266	0.17	0.23
2002	0.318	0.248	0.16	0.21
2003	0.308	0.244	0.15	0.21
2004	0.303	0.241	0.15	0.21
2005	0.299	0.23	0.15	0.19
2006	0.301	0.221	0.15	0.18
2007	0.272	0.184	0.13	0.15
2008	0.259	0.173	0.12	0.14
2009	0.215	0.188	0.08	0.15
2010	0.199	0.18	0.08	0.15
平均值	0.295 9	0.234 3	0.15	0.20

资料来源：世界银行 WDI 数据库。

3. 美国和日本高技术产业发展现状

高技术产业发展是技术创新成果运用的直接结果。1996—2007 年美国高技术产业增加值占制造业增加值比重平均保持 83.4%，占 GDP 的比重平均保持在 12.8%，高技术产业增加值绝对额为 1 235 400 亿美元；日本的高技术产业增加值占制造业增加值比重平均保持在 85.9%，占 GDP 比重平均保持 17.8%，高技术产业增加值绝对额为 873 950 亿美元。以上数据表明，美国和日本高技术产业发展已占据国民经济发展的主导地位(详细情况见表 4.18)。

表 4.18　美国和日本高技术产业发展现状

年份	高技术产业增加值占制造业增加值比重(%)		高技术产业增加值占GDP 比重(%)		高技术产业增加值(2000 年不变价,十亿美元)	
	美国	日本	美国	日本	美国	日本
1996	83.6	85.7	14.8	19.2	93 826	85 160
1997	83.7	86	14.5	19.2	102 014	87 608
1998	83.6	85.3	14.1	18.5	110 202	82 325
1999	83.7	84.9	14.0	18.2	118 390	81 610
2000	83.6	85.6	13.3	18.3	122 732	86 575
2001	82.1	85.1	12.0	17.2	114 924	81 362
2002	82.8	84.8	11.9	16.7	120 209	79 739
2003	82.4	85.4	11.5	17.0	123 729	83 977
2004	83.1	86.1	11.9	17.3	135 569	89 514
2005	83.3	86.9	11.8	17.3	140 888	91 833
2006	84.2	87.3	11.7	17.4	146 230	96 602
2007	84.6	87.3	11.7	17.7	153 761	102 436
平均值	83.4	85.9	12.8	17.8	123 540	87 395

资料来源:世界银行 WDI 数据库。

4. 美国和日本技术创新推动产业发展现状

(1) 美国。

通过对美国六大产业的计量分析,发现资本对制造业、建筑业、零售批发和餐饮住宿业、运输存贮和通讯业、其他产业具有显著的影响;劳动对农林牧副渔业、制造业、运输存贮和通信业、其他产业具有显著的影响;技术对零售批发和餐饮住宿业、其他产业有显著影响。

表 4.19　技术、资本和劳动力要素对美国各产业产出的影响

被解释变量	农林牧副渔业产出(*Ya*)			
解释变量	相关系数	标准差	*t*-统计量	概率值
常数 *C*	−58.116 86	32.445 08	−1.791 238	0.100 8
专利技术申请量	−0.001 874	0.319 761	−0.005 860	0.995 4
资本投入	−0.107 675	0.153 863	−0.699 814	0.498 6
劳动力投入	4.600 829**	1.803 483	2.551 080	0.026 9
被解释变量	**制造业产出(*Ym*)**			
常数 *C*	−24.499 54	20.547 19	−1.192 355	0.258 2
专利技术申请量	−0.003 269	0.202 502	−0.016 141	0.987 4
资本投入	0.288 673**	0.097 440	2.962 574	0.012 9
劳动力投入	2.360 718*	1.142 131	2.066 943	0.063 1
被解释变量	**建筑业产出(*Yc*)**			
常数 *C*	58.122 05	30.363 45	1.914 211	0.082 0
专利技术申请量	0.089 187	0.299 246	0.298 039	0.771 2
资本投入	0.714 177***	0.143 991	4.959 868	0.000 4
劳动力投入	−2.778 539	1.687 775	−1.646 274	0.127 9
被解释变量	**零售批发和餐饮住宿业产出(*Yr*)**			
常数 *C*	22.993 54	9.706 973	2.368 765	0.037 2
专利技术申请量	0.465 338***	0.095 667	4.864 159	0.000 5
资本投入	0.289 785***	0.046 033	6.295 181	0.000 1
劳动力投入	−0.458 614	0.539 569	−0.849 964	0.413 5

续表

被解释变量	运输存贮和通信业产出(*Yt*)			
解释变量	相关系数	标准差	*t*-统计量	概率值
常数 *C*	−51.153 23	22.977 15	−2.226 265	0.047 8
专利技术申请量	−0.050 125	0.226 451	−0.221 351	0.828 9
资本投入	0.242 222**	0.108 963	2.222 963	0.048 1
劳动力投入	3.830 222**	1.277 202	2.998 917	0.012 1
被解释变量	其他产业产出(*Yo*)			
常数 *C*	2.147 249	5.329 761	0.402 879	0.694 8
专利技术申请量	0.236 916***	0.052 527	4.510 335	0.000 9
资本投入	−0.011 089	0.025 275	−0.438 714	0.669 4
劳动力投入	1.318 168***	0.296 259	4.449 382	0.001 0

注：同表4.10。

(2) 日本。

通过对日本六大产业的计量分析，发现资本对建筑业、零售批发和餐饮住宿业、具有显著的影响；劳动对农林牧副渔业、建筑业具有显著的影响，对运输存贮和通信业、其他产业具有显著的负影响；技术对农林牧副渔业、运输存贮和通信业具有显著影响，对制造业具有显著的负影响。

表4.20　技术、资本和劳动力要素对日本各产业产出的影响

被解释变量	农林牧副渔业产出(*Ya*)			
解释变量	相关系数	标准差	*t*-统计量	概率值
常数 *C*	−68.372 06	29.630 26	−2.307 508	0.041 5
专利技术申请量	0.409 646*	0.209 675	1.953 715	0.076 6
资本投入	−0.135 143	0.224 757	−0.601 283	0.559 8
劳动力投入	5.088 736*	1.794 765	2.835 322	0.016 2

续表

被解释变量	制造业产出(*Ym*)			
解释变量	相关系数	标准差	*t*-统计量	概率值
常数 *C*	96.553 71	40.031 33	2.411 953	0.034 5
专利技术申请量	−0.568 908*	0.283 277	−2.008 307	0.069 8
资本投入	0.420 865	0.303 653	1.386 004	0.193 2
劳动力投入	−4.076 739	2.424 779	−1.681 283	0.120 8
被解释变量	建筑业产出(*Yc*)			
常数 *C*	−106.088 9	38.129 40	−2.782 338	0.017 8
专利技术申请量	0.330 704	0.269 818	1.225 653	0.245 9
资本投入	0.675 576**	0.289 226	2.335 804	0.039 5
劳动力投入	6.075 782**	2.309 574	2.630 694	0.023 4
被解释变量	零售批发和餐饮住宿业产出(*Yr*)			
常数 *C*	4.340 560	8.217 074	0.528 237	0.607 8
专利技术申请量	0.080 759	0.058 147	1.388 872	0.192 3
资本投入	0.377 257***	0.062 330	6.052 597	0.000 1
劳动力投入	0.639 014	0.497 725	1.283 870	0.225 6
被解释变量	运输存贮和通信业产出(*Yt*)			
常数 *C*	91.567 96	18.881 54	4.849 603	0.000 5
专利技术申请量	0.363 277**	0.133 613	2.718 872	0.020 0
资本投入	−0.130 731	0.143 224	−0.912 773	0.380 9
劳动力投入	−3.661 985***	1.143 693	−3.201 895	0.008 4
被解释变量	其他产业产出(*Yo*)			
常数 *C*	99.793 38	22.670 99	4.401 810	0.001 1
专利技术申请量	−0.079 833	0.160 429	−0.497 620	0.628 5
资本投入	−0.203 128	0.171 968	−1.181 196	0.262 4
劳动力投入	−3.596 153**	1.373 227	−2.618 760	0.023 9

注：同表 4.10。

5. 美国和日本高技术产业推动经济增长现状

美国和日本高技术产业发展是两国经济增长的重要推动力。1996—2007 年间，除个别年份的负增长之外，美国和日本的高技术产业发展对经济增长的贡献平均分别达到 16.5%和 45.1%(详细情况见表 4.21)。因此，依靠技术创新、发展高技术产业已成为美国和日本推动经济增长的途径。

表 4.21　美国和日本高技术产业对经济增长的贡献

年份＼指标	占制造业比重(%)		对经济增长的贡献(%)	
	美国	日本	美国	日本
1996	83.6	85.7	0.13	0.27
1997	83.7	86	0.09	0.52
1998	83.6	85.3	0.17	−0.34
1999	83.7	84.9	0.11	0.48
2000	83.6	85.6	−0.36	−89.27
2001	82.1	85.1	0.22	−2.21
2002	82.8	84.8	0.17	0.73
2003	82.4	85.4	0.27	0.56
2004	83.1	86.1	0.15	0.30
2005	83.3	86.9	0.12	0.43
2006	84.2	87.3	0.26	0.50
2007	84.6	87.3	0.13	0.27

注:根据联合国统计数据库数据计算得出。

4.2.4　金砖国家与美国、日本等发达国家的比较及经验启示

1. 金砖国家与美国、日本等发达国家的比较

“金砖国家”与美国、日本等发达国家无论是在技术创新、技术创新推动产业

发展以及高技术产业拉动经济增长方面均存在不同程度的差距。

(1) 在技术创新方面。如果以本国居民申请专利数量衡量一国技术创新程度,则美国是中国的 2 倍,是印度的 45 倍,是巴西的 55 倍,是俄罗斯的 8 倍,是南非的 243 倍;日本是中国的 4 倍,是印度的 85 倍,是巴西的 103 倍,是俄罗斯的 15 倍,是南非的 456 倍。当然,"金砖国家"与美国、日本等发达国家的技术创新所存在的巨大差距,也可以归因于经费投入和人才培养两个方面。从经费投入上看,美国和日本等发达国家基本上是金砖国家的 2—3 倍;从人才培养上看,美国和日本等发达国家的力度也远远高于"金砖国家"。

(2) 产业的升级高级化程度方面。如果以高技术产品出口占本国制造业出口比重和高技术产品出口占本国全部出口比重两个指标来衡量一国产业升级高级化水平状况,美国这两个指标则分别是中国、印度、巴西、俄罗斯、南非的 1.3 倍、4.6 倍、2.4 倍、2.6 倍、4.8 倍和 0.8 倍、5 倍、3 倍、7.5 倍、7.5 倍;日本这两个指标分别是中国、印度、巴西、俄罗斯、南非的 1.01 倍、3.6 倍、1.9 倍、2.05 倍、3.8 倍和 1.1 倍、6.7 倍、4 倍、10 倍、10 倍。

(3) 高技术产业发展方面。如果以高技术产业增加值占制造业增加值比重和高技术产业增加值占 GDP 比重来衡量一国高技术产业发展,那么在 1996—2007 年间,美国和日本高技术产业增加值占制造业增加值平均比重为 84.7%,高于金砖国家整体 77.3%的平均水平;而高技术产业增加值占 GDP 的平均比重为 15.3%,与金砖国家整体 15.7%的平均水平大体相当。但从高技术产业增加值的绝对值比较,美国是中国的 3.4 倍、印度的 20.4 倍、巴西的 16.3 倍、南非的 64.1 倍,日本是中国的 2.4 倍、印度的 14.4 倍、巴西的 11.5 倍、南非的 45.4 倍。

(4) 技术创新推动产业发展方面。通过计量模型测算,技术创新正在显著影响美国和日本的各行各业,在美国的六大产业中,技术对零售批发和餐饮住宿业和其他产业具有显著影响。在日本的六大产业中,技术对农林牧副渔业、运输存贮和通信业具有显著影响,对制造业具有显著的负影响。但通过对金砖国家的六大产业进行计量分析发现,技术对中国、俄罗斯和南非三国的各行各业没有显著影响,而对印度的制造业、建筑业均有显著影响,在巴西,技术则对零售批发和餐饮住宿业有显著影响，但对建筑业具有显著的负影响。

（5）高技术产业发展对经济增长的作用贡献。通过测算，在1996—2007年间，除个别年份的负增长之外，美国和日本的高技术产业发展对经济增长的贡献平均分别为16.5%和45.1%，两国平均贡献率为30.8%。而在此期间，中国高技术产业对经济增长的贡献为30%，印度为15%，巴西为13%，俄罗斯为24%，南非国14%，金砖国家平均为19.2%。由此可见，在美国和日本等技术发达国家，技术对经济增长的贡献程度远远高于“金砖国家”的整体水平。

2. 美国和日本等技术发达国家发展经济的经验启示

首先，技术创新通过产业升级和产业创新推动经济转型增长是可行之路。从技术创新对国民经济各产业发展的影响以及高技术产业对各国经济增长的贡献来看，美国和日本等发达国家通过技术创新途径推动经济增长的力度远远将金砖国家抛在身后。美国、日本等发达国家实施技术创新推动经济增长的事实证明，依靠技术创新带动产业升级和产业创新来实现金砖国家的经济转型增长是可行的。

其次，切实通过有效途径实现技术追赶是金砖国家的当务之急。以技术创新推动经济增长是美国、日本等发达国家的普遍成功经验，但由于金砖国家的技术起点、资源禀赋差异以及国家科技创新战略意识偏差，导致了金砖国家难以发挥技术优势推动经济增长，普遍形成了目前高投入、高消耗的粗放型经济增长模式。当前，金砖国家的经济发展普遍进入工业化中后期阶段，人们的生活水平得到极大提高，发展出一系列长远需要，包括保护生存生态环境、保证子孙后代发展等，在此背景下，金砖国家经济增长的资源环境约束条件大大强化，以技术创新驱动经济转型增长、实现对发达国家的技术赶超迫在眉睫。首先，应加大科技投入和人才培养力度。只有注重科技投入和人才培养，才能保证科技源源不断地创新，为产业发展和经济增长提供强大助力。其次，加快技术成果的转化应用。技术创新成果只有被成功转化应用，才能切实转化为生产力，推进产业发展和经济增长。

4.2.5　金砖国家技术创新战略的实施对策

(1) 强化国家技术创新长期战略意识的培育。

现代国家经济的竞争也就是技术的竞争。美国、日本等发达国家之所以能够在现代经济中以科技取胜,关键在于这些国家确立了长期的技术创新战略意识。美国 1787 年在宪法中就正式确定度量衡标准和采用知识产权制度,随后颁布的《美国专利法》和成立的联邦专利局,为 19 世纪 80 年代以前美国的技术创新奠定了相应的法律和制度基础。此后,美国科技政策一直鼓励教育和研究事业,支持、保护和鼓励民间机构对科技创新的自由探索——1862 年的《土地赠与法案》、1870 年的《知识产权法》、1890 年和 1914 年的《反托拉斯法案》都体现了这一思想。20 世纪 70 年代后,美国科技政策呈现出了向二战前开放政策的"回归"。1972 年尼克松政府制定了《科技评估法》,确立了科技政策的地位,并开始认真对待技术创新在国家经济增长中的作用。80 年代,里根政府开始对创新的全过程给予重视,国会通过了一系列法律,明确鼓励私人部门的研究开发活动,实施了对企业研发活动的税收优惠,并通过"乌拉圭合约"加强世界知识产权保护力度。90 年代,美国政府注重国家创新系统及创新网络的构建,《美国技术报告》(1990)、《再投资法》(1992)、《加强小企业研究与发展法》(1992)、《国家合作研究与生产法》(1993)、《科学与国家利益》(1994)、《技术与国家政策》(1996)等从政策上加强政府对科技活动的引导和参与,鼓励产业界增加研发投资,强调系统短期效益目标。进入 21 世纪,美国的科技政策与战略又一次进行了重大调整。2005 年,美国科学院发布了题为《站在风暴之上:为了辉煌的经济未来而激活调动美国》的国会咨询报告。美国白宫科技政策办公室于 2006 年发布了《美国竞争力计划——在创新中领导世界》的计划报告。这些报告和法案再次显现了美国将基础科学发展和技术创新作为长期战略目标。日本二战以后,科技事业处于停顿和落后的状态,为缩短与欧美国家在科技和经济上的差距,日本政府选择"技术引进"的科技发展战略,大规模引进国外先进技术,以推动经济快速发展。从 20 世纪 50 年代至 70 年代，日本引进国外技术达2.9万多项，并通过改进、补充和发展，将其变为“日本化”新技术。进入20世纪80年代，日本科技战略由“技术模仿”逐步向“技术创造”转移。1980年，日本政府提出“科学技术立国”的发展战略，并制定了“下一代产业基础技术研究开发制度”、“创造科学技术推进制度”等重要研究计划，采取各种政策措施推动“产学研官”合作与交流。1995年日本国会通过了《科学技术基本法》，这标志着日本科技政策进入重视基础研究和挑战创新的新阶段。美国和日本的经验说明，一国政府只有长期贯彻以科技助推经济发展的战略，才能真正助推经济发展，带来质的飞跃。因此，在当前条件和环境下，金砖国家更需强化国家技术创新的长期战略意识，大力培育政府、企业和个人的科技创新意识，树立“技术立国、技术强企、技术利民”的统一理念，形成全民科技创新的良好氛围。

(2) 夯实技术创新的保障基础。

技术创新是一项具有高风险性的创新活动，一国仅有技术创新的战略意识是远远不够的，还必须从以下三个方面夯牢基础。一是研发经费投入必须得到有效保障。为使技术研发经费得到充分保障，一方面要求政府加大科技活动的财政预算，尤其是服务于民生公共领域或关系国家战略安全的核心技术研发领域，由政府全额投资，自主研发。另一方面，应充分调动企业和个人的自主研发主体的积极性，尤其是企业主体的技术研发积极性，以政策和资金引导，加大企业资金的科技投入，充分保障技术研发的资金支持。二是技术创新的人才必须得到充分保障。技术创新是高级专业技术人才开展的一项复杂智力活动。在这项活动中，高级专业人才是第一位的，离开了人才的支持，技术创新活动就无从谈起。当前，“金砖国家”与西方发达国家的科技创新人才培养还存在巨大的差距，普通劳动者的技能素质更是存在明显区别，这将直接影响到国家的产品创新和过程创新。为此，“金砖国家”一方面必须重视本国教育，优化本国的教育体系和架构创新性人才培养模式。另一方面，应加快完善科技人才的在职培训体系。三是技术创新的政策支持必须得到充分保障。技术创新是一项对社会具有正的外部性效应的活动，但对于微观主体而言，技术创新的成本可能大于收益。因此，刺激和鼓励微观主体科技创新活动的积极性，需要“金砖国家”科技政策的有效引导。这些科技政策包括利用财税政策，对企业技术创新和研究开发给予税收优惠和财政贴息支持；利用直接投资和金融政策，增加对新兴产业和企业的投资；利用政府公共服务政策，为企业提供科技信息服务等。

(3) 适时调整技术创新战略重点。

技术创新战略是一国根据本国国情和经济所处发展阶段，为获取技术核心竞争力和竞争优势所确定的系列约定和行动。技术创新战略并非越超前越好，关键在于要适应本国国情和经济所处发展阶段。二战后的日本百废待兴，日本政府适时采取“技术引进”战略，并结合本国工业发展特点，对引进技术加以吸收、消化和改造，形成独具特色的“日本化”新技术，短短20年便实现了经济的赶超。80年代以后，日本开始采取“自主创新”战略，持续推动经济发展，经济总量始终稳居世界第二。韩国在50年代以前是一个贫穷落后的农业国，但经过50年的科技创新发展，已成为新兴工业化国家的典型代表，2006年韩国在半导体、手机、液晶显示技术、造船业竞争力名列世界第一，技术竞争力居世界第六，科学竞争力居世界第七。韩国创造令世人惊奇的“汉江奇迹”也与它在不同时段所采取的合适技术创新战略密不可分，1960—1980年期间，韩国采取了先进技术学习与模仿战略，1980—1990年期间，韩国采取了引进与消化吸收再创新战略，1990—2000年期间，韩国采取自主研发与消化吸收并举战略，2000年以后，韩国转向了自主创新战略。世界技术后发赶超国家的成功经验证明，在本国不同的发展阶段，采取合适的技术创新战略对一国技术的后发赶超至关重要。一国在加强前沿先进技术突破的同时，更要注重适用性技术的攻关、应用和扩散。当前，金砖国家技术发展整体还处于追赶技术先进国家的阶段，但金砖国家内部技术发展也不平衡，根据2013年中国社会科学院的《世界创新竞争力发展报告》显示，2010年在世界创新竞争力排名中，中国排名第14位，俄罗斯排名第28位，其后依次为巴西、南非和印度。由此可见，金砖国家整体的创新竞争力处于中等水平。金砖国家有必要根据本国自身的实际情况，制定相应的技术创新战略。技术的复杂性和先进性并不能决定生产的有效性，在未来相当长的时期内，采取适用性的、多技术路径的、持续改进型的技术创新和发展战略模式对于“金砖国家”的生产制造能力提升更有意义(黄群慧、贺俊,2013)。金砖国家通过"技术改进"战略,一方面可以节约技术开发成本和技术赶超时间,另一方面可以迅速在本国广大企业,特别是中小企业推广和应用,迅速形成本国企业竞争力和产业竞争力。

(4) 加快技术创新与产业发展的深度融合。

技术转化为有效生产力必须加快与产业的深度融合,否则,技术创新就仅仅是纸上谈兵。技术发达国家普遍重视技术创新成果的产业转化和应用工作。德国早在19世纪70年代就开始注重科研与生产的密切结合,如1896年伦琴刚刚阐明了他实验的结果,第二年德雷斯顿医院就安装了世界上第一台X光机。美国自20世纪80年代开始,陆续颁布了一系列促进技术成果转化的法案,如《拜杜法案》、《贝赫—多尔大学和小企业专利法》、《小企业创新开发法》、《联邦政府技术转让法》、《国家竞争力技术转让法》、《军转民、再投资和过渡援助法案》、《国家合作研究法》、《联邦技术转移法》、《小企业技术转移法》、《国家技术转让与促进法》,《联邦技术转让商业化法》、《技术转让商业化法》等,为美国科技成果转化提供了重要的法律保障。此外,美国政府还设立了如国家技术转让中心、区域技术转让中心、大学技术转让办公室等专门的服务机构和科技成果转化机构,并通过建立科技园区、专利转让科技成果、开展国际科技合作等方式,扩大科技成果转化的途径。韩国2006年正式颁布实施了《国家研究开发事业成果评价及成果管理法》,从法律上明确了政府及研发主体在成果管理中的具体责任,加快了科技成果的转移转化和产业化工作。金砖国家在加快技术创新与产业发展的深度融合过程中,一是要注意将技术创新与技术转化、推广、示范和应用紧密结合。在攻克前沿先进技术的同时,注重克服影响技术转化为生产效率的各类制度和管理不利因素,加强技术创新与成果转化环节中各级政府、企业、研究机构、大学、社会组织、消费者、工程师、研发人员等各利益相关者的协调与协作,实现技术服务经济发展的各环节无缝对接。二是要注意将适用性先进技术与传统产业融合发展。适用性先进技术是契合现有传统产业生产设备、设施和管理的一种本土化技术改进,一方面,开发适用性先进技术能继续发挥传统产业现有设备的生产能力,节约大量生产设备资本投入,另一方面,可以为传统产业的持续技术升级进一步奠定基础。

通过适用性先进技术与传统产业的融合发展，可以改变传统产业的生命周期，使夕阳传统产业成为下一轮经济增长的朝阳产业。三是要注意将前沿性先进技术与战略性新兴产业融合发展。前沿性先进技术特别是先进制造技术离不开战略性新兴产业的支撑，而战略性新产业的发展又离不开前沿先进技术的推动。前沿性先进技术与战略性新兴产业融合发展，一方面发展了本国的前沿先进技术，另一方面推进了国家战略性新兴产业的发展，二者互推互利，有利于本国经济效率型增长。

4.3　内需引导、结构调整与经济平稳型增长

需求是拉动经济增长的最终力量。任何产出只有被有效转化为现实需求，其产品价值才能最终实现，经济才能得以增长。按照支出法分类，可以将 GDP 分为消费、投资和净出口需求，其中，消费需求和投资需求被称为内需，净出口需求被称为外需。就国内外学者对“金砖国家”的需求与经济增长的研究而言，其大多围绕需求、结构调整和经济发展之间其中二者的关系进行研究，较少有学者研究需求、结构调整和经济发展三者之间的关联。金砖国家人口众多，国内消费需求巨大，这是其经济发展的潜在优势。本节将重点阐述大国内需如何引导和促进产业结构和市场结构调整，从而促进本国经济增长与转型的机理，并在实证分析“金砖国家”产业结构和市场结构对经济增长的影响的基础上，提出通过发挥国内需求优势来达到本国经济增长与转型的目的。

4.3.1　内需引导、结构调整与经济平稳型增长的机理

进入 21 世纪，金砖国家均在谋求转型增长，但如何结合自身的禀赋和优势，寻求本国经济平稳增长的路径却是“金砖国家”需要深入思考的问题。金砖国家

具有的人口和国内市场优势，使得超大规模国家依靠国内资源和国内市场可以形成一种内生的发展能力，从而较好地推动经济自主协调发展（欧阳峣，2013）。

(1) 内需引导产业结构平稳变迁，增强经济增长的稳健性基础。

保持一国经济长期平稳增长的前提条件是一国必须拥有健全的产业体系和合理的产业结构。健全的产业体系和合理的产业结构犹如高速战机所必需的性能优良的发动机，可以为经济的平稳增长提供一个可靠的核心保障。但保障一国经济健康发展的产业结构具有时效性，即在经济增长的不同时期，前期有利于经济增长的产业结构和产业体系可能在后期反而阻碍经济的发展，这就要求产业体系和产业结构必须根据客观环境的变化而及时调整。但影响产业结构的变迁的核心因素是什么呢？傅家荣（1998）认为消费需求结构是产业结构演进的根本动因，产业结构调整必须契合本国需求因素的变动，尤其是国内消费需求的变化。一些国家特别是小国，在经济全球化背景下，积极参与国际分工，以“出口导向”为经济增长的战略重点，依托外需构建了本国外向经济型产业体系并组织生产，在外部经济繁荣期，能取得本国经济连续增长，但一遇到全球经济危机或金融危机，由于本国产业体系缺乏层次性、梯度性，则无法快速有效对接国内市场需求，经济增长就会处于崩溃边缘，如2007年金融危机后的冰岛、希腊等国家。金砖国家人口众多，市场需求旺盛，完全可以依赖内需构建独立完备的产业体系，并结合工业化进程合理、逐步、有效地引导完成本国产业结构的升级和变迁，为本国经济平稳增长奠定坚实的产业基础。

(2) 内需引导市场需求结构内向调整，增强经济增长的独立自主性。

发展经济需要依托国内和国际两个市场，尤其是在经济全球化和一体化背景下，放弃国际市场就意味着失去重要生产资源、先进技术、外汇资金和外部竞争压力。但发展经济如果完全借助外部市场也不可取，当外部环境发生重大改变时，外部需求一旦萎靡，产品外销受阻，大批生产企业就会破产倒闭，以致对本国的经济平稳增长造成大的波动。因此，在现代市场经济条件下发展本国经济需要借助内部市场和外部市场的力量，科学处理两个市场的关系。大国可以凭借人口优势，充分挖掘国内需求市场潜力，将经济增长的需求动力转移到国内市场，同时，在科学确定本国经济外向度水平的基础上，通过合理调整贸易结构，加强对外投资，来减少外部市场对本国经济平稳增长的干扰。金砖国家是人口大国，完全可以通过国内消费引导本国经济增长的市场重心内向调整，从而减少外部市场的波动对本国经济增长造成的负面冲击。

总之，基于人口规模的潜在庞大的消费内需是推动金砖国家未来经济增长和转型的又一重要资源和优势，通过合理引导内需，建立健全本国产业体系、适时梯度推进产业结构升级，调整经济增长的需求动力重心，可以确保本国经济平稳增长（其三者之间的机理关系见图 4.2）。

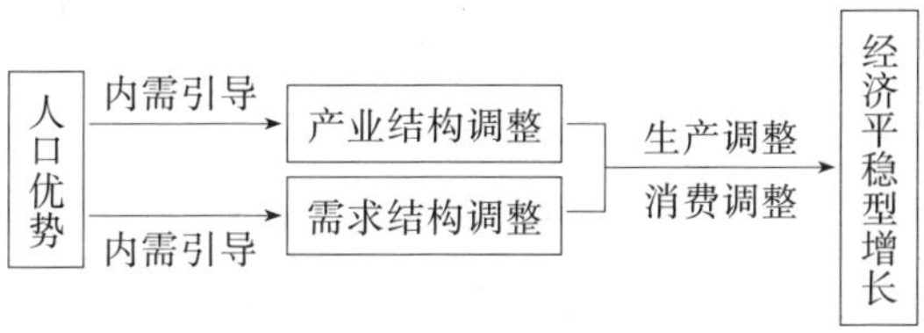

图 4.2　内需引导、结构调整与经济平稳型增长的机理关系

4.3.2　金砖国家市场需求结构调整与经济平稳型增长

1. 引言

保持经济平稳增长是各国宏观经济管理的重要任务之一。2007 年金融危机以来，全球经济陷入低潮，金砖国家外部市场需求萎靡不振，大批外贸型企业纷纷倒闭，出口急剧下滑，给本国经济平稳增长带来严峻挑战。为应对挑战，金砖国家纷纷提出了经济需求结构的转型战略，中国明确提出：推进经济结构战略性调整，要牢牢把握扩大内需这一战略基点，加快建立扩大消费需求的长效机制，释放居民消费潜力，保持投资合理增长，扩大国内市场规模。印度 2008—2009 年先后三次推出刺激经济增长方案，其中两次方案专门提出扩大国内消费和投资，以保持经济平稳增长。俄罗斯出台的《2009 年俄政府反危机措施纲要》明确指出，使内需成为危机后恢复及继续发展的基础是政府需要实施的七项迫切任务之一。可见，扩消费、增内需已成为金砖国家后危机时代抑制经济波动、促进经济平稳增长的重要战略共识。在实践中，金砖国家纷纷采取一揽子经济刺激计划，通过加大政府基础设施投资、实施产业振兴计划、减免中小企业税收等措施加大投资需求力度，通过增加就业、进行工资改革、降低个人所得税等措施增加居民的消费需求能力，通过实行出口退税、进行关税改革、转变出口产品结构等措施提升国内企业的出口能力，"三管其下"，短期内取得了较好的效果，使"金砖国家"的经济迅速规避了下行波动的风险。由此提出的问题是，此轮由经济下行波动导致的内外需调控政策会成为下轮经济上行波动的诱因吗？政府的内外需调控政策发力到何种程度较为合适？长期内，政府的内外需求调控以何种标准为参照来保持经济的平稳增长？回答以上问题是本书研究的根本动机。

20世纪80年代以来，国内外学术界从需求的角度对"金砖国家"经济增长的平稳性问题给予了广泛关注，对引起经济增长波动的需求因素进行了深入系统的研究，得出了一些有价值的结论。Chitre(1982)认为印度经济增长具有周期性，经济周期性是由就业和收入、农业和制造业产出、固定资产投资等波动促成的。刘树成(1987)、刘金全(2003)、李朝鲜和白先华(2007)、金浩等(2005)等通过HP滤波数据处理对中国投资周期与经济增长周期进行同步考察，运用线性回归模型、相关性分析和Granger因果关系检验等方法，测算投资增长率与经济增长率之间的影响系数、相关性和Granger因果关系，认为投资需求波动是中国经济波动的主要原因。Lazarev和Gregory(2007)对俄罗斯1990—2002年的GDP按最终使用进行分解，并与世界高收入国家、中高收入国家、高收入国家群体中较低收入国家对比分析，认为持续走低的投资需求是俄罗斯经济下行波动的主要原因。许永兵(2001)、张文军(2004)、王延军(2007)、龚海林和梅国平(2012)等建立经济波动的动态方程，利用线性回归技术研究消费需求对经济波动的影响，认为消费需求对经济增长的影响最大，消费波动会显著导致经济波动。Ghosh和Chandrasekhar(2009)认为印度的经济增长大量依靠服务业出口和外部资本流入来支撑本国的投资和消费，当外部环境变化时，出口对印度经济的影响较大。李天锋(2011)通过 VAR 模型及脉冲响应函数研究了中国进出口贸易波动与经济波动的关系，发现进出口贸易波动冲击会带来宏观经济波动的加剧。Agénor、McDermott 和 Prasad（2000）通过对印度等 12 国的国内产出、消费价格指数、私人部门信贷和对外贸易数据进行 BP 滤波处理，考察其相关关系，发现国内产出与同期消费价格指数、对外贸易分别具有较高和较低的负相关关系，与私人部门信贷具有较高的正相关关系，消费和投资对经济波动具有较大的影响，但方向相反。Ellery Jr.、Gomes 和 Sachsida（2002）对巴西 1947—1998 年间的 GNP、居民消费、政府消费、固定资产投资、出口和进口时间序列进行 HP 滤波趋势处理后作了周期对比，同时对当期 GNP 分别与上期、当期和下期的居民消费、政府消费、固定资产投资、出口、进口进行相关性分析，发现巴西的上期、当期和下期的居民消费、政府消费、固定资产投资、出口、进口与 GNP 均具有正相关性，且投资和出口的波动性均为 GNP 波动的 2—3 倍。王宪勇（2009）使用 HP 滤波分解出中国 GDP、消费、投资和净出口时间序列的周期成分后，通过计算各序列的方差并进行比较，发现消费波动是 GDP 波动的 50%，投资波动是 GDP 波动的 7 倍，净出口波动是 GDP 波动的 5 倍，投资需求和净出口需求的波动是引致经济波动的主要原因。郑超愚和赵旸（2010）通过建立反映需求冲击对国民收入和国际贸易协同波动的模型，认为造成中国经济波动的需求驱动因素是分阶段的，1981—1996 年间是内需驱动型的，1997—2009 年间是外需驱动型的。总之，国内外学者从需求视角对金砖国家经济非平稳性增长的研究呈现出以下特点：一是对造成金砖国家经济波动的需求原因持有不同的看法，有些认为经济波动主要由投资需求波动或消费需求波动或出口外需波动影响，有些认为由投资需求和消费需求综合波动影响，有些认为由投资需求和出口外需综合波动影响，有的则认为由内需和外需分阶段转换波动影响，不一而足。二是研究需求波动与经济波动大多采用线性回归模型（OLS、ARMA、QR 等）、相关性分析、Granger 因果关系检验、HP 滤波趋势处理等方法。毫无疑问，这些理论和实证研究成果在一定程度上对“金砖国家”为保持经济平稳增长而进行的需求管理具有指导意义，但其实践指导意义有限。其一，上述研究成果只关注单一需求因素对经济波动的单一影响，忽视了需求之间的内部相互作用与关联以及对经济波动的综合影响。其二，上述研究成果只关注了需求波动与经济波动的数量关系，却忽视了需求波动与经济波动在长期增长路径上变化的方向，无法解决实践中需求结构调整的方向问题。事实上，投资需求是中间需求，消费需求和净出口需求代表最终需求，二者紧密结合，与经济增长发生相互作用的关系。当最终需求扩张以致完全能吸纳中间需求所引致的最大潜在产出时，实际产出将按潜在产出增长，经济将保持稳定性增长；当最终需求的吸收能力超出或低于中间需求所引致的最大潜在产出时，实际产出将偏离潜在产出，导致经济波动。在实践中，由于受现实条件约束，实际经济增长难以达到理论的经济稳定增长状态（即潜在增长），中间需求与最终需求之间的比例总是偏离经济稳定增长所决定的最优比例。当对影响经济波动的需求因素进行具体调控时，只能结合经济波动与需求结构在长期增长路径上的变化特征，对中间需求与最终需求的结构进行有效调整，以使经济波动达到最小。

为弥补现有研究的不足，拟对金砖国家经济波动与最终中间需求结构波动的历史数据进行相关分析，揭示经济波动与最终中间需求结构波动的变化趋势及方向，然后运用ADF单位根检验、协整检验等计量经济学方法，考察最终中间需求结构波动与金砖国家宏观经济波动的数量关系，并根据研究结果对金砖国家的最终中间需求结构调整提出合理建议。余下部分的安排如下：首先介绍经济波动和最终中间需求结构波动的衡量指标，并考察经济波动与最终中间需求结构波动的关系；然后利用ADF单位根检验、协整检验等计量经济学方法，考察经济波动与最终中间需求结构波动是否具有长期关系，并对最终中间需求结构波动与经济波动的关系进行回归分析；接下来主要介绍实证结果；最后是结论及建议。

2. 金砖国家经济波动与最终中间需求结构波动的考察

(1) 经济波动的测度。

经济波动常被用来反映实际经济增长的平稳程度。现有研究文献中常用实际经济增长率 Y 对潜在经济增长率 Y^* 的偏离程度即两者之差 $\overline{Y}$ 来刻画经济波动。当 $\overline{Y}=Y-Y^*>0$ 时，表示实际经济增长率大于潜在经济增长率，经济上行波动；当 $\overline{Y}=Y-Y^*<0$ 时，表示实际经济增长率小于潜在经济增长率，经济下行

波动；当 $\overline{Y}=Y-Y^{*}=0$ 时，表示实际经济增长率等于潜在经济增长率，经济处于平稳增长状态。这种方法能较为准确地度量现实的经济波动，但唯一的缺陷在于潜在经济增长率是一种经济理论研究中的描述值，现实中难以估算。西方的经济学家通常对潜在经济增长率的估算采取两种方式：一是从纯统计技术角度出发，分解实际经济增长率的趋势成分以作为潜在经济增长率的替代值；二是从经济理论出发，构造出契合现实的经济结构关系，通过实际可以观测到的数据估计出潜在经济增长率的值。由于“金砖国家”的经济结构存大较大差异，本书拟采用第一种方式来估算潜在经济增长率。Hodrick 和 Prescott（1980）提出 HP 滤波器能够较好地处理时间序列数据的趋势成分和周期成分，已被国内外学者广泛地应用到实际经济产出或增长率成分的分解上。借鉴国内外学者的做法，对金砖国家 1978—2011 年（其中，俄罗斯为 1991—2011 年）的实际经济增长率进行 BP 滤波数据处理，得出趋势成分数据作为潜在经济增长率的替代值，并根据公式 $\overline{Y}=|Y-Y^{*}|$ 测算出每年的经济增长率波动值。

（2）最终中间需求结构波动的测度。

按照 1993 年联合国 SNA 规定的 GDP 产出支出法核算公式，一国 GDP＝住户最终消费支出＋政府最终消费支出＋非营利性机构最终消费支出＋固定资本形成总额＋存货＋贵重物品净值＋货物和服务出口值－货物和服务进口值。一国最终需求由国内最终消费需求（住户最终消费支出＋政府最终消费支出＋非营利性机构最终消费支出）加上外部需求（货物和服务出口值－货物和服务进口值）构成，一国中间需求由固定资本形成总额、存货和贵重物品净值构成。最终中间需求结构即指一国在某一时点的最终需求与中间需求之比。按照分子、分母的构成不同，最终中间需求结构又可细分为国内最终消费需求与资本形成总额（固定资本形成总额＋存货）结构、国内居民最终消费需求与固定资本形成总额结构，及最终需求（国内最终消费需求＋外部需求）与资本形成总额结构。由于这三个结构比例反映了一国最终需求与中间需求之比所要反映的基本内涵，本书重点考察最终中间需求结构的这三个结构比例的变化对经济波动的影响。

对于最终中间需求结构波动的测度，刘迎秋（1991）指出可以借鉴联合国欧洲

经济委员会秘书处提出的一种测度产业结构变动的方法，即可以用"结构变化指数"测度法来测度最终中间需求结构的波动。设 Q_i 为最终中间需求结构的比值，a、b 分别代表上年期和当年期，q_d 代表最终中间需求结构的比值的当年变动值，那么 $q_d = |Q_{ib} - Q_{ia}|$ 则反映了最终中间需求结构年度内的变动程度。当 $Q_{ib} - Q_{ia} > 0$ 时，表示最终中间需求结构上行变动，当 $Q_{ib} - Q_{ia} < 0$ 时，表示最终中间需求结构下行变动。

(3) 经济波动与最终中间需求结构波动的变化趋势的统计分析。

根据上文所述方法，分别对中国、巴西、印度、南非 1978—2011 年和俄罗斯 1990—2011 年的经济增长率波动值(bdgdp)和国内最终消费需求与资本形成总额结构(ci)、国内居民最终消费需求与固定资本形成总额结构(jcgi)、最终需求与资本形成总额结构(cnei)等最终中间需求结构的三个结构比例的变动值进行测算，分别得到中国、巴西、印度、南非和俄罗斯的 bdgdp、ci、jcgi、cnei 序列的原始值(即含有正负符号的数值，代表了各序列值的变化方向)，描绘成趋势图，并计算序列之间的相关性。

① 中国经济波动与最终中间需求结构波动的变化趋势分析。

根据图 4.3，中国在 1978—2011 年期间，经济增长率波动值(bdgdp)的波动大致经历了 7 个周期，1978—1980 年为第一个周期，1980—1984 年为第二个周期，1984—1987 年为第三个周期，1987—1992 年为第四个周期，1992—2003 年为第五个周期，2003—2007 年为第六个周期，2007—2011 年为第七个周期。国内最终消费需求与资本形成总额结构(ci)的波动更为频繁，经历了 10 个周期波动，而国内居民最终消费需求与固定资本形成总额结构(jcgi)和最终需求与资本形成总额结构(cnei)的波动与 ci 的波动具有类似的波动周期。bdgdp 的波动与 ci、jcgi、cnei 的波动则具有逆向变化趋势。从表 4.22 的相关分析中也可以看出，bdgdp 的波动与 ci、jcgi、cnei 的波动为负相关关系，负相关系数分别达到－0.54、－0.49、－0.52，但 ci 的波动与 jcgi、cnei 的波动之间为正相关关系，正相关系数分别达到 0.79、0.91，jcgi 的波动与 cnei 的波动之间的正相关系数为 0.75。这也印证了图 4.3中 bdgdp 的波动与 ci、jcgi、cnei 的波动呈逆周期变化，ci、jcgi、cnei 的波动呈一致性趋势变化。

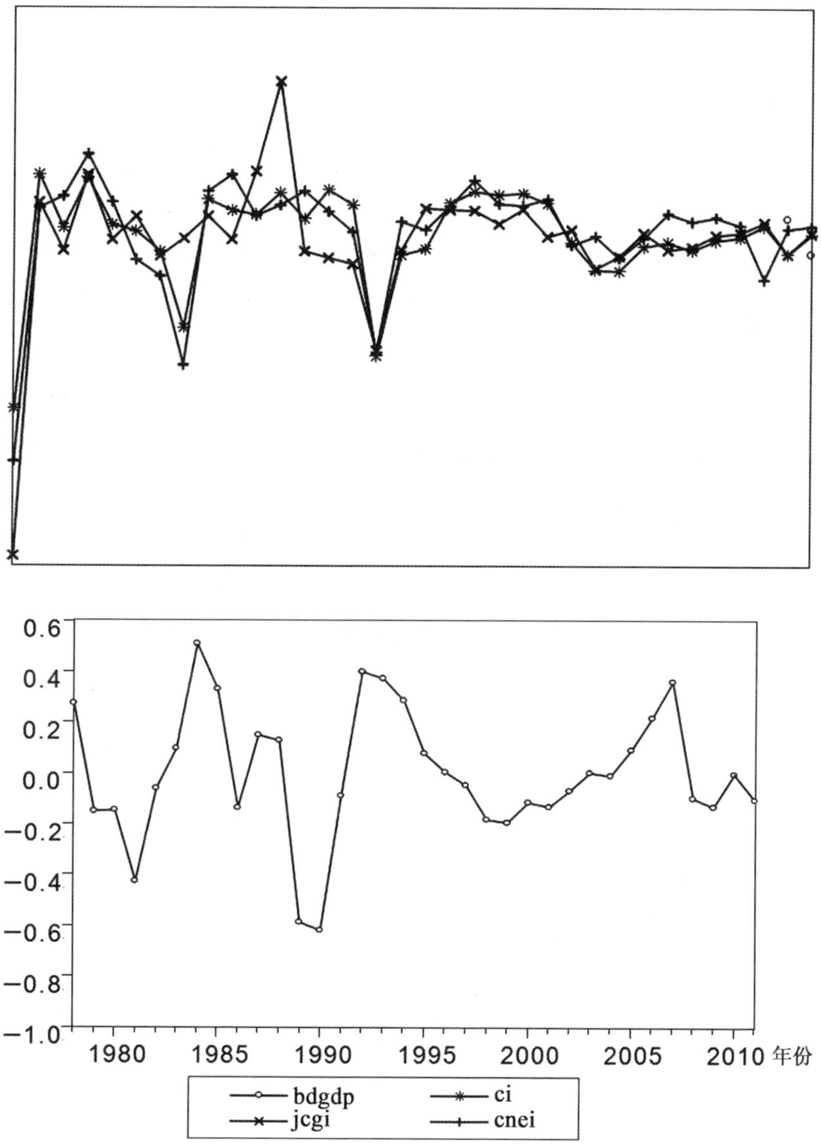

图 4.3　中国经济波动与最终中间需求结构波动的变化趋势

表 4.22　中国经济波动与最终中间需求结构波动的变化趋势

	bdgdp	ci	jcgi	cnei
bdgdp	1	－0.54	－0.49	－0.52
ci	－0.54	1	0.79	0.91
jcgi	－0.49	0.79	1	0.75
cnei	－0.52	0.91	0.75	1

② 巴西经济波动与最终中间需求结构波动的变化趋势分析。

根据图 4.4，巴西在 1978—2011 年期间，经济增长率波动值(bdgdp)的波动较为频繁，大致经历了 13 个周期，国内最终消费需求与资本形成总额结构(ci)的波动也比较频繁，大体经历了 11 个周期波动，国内居民最终消费需求与固定资本形成总额结构(jcgi)和最终需求与资本形成总额结构(cnei)的波动与 ci 的波动具有类似的波动周期。bdgdp 的波动与 ci、jcgi、cnei 的波动具有逆向变化趋势。从表 4.23 的相关分析中可看出，bdgdp 的波动与 ci、jcgi、cnei 的波动为负相关关系，负相关系数分别达到－0.64、－0.74、－0.66，但 ci 的波动与 jcgi、cnei 的波动之间为正相关关系，正相关系数分别达到 0.80、0.99，jcgi 的波动与 cnei 的波动之间的正

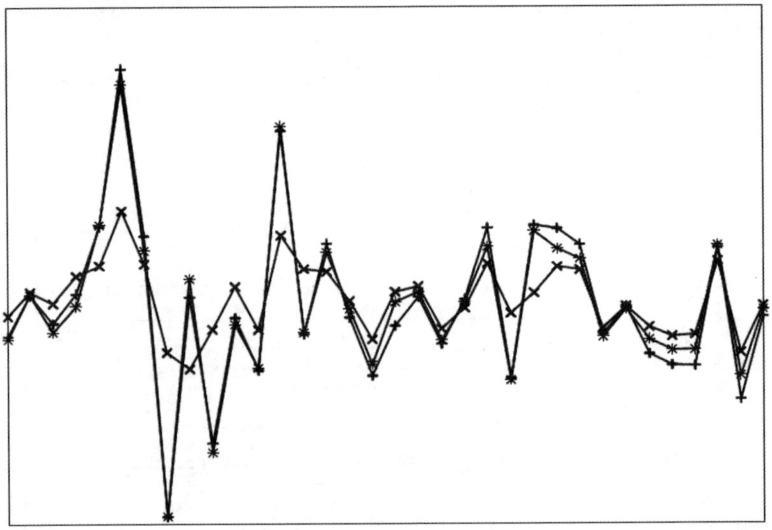

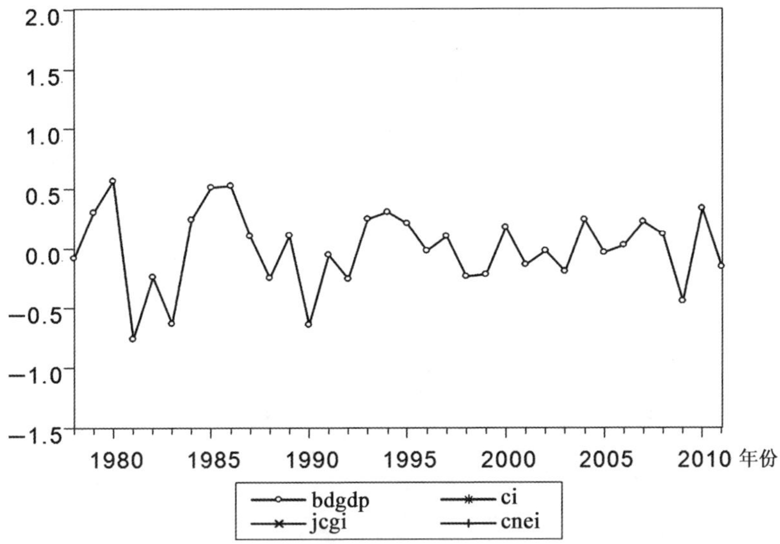

图 4.4　巴西经济波动与最终中间需求结构波动的变化趋势

相关系数为 0.84。这印证了图 4.4 中 bdgdp 的波动与 ci、jcgi、cnei 的波动呈逆周期变化，ci、jcgi、cnei 的波动呈一致性趋势变化。

表 4.23　巴西经济波动与最终中间需求结构波动的变化趋势

	bdgdp	ci	jcgi	cnei
bdgdp	1	−0.64	−0.74	−0.66
ci	−0.64	1	0.80	0.99
jcgi	−0.74	0.80	1	0.84
cnei	−0.66	0.99	0.84	1

③ 印度经济波动与最终中间需求结构波动的变化趋势分析。

根据图 4.5，印度在 1978—2011 年期间，经济增长率波动值（bdgdp）的波动较为频繁，大致经历了 12 个周期，国内最终消费需求与资本形成总额结构（ci）的波动也比较频繁，大体经历了 12 个周期波动，国内居民最终消费需求与固定资本形成总额结构（jcgi）和最终需求与资本形成总额结构（cnei）的波动与 ci 的波动具有类似的波动周期。bdgdp 的波动与 ci、jcgi、cnei 的波动具有逆向变化趋势。从表

4.24的相关分析中可看出，bdgdp的波动与ci、jcgi、cnei的波动为负相关关系，负相关系数分别达到−0.22、−0.07、−0.22，但ci的波动与jcgi、cnei的波动之间为正相关关系，正相关系数分别达到0.84、0.99，jcgi的波动与cnei的波动之间的正相关系数为0.83。这印证了图4.5中bdgdp的波动与ci、jcgi、cnei的波动呈逆周期变化，ci、jcgi、cnei的波动呈一致性趋势变化。

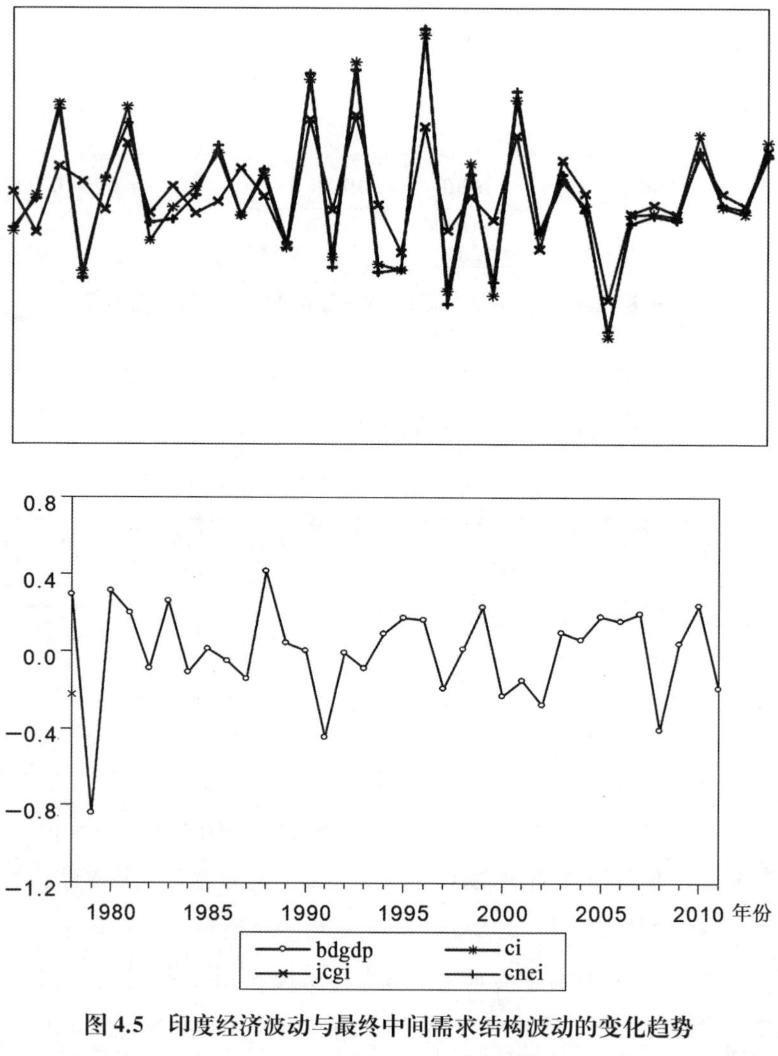

图4.5　印度经济波动与最终中间需求结构波动的变化趋势

表 4.24　印度经济波动与最终中间需求结构波动的变化趋势

	bdgdp	ci	jcgi	cnei
bdgdp	1	−0.22	−0.07	−0.22
ci	−0.22	1	0.84	0.99
jcgi	−0.07	0.84	1	0.83
cnei	−0.22	0.99	0.83	1

④ 南非经济波动与最终中间需求结构波动的变化趋势分析。

根据图 4.6，南非在 1978—2011 年期间，经济增长率波动值（bdgdp）的波动较为频繁，大致经历了 10 个周期，国内最终消费需求与资本形成总额结构（ci）的波动也比较频繁，大体经历了 12 个周期，国内居民最终消费需求与固定资本形成总额结构（jcgi）和最终需求与资本形成总额结构（cnei）的波动与 ci 的波动具有类似的波动周期。bdgdp 的波动与 ci、jcgi、cnei 的波动具有逆向变化趋势。从表 4.25 的相关分析中可看出，bdgdp 的波动与 ci、jcgi、cnei 的波动为负相关关系，负相关系数分别达到−0.47、−0.25、−0.52，但 ci 的波动与 jcgi、cnei 的波动之间为正相关关系，正相关系数分别达到 0.62、0.99，jcgi 的波动与 cnei 的波动之间的正相关

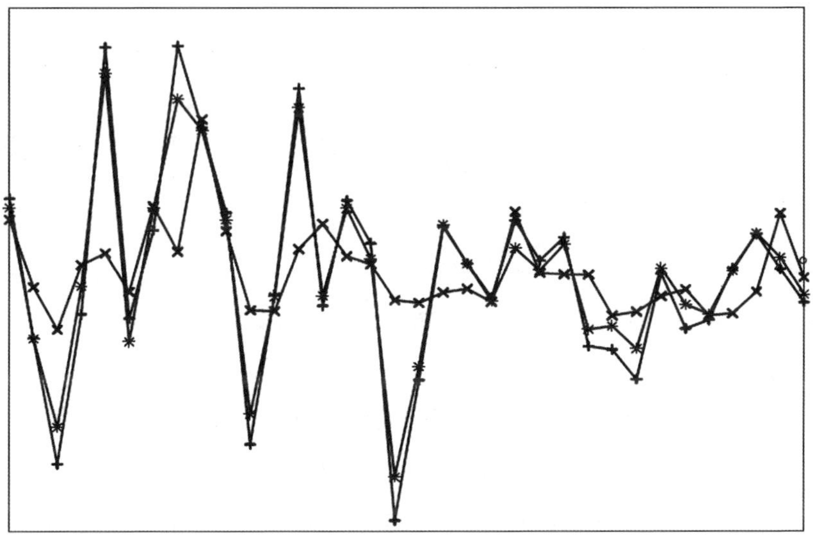

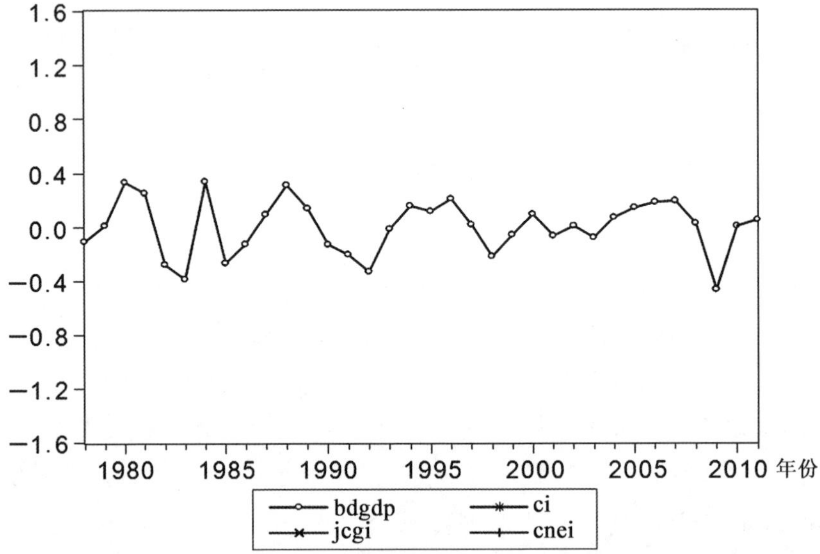

图 4.6　南非经济波动与最终中间需求结构波动的变化趋势

系数为 0.59。这印证了图 4.6 中 bdgdp 的波动与 ci、jcgi、cnei 的波动呈逆周期变化，ci、jcgi、cnei 的波动呈一致性趋势变化。

表 4.25　南非经济波动与最终中间需求结构波动的变化趋势

	bdgdp	ci	jcgi	cnei
bdgdp	1	−0.47	−0.25	−0.53
ci	−0.47	1	0.62	0.99
jcgi	−0.25	0.62	1	0.59
cnei	−0.52	0.99	0.59	1

⑤ 俄罗斯经济波动与最终中间需求结构波动的变化趋势分析。

根据图 4.7，俄罗斯在 1990—2011 年期间，经济增长率波动值（bdgdp）的波动较为频繁，大致经历了 8 个周期，国内最终消费需求与资本形成总额结构（ci）的波动也比较频繁，大体经历了 7 个周期，国内居民最终消费需求与固定资本形成总额结构（jcgi）和最终需求与资本形成总额结构（cnei）的波动与 ci 的波动具有类似的波动周期。bdgdp 的波动与 ci、jcgi、cnei 的波动具有逆向变化趋势。从表 4.26 的相关分析中可看出，bdgdp 的波动与 ci、jcgi、cnei 的波动为负相关关系，负相关

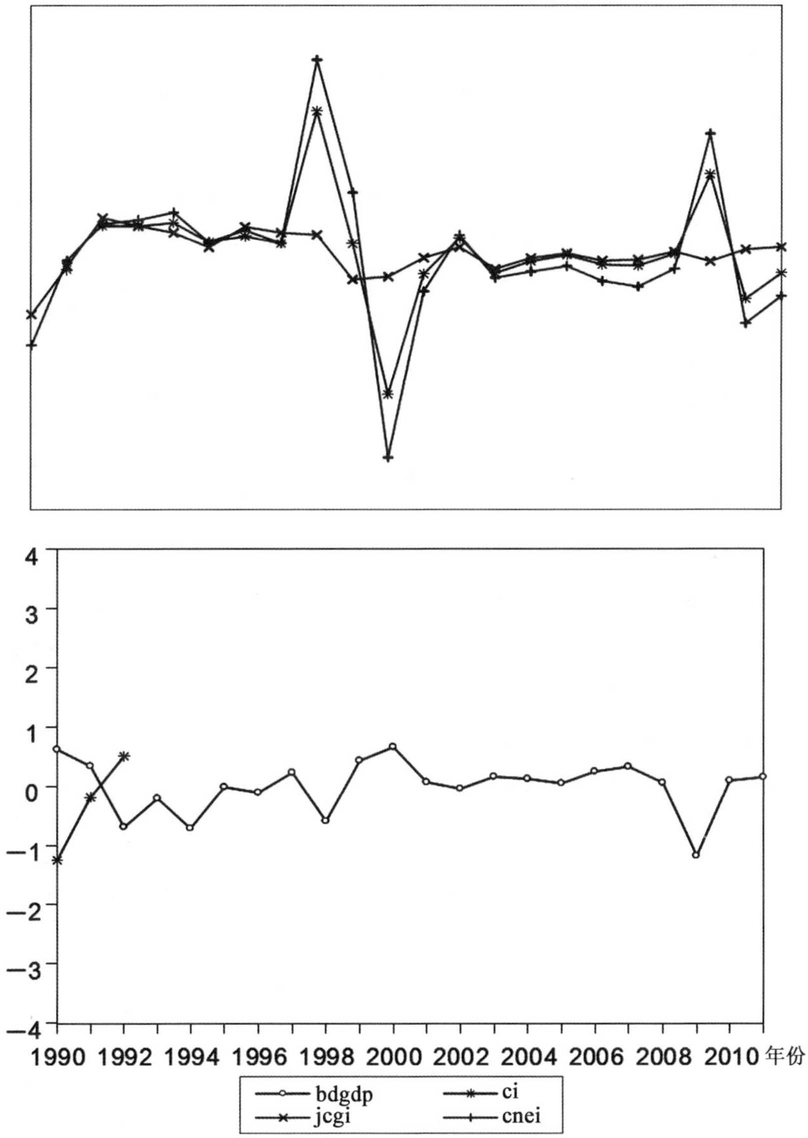

图 4.7　俄罗斯经济波动与最终中间需求结构波动的变化趋势

系数分别达到－0.77、－0.60、－0.73，但ci的波动与jcgi、cnei的波动之间为正相关关系，正相关系数分别达到0.57、0.98，jcgi的波动与cnei的波动之间的正相关系数为0.46。这印证了图4.7中bdgdp的波动与ci、jcgi、cnei的波动呈逆周期变化，ci、jcgi、cnei的波动呈一致性趋势变化。

表4.26　俄罗斯经济波动与最终中间需求结构波动的变化趋势

	bdgdp	ci	jcgi	cnei
bdgdp	1	－0.77	－0.60	－0.73
ci	－0.77	1	0.57	0.98
jcgi	－0.60	0.57	1	0.46
cnei	－0.73	0.98	0.46	1

3. 金砖国家经济波动与最终中间需求结构波动的回归分析

(1) 线性回归模型的初步构建。

理论分析和统计描绘均表明经济非平稳增长与最终中间需求结构波动存在着重要关联，因此我们拟建立经济波动与最终中间需求结构波动之间的线性回归模型，以此探讨经济波动与最终中间需求结构波动的数量关系。经济波动用经济增长率波动值(bdgdp)的绝对值表示，最终中间需求结构波动分别以国内最终消费需求与资本形成总额结构(ci)变动的绝对值、国内居民最终消费需求与固定资本形成总额结构(jcgi)变动的绝对值、最终需求与资本形成总额结构(cnei)变动的绝对值衡量。由于国内最终消费需求与资本形成总额结构、国内居民最终消费需求与固定资本形成总额结构和最终需求与资本形成总额结构的内涵较为一致且高度正相关，本书分别用经济波动变量与最终中间需求结构的三个结构比例的变动变量建立线性回归模型，以检验线性回归模型的稳健性。本书所用数据均来源于世界银行wdi指标数据库。本书构建线性回归模型如下：

$$bdgdp_t = c_0 + ci_t + bdgdpci_t + \varepsilon_t \tag{4.1}$$

$$bdgdp_t = c_0 + jcgi_t + bdgdpjcgi_t + \varepsilon_t \tag{4.2}$$

$$bdgdp_t = c_0 + cnei_t + bdgdpcnei_t + \varepsilon_t \tag{4.3}$$

t 表示第 *t* 年。*bdgdp* 为被解释变量经济波动变量，*ci*、*jcgi*、*cnei*、*bdgdpci*、*bdgdpjcgi*、*bdgdpcnei* 分别为解释变量，其中：*bdgdpci* 为被解释变量 *bdgdp* 和解释变量 *ci* 的乘积，*bdgdpjcgi* 为被解释变量 *bdgdp* 和解释变量 *jcgi* 的乘积，*bdgdpcnei* 为被解释变量 *bdgdp* 和解释变量 *cnei* 的乘积。解释变量和被解释变量的乘积的系数揭示最终中间需求结构波动因经济波动水平不同而对经济波动产生不同的影响效应。ε_t 为独立同分布的误差序列。

(2) 实证检验。

为准确估计线性回归模型(4.1)至(4.3)，首先要判断模型的解释变量之间是否存在共线性，然后再判断模型中的解释变量和被解释变量时间序列是否平稳，最后对模型进行线性最小二乘估计。

① 模型解释变量的共线性检验。

模型的解释变量出现高度共线性将导致模型出现奇异矩阵而无法估计或致使估计结果有偏。利用相关分析可发现，中国的 *bdgdpci* 与 *ci* 之间、*bdgdpjcgi* 与 *jcgi* 之间、*bdgdpcnei* 与 *cnei* 之间均存在高度共线性(见表 4.27)。利用 Kumar 降低解释变量共线性的方法，分别以 *bdgdpci*、*bdgdpjcgi*、*bdgdpcnei* 为被解释变量，以 *ci*、*jcgi*、*cnei* 为解释变量进行回归，得到的相应残差分别替代 *bdgdpci*、*bdgdpjcgi*、*bdgdpcnei* 而表示为 *bdgdpcis*、*bdgdpjcgis*、*bdgdpcneis*。调整后模型的解释变量之间的相关系数均得以降低(见表 4.28)，表明模型的解释变量之间的共线性问题已不会影响模型的准确估计。

表 4.27　调整前模型的解释变量之间的相关系数

国家＼变量	*ci* 与 *bdgdpci* 之间	*jcgi* 与 *bdgdpjcgi* 之间	*cnei* 与 *bdgdpcnei* 之间
中　国	0.74	0.42	0.76
巴　西	−0.26	−0.24	−0.28
印　度	0.1	−0.22	0.05
南　非	−0.08	−0.03	−0.05
俄罗斯	−0.13	0.21	−0.12

表 4.28 调整后模型的解释变量之间的相关系数

变量 / 国家	*ci* 与 *bdgdpci* 之间	*jcgi* 与 *bdgdpjcgi* 之间	*cnei* 与 *bdgdpcnei* 之间
中　国	0.67	−0.08	0.65
巴　西	−0.26	−0.24	−0.28
印　度	0.1	−0.22	0.05
南　非	−0.08	−0.03	−0.05
俄罗斯	−0.13	0.21	−0.12

② 模型变量的平稳性检验。

对模型中的所有变量进行单位根检验，结果表明：线性回归模型的所有变量的 ADF 统计量均小于 5%的显著性水平上的临界值，所有变量均为 I(0)阶平稳序列（详细情况见表 4.29 至表 4.33）。

表 4.29 中国模型中变量的单位根检验

变　量	ADF 值	临界值(5%)	检验形式(*c*, *t*, *n*)	单整阶数
bdgdp	−3.961 706	−2.971 853	(*c*, 0, 0)	0 阶单整
ci	−7.059 350	−2.954 021	(*c*, 0, 0)	0 阶单整
jcgi	−3.330 905	−2.963 972	(*c*, 0, 3)	0 阶单整
cnei	−7.045 889	−1.951 332	(0, 0, 0)	0 阶单整
bdgdpcis	−5.020 550	−2.954 021	(*c*, 0, 0)	0 阶单整
bdgdpjcgis	−4.611 786	−2.954 021	(*c*, 0, 0)	0 阶单整
bdgdpcneis	−4.597 028	−2.954 021	(*c*, 0, 0)	0 阶单整

注：*c* 表示常数项，*t* 表示趋势项，*n* 表示滞后阶数。

表 4.30 巴西模型中变量的单位根检验

变　量	ADF 值	临界值(5%)	检验形式(*c*, *t*, *n*)	单整阶数
bdgdp	−5.016 193	−2.971 853	(*c*, 0, 0)	0 阶单整
ci	−4.325 539	−2.967 767	(*c*, 0, 4)	0 阶单整
jcgi	−4.408 586	−2.954 021	(*c*, 0, 0)	0 阶单整
cnei	−4.054 514	−2.967 767	(*c*, 0, 4)	0 阶单整

续表

变　量	ADF 值	临界值(5%)	检验形式(c, t, n)	单整阶数
bdgdpci	−7.107 954	−2.954 021	(c, 0, 0)	0 阶单整
bdgdpjcgi	−6.313 871	−2.954 021	(c, 0, 0)	0 阶单整
bdgdpcnei	−3.437 899	−2.957 110	(c, 0, 1)	0 阶单整

注：同表 4.29。

表 4.31　印度模型中变量的单位根检验

变　量	ADF 值	临界值(5%)	检验形式(c, t, n)	单整阶数
bdgdp	−7.628 390	−2.954 021	(c, 0, 0)	0 阶单整
ci	−9.869 075	−2.954 021	(c, 0, 0)	0 阶单整
jcgi	−8.353 071	−2.954 021	(c, 0, 0)	0 阶单整
cnei	−9.905 845	−2.954 021	(c, 0, 0)	0 阶单整
bdgdpci	−5.239 450	−2.954 021	(c, 0, 0)	0 阶单整
bdgdpjcgi	−5.084 755	−2.954 021	(c, 0, 0)	0 阶单整
bdgdpcnei	−5.245 521	−2.954 021	(c, 0, 0)	0 阶单整

注：同表 4.29。

表 4.32　南非模型中变量的单位根检验

变　量	ADF 值	临界值(5%)	检验形式(c, t, n)	单整阶数
bdgdp	−5.288 495	−2.957 110	(c, 0, 0)	0 阶单整
ci	−4.959 106	−2.957 110	(c, 0, 1)	0 阶单整
jcgi	−3.491 742	−2.954 021	(c, 0, 1)	0 阶单整
cnei	−4.789 878	−2.954 021	(c, 0, 0)	0 阶单整
bdgdpci	−7.122 953	−2.954 021	(c, 0, 0)	0 阶单整
bdgdpjcgi	−5.392 850	−2.954 021	(c, 0, 0)	0 阶单整
bdgdpcnei	−6.853 049	−2.954 021	(c, 0, 0)	0 阶单整

注：同表 4.29。

表 4.33　俄罗斯模型中变量的单位根检验

变　量	ADF 值	临界值(5%)	检验形式(c, t, n)	单整阶数
bdgdp	−4.413 721	−3.012 363	(c, 0, 0)	0 阶单整
ci	−4.498 244	−3.020 686	(c, 0, 1)	0 阶单整
jcgi	−4.116 442	−3.012 363	(c, 0, 0)	0 阶单整
cnei	−4.360 063	−3.020 686	(c, 0, 0)	0 阶单整
bdgdpci	−6.072 595	−3.012 363	(c, 0, 0)	0 阶单整
bdgdpjcgi	−4.804 449	−3.673 616	(c, t, 2)	0 阶单整
bdgdpcnei	−6.512 132	−3.012 363	(c, 0, 0)	0 阶单整

注：同表 4.29。

(3) 实证结果及结论。

① 模型估计结果。

采用各国数据，分别对模型(4.1)至模型(4.3)进行线性最小二乘估计，得到具有一致无偏估计的结果。式(4.4)至式(4.6)为模型对中国的估计结果；式(4.7)至式(4.9)为模型对巴西的估计结果；式(4.10)至式(4.12)为模型对印度的估计结果；式(4.13)至式(4.15)为模型对南非的估计结果；式(4.16)至式(4.18)为模型对俄罗斯的估计结果。[①]

$$bdgdp_t = -0.004\,613 - 0.089\,261ci_t - 0.189\,83bdgdpcis_t + \varepsilon_t \quad (4.4)$$
$$(-1.07) \qquad (-2.37^{**}) \qquad (-0.34)$$

$$bdgdp_t = -0.003\,407 - 0.059\,062jcgi_t + 0.623\,548bdgdpjcgis_t + \varepsilon_t \quad (4.5)$$
$$(-0.77) \qquad (-2.83^{***}) \qquad (0.41)$$

$$bdgdp_t = -0.002\,668 - 0.059\,902cnei_t - 0.042\,908bdgdpcneis_t + \varepsilon_t \quad (4.6)$$
$$(-0.65) \qquad (-1.97^{*}) \qquad (-0.9)$$

① 各式下的括号中为 t 值，*、**、*** 分别表示显著性水平为 10%、5%、1%。

$$bdgdp_t = 0.000\,932 - 0.036\,218ci_t + 0.149\,537bdgdpci_t + \varepsilon_t \tag{4.7}$$
$$(0.19) \quad (-4.2^{***}) \quad (0.75)$$

$$bdgdp_t = 0.054\,03 - 0.092\,345jcgi_t + 0.651\,914bdgdpjcgi_t + \varepsilon_t \tag{4.8}$$
$$(1.24) \quad (-5.68^{***}) \quad (1.58)$$

$$bdgdp_t = 0.000\,995 - 0.035\,817cnei_t + 0.148\,05bdgdpcnei_t + \varepsilon_t \tag{4.9}$$
$$(0.2) \quad (-4.49^{***}) \quad (0.78)$$

$$bdgdp_t = -0.000\,309 - 0.017\,735ci_t + 0.410\,137bdgdpci_t + \varepsilon_t \tag{4.10}$$
$$(-0.07) \quad (-1.29) \quad (0.61)$$

$$bdgdp_t = -0.001\,158 - 0.015\,546jcgi_t - 1.154\,621bdgdpjcgi_t + \varepsilon_t \tag{4.11}$$
$$(-0.25) \quad (-0.64) \quad (-1.24)$$

$$bdgdp_t = -0.000\,738 - 0.017\,193cnei_t + 0.211\,486bdgdpcnei_t + \varepsilon_t \tag{4.12}$$
$$(-0.16) \quad (-1.24) \quad (0.31)$$

$$bdgdp_t = -0.000\,526 - 0.017\,597ci_t - 0.050\,575bdgdpci_t + \varepsilon_t \tag{4.13}$$
$$(-0.15) \quad (-2.94^{***}) \quad (-0.18)$$

$$bdgdp_t = -0.001\,198 - 0.019\,138jcgi_t - 0.819\,639bdgdpjcgi_t + \varepsilon_t \tag{4.14}$$
$$(-0.33) \quad (-1.45) \quad (-1.09)$$

$$bdgdp_t = -0.000\,98 - 0.016\,663cnei_t - 0.067\,309bdgdpcnei_t + \varepsilon_t \tag{4.15}$$
$$(-0.28) \quad (-3.4^{***}) \quad (-0.28)$$

$$bdgdp_t = 0.009\,27 - 0.038\,849ci_t + 0.238\,746bdgdpci_t + \varepsilon_t \tag{4.16}$$
$$(1.4) \quad (-5.57^{***}) \quad (2.08^{*})$$

$$bdgdp_t = 0.010\,208 - 0.083\,173jcgi_t + 0.459\,243bdgdpjcgi_t + \varepsilon_t \quad (4.17)$$
$$(1.08) \qquad (-3.43^{***}) \qquad (0.9)$$

$$bdgdp_t = 0.007\,979 - 0.025\,729cnei_t + 0.183\,441bdgdpcnei_t + \varepsilon_t \quad (4.18)$$
$$(1.14) \qquad (-4.89^{***}) \qquad (2.14^{**})$$

中国的实证结果:从式(4.4)来看,国内最终消费需求与资本形成总额结构(ci)变动对经济波动的效应值为−0.089 261, t 值为−2.37,显著性水平为5%;式(4.5)中,国内居民最终消费需求与固定资本形成总额结构(jcgi)变动对经济波动的效应值为−0.059 062, t 值为−2.83,显著性水平为1%;式(4.6)中,最终需求与资本形成总额结构(cnei)变动对经济波动的效应值为−0.059 902, t 值为−1.97,显著性水平为10%。

巴西的实证结果:从式(4.7)来看,ci变动对经济波动的效应值为−0.036 218, t 值为−4.2,显著性水平为1%;式(4.8)中,jcgi变动对经济波动的效应值为−0.092 345, t 值为−5.68,显著性水平为1%;式(4.9)中,cnei变动对经济波动的效应值为−0.035 817, t 值为−4.49,显著性水平为10%。

印度的实证结果:式(4.10)至式(4.12)中的各系数均不显著。

南非的实证结果:从式(4.13)来看,ci变动对经济波动的效应值为−0.017 597, t 值为−2.94,显著性水平为1%;式(4.14)中,jcgi变动对经济波动的效应值不显著;式(4.15)中,cnei变动对经济波动的效应值为−0.016 663, t 值为−3.4,显著性水平为1%。

俄罗斯的实证结果:从式(4.16)来看,ci变动对经济波动的效应值为−0.038 849, t 值为−5.57,显著性水平为1%; ci变动与经济波动的交互项(bdgdpci0)对经济波动的效应值为0.238 746, t 值为2.08,显著性水平为10%; ci变动对经济波动的全部效应值为(−0.038 849+0.238 746bdgdp),即国内最终消费需求与资本形成总额结构变动对经济波动的影响不仅取决于其自身的变动,还取决于其与经济波动的交互项对经济波动的影响。当经济增长率波动值大于0.163时,ci变动将导致bdgdp同向变动,反之则相反。式(4.17)中,jcgi变动对经济波动的效应值为－0.083 173，t 值为－3.43，显著性水平为 1%。式(4.18)中，cnei 变动对经济波动的效应值为－0.025 729，t 值为－4.89，显著性水平为 1%；cnei 变动与经济波动的交互项(bdgdpcnei0)对经济波动的效应值为 0.183 441，t 值为 2.14，显著性水平为 5%；cnei 变动对经济波动的全部效应值为(－0.025 729＋0.183 441bdgdp)，即最终需求与资本形成总额结构变动对经济波动的影响不仅取决于其自身的变动，还取决于其与经济波动的交互项对经济波动的影响。当经济增长率波动值大于 0.14 时，cnei 变动将导致 bdgdp 同向变动，反之则相反。

② 主要研究结论及政策启示。

综上可见，不同的金砖国家中，经济波动与最终中间需求结构波动呈现出较为复杂的变化关系。对中国、巴西和南非而言，最终中间需求结构波动对经济波动具有显著的反向变化关系，即国内最终消费需求与资本形成总额结构变动、国内居民最终消费需求与固定资本形成总额结构变动和最终需求与资本形成总额结构变动每向下增加一单位变动，即消费需求减少，投资需求增加，经济增长则向上进行相应比例的波动，这也印证了大多数金砖国家仍是依赖投资拉动经济增长的现实。同时，最终中间需求结构波动与经济波动交互项的效应不显著，即最终中间需求结构波动不随当期经济波动的水平不同而对经济波动产生影响。对于印度而言，国内最终消费需求与资本形成总额结构变动、国内居民最终消费需求与固定资本形成总额结构变动和最终需求与资本形成总额结构变动对经济波动的影响均不显著。对于俄罗斯而言，国内最终消费需求与资本形成总额结构变动和最终需求与资本形成总额结构变动对经济波动的效应不仅取决于其自身的变动，还取决于其自身与经济波动的交互项对经济波动的影响。当经济增长率波动值小于某一临界值时，最终中间需求结构波动将导致经济波动反向变动；当经济增长率波动值大于某一临界值时，最终中间需求结构波动将导致经济波动同向变动。

实证研究的结论为金砖国家保持经济平稳增长而进行最终中间需求结构调整提供了有益的政策启示。首先，调整最终中间需求结构对一国保持经济平稳增长具有重要影响,最终中间需求结构波动的加剧在一定程度上会加剧经济增长的波动,政府需要重视对最终中间需求结构波动的调整来保持经济平稳增长。其次,最终中间需求结构的调整方向要根据经济波动的方向进行适时改变。当实际经济增长率大于潜在经济增长率时,最终中间需求结构要往上调整,即最终需求(消费需求和外部需求)要增加,中间需求(投资需求)不变或减少;当实际经济增长率小于潜在经济增长率时,最终中间需求结构要往下调整,即最终需求(消费需求和外部需求)要不变或减少,中间需求(投资需求)要增加。最后,“金砖国家”调整最终中间需求结构来干预经济波动时,还要注意当期经济波动的程度大小。如果当期经济波动处于较高水平,且超过了某一临界值,最终中间需求结构的变动将引起经济波动同向变化,此时,政府对最终中间需求结构的调整将作出相应改变:当实际经济增长率大于潜在经济增长率时,最终中间需求结构要往下调整,即最终需求(消费需求和外部需求)要减少或不变,中间需求(投资需求)要增加;当实际经济增长率小于潜在经济增长率时,最终中间需求结构要往上调整,即最终需求(消费需求和外部需求)要增加,中间需求(投资需求)要减少或不变。

4.3.3 金砖国家经济增长与转型的内需路径实施对策

调节内需是稳定金砖国家经济增长的重要调控手段。一方面,充分发挥消费需求和投资需求的互动作用和影响,可以实现国内产业结构的现代化和高级化,促进经济增长;另一方面,根据经济增长的波动情况,通过调节消费需求和投资需求的数量,可以稳定经济增长。因此,金砖国家有必要重视内需的作用,合理引导消费和投资需求,促进经济平稳快速增长。

(1) 通过逐步完善消费市场体系,为发挥消费内需作用奠定基础。

消费市场体系建设涉及消费品种结构、消费收入水平、消费层次梯度、消费观念环境等多个方面。要稳步提升我国的消费水平并加以灵活调整,就必须在这些方面进行深化改革。一是分地域、分人群合理培育消费热点,在国内形成合理的消费层次和梯度。金砖国家地域广袤，二元经济特征较为突出，城乡之间、地域之间和不同人群之间由于经济发展水平的差异，而具有不同层次的消费需求。通过合理判断和测度消费需求的数量和梯度升级次序，可以为本国合理布局投资结构和产业结构奠定基础，同时也为本国调整消费、促进经济平稳增长提供依据。二是增加居民收入水平，扩大消费能力。居民消费的基础是收入，没有收入水平的稳固增长，居民就不会形成稳定的边际收入倾向，长期而言，消费规模收缩，产能过剩这一问题将成为经济发展过程中的突出矛盾。三是建立健康有序、生态文明的消费环境。消费环境是影响居民将潜在消费需求转化为有效需求的重要因素。当前，消费环境的治理主要包括以下几个方面：一是对假冒伪劣商品的打击；二是控制好部分商品的非正常剧烈波动，尤其是将住房等需要居民大额支出的非生活必需品的商品价格控制在相对合理的范围内。三是健全居民消费的服务环境，包括消费投诉和处理、消费信贷支持、消费的财税政策支持等。

（2）根据经济发展水平和产业结构升级的需要，合理维持投资增长的均衡和稳定。

首先，应根据消费需求的规模和结构做好投资规模和结构的控制。消费是最终需求，投资是满足居民最终需求的有效手段，二者之间的关系必然决定投资要以消费需求为导向和目标。根据居民消费需求的结构和逐年增长规模，应在结构和总量上控制好投资的结构和增长规模，尽量增加二者之间的耦合度，防止供给偏离需求。其次，进一步完善“金砖国家”的投融资基本制度。对于民间投资和 FDI，充分发挥市场价格的作用来有效引导投资流向和规模，同时，发挥政府的干预和调节作用，加强政府宏观政策对民间投资和 FDI 的合理引导。对于政府投资，要充分发挥好引导和补充投资的角色，要加大对关系国计民生的基础产业和基础设施等民间投资不愿介入的领域的投资力度，以消除经济增长的瓶颈。同时，也要强化地方财政预算的硬约束，确保地方财力的“量入为出”，着力防止地方政府领导因追求政绩而导致盲目投资狂热。

（3）保持外需的平稳增长，尽量避免外需的大起大落。

随着全球经济一体化程度的加深，“金砖国家”与外部经济往来越来越密切，外部需求对经济增长的重要性也在显著加强。为减少金砖国家对外部需求的依赖以及由此带来的冲击,金砖国家可以主动采取一些有效措施,未雨绸缪。一是充分发挥金砖国家的人口优势,建设内需型经济体系,主要消费品生产主要面对国内市场而非国际市场,而主要生产资料生产尤其是高技术中间产品则可以与国际市场充分接轨,加大进口和出口力度。二是加强经济的国际合作,建立与其他国家的互信机制,共同避免经济危机或金融危机对本国经济的冲击。三是增强本国企业的自主创新能力和产业的国际竞争能力。从微观上看,增强本国企业和产业的国际竞争力,其实质就是增加本国企业和产业在世界市场的相对优势,即使在外部需求低迷时,本国的产品仍具有相对竞争优势而不会导致外需的快速下滑,对本国经济增长带来重大的负面影响。

第 5 章

金砖国家外贸的共享式增长

5.1 “南南合作”的新模式

2011 年 4 月 14 日，金砖国家领导人第三次会晤发表的《三亚宣言》确立了以包容性发展为方向、经贸领域为重点的全方位金砖国家合作机制，成为全球经济合作的新模式。在 G20 框架内，金砖国家这种新型合作模式也是改变少数发达国家(G7)主导的国际经济体系，践行“南南合作”新路的重要实践。包容性发展是金砖国家合作机制的特质与创新所在，其核心是利益共享。基于共同的利益诉求和高度互补的经济结构，金砖国家积极开展多层次、多领域的务实合作，共享式合作态势不断加强。2001—2011 年间，金砖五国间的规模增长了 18.3 倍，2011 年达到 2 800 多亿美元。但与此同时，金砖国家之间经贸利益的不对等性和产业结构的竞争性，又成为其开展深层次合作的障碍。加上政治、地缘、文化等方面的原因以及包括边界纠纷在内的一些问题，使得金砖国家难以形成核心凝聚力，继而影响了联合行动的效率。

金砖国家的分化组合很大程度上取决于其共同的经贸利益，夯实互补性经贸关系，规避或弱化竞争性经贸关系，实现金砖国家外贸的共享式增长，是促进金砖国家合纵连横的重要途径。中国与其他金砖国家共享式外贸增长的具体内涵体现在：在中国单边层次上，有利于提高对外贸易效益和追求动态贸易利益；在中国与其他金砖国家的双边层次上，有利于贸易双方的互利共赢；在金砖国家多边层次上，有利于金砖国家整体贸易利益的共享式改进。

那么,中国与其他金砖国家是否具有实现共享式外贸增长的经济基础?总体上看,金砖国家的资源禀赋和产业优势各不相同,经济发展模式差别较大,经济与贸易结构具有较强的互补性。基于这一经贸结构,既有文献主要从中国与其他金砖国家的静态贸易关系出发,探讨金砖国家共享式外贸增长的现实基础,其中,中印、中巴贸易关系是关注的重点。中印作为金砖国家中的两个大国,其贸易关系是影响金砖国家经贸合作的重要因素。总体来看,中印两国的贸易结构相似度相对较高,中印在世界市场上构成一定竞争关系。(闫成海,2003)但同时,中印在出口贸易结构、贸易品的技术层次方面存在差异,两国之间存在明显上升的互补性趋势。(祝树金、陈艳、谢锐,2009)并且通过两国贸易环境和政策的不断改变,中印贸易合作潜力非常大。(Yanrui Wu, Zhangyue Zhou, 2006)中印两国在不同产品上的出口贸易关系也不尽相同,在服装、纺织品和皮革等部门,印度面临来自中国的严峻竞争,(万广华、M.S.Qureshi、伏润民,2008)但中国信息和通信技术产品出口没有挤出印度的出口。(Yuqing Xing, 2008)中国与巴西在经济发展水平和产业结构上存在较大差异,贸易结构的总体互补性强,中国对巴西的直接威胁较小。(Gordon H.Hanson, Raymond Robertson, 2006)但在制成品贸易上,中巴具有一定的竞争性。(R.Jenkins, 2008)从方法论来看,这些分析竞争效应或者互补效应的研究,基本都是基于中国进出口贸易结构与其他国家的相似性,分析中国对金砖国家在第三方市场上的份额的影响,不同的只是对于贸易相似性的测量方法和标准。(张军、桂林,2008)但这一分析框架存在以下主要问题:其一,不能确定中国与其他金砖国家的外贸竞争关系,即使是最新拓展的恒定市场份额分析方法,也只能说明中国外贸与其他国家的潜在竞争关系。还应当考虑的是,竞争性贸易不仅体现在外部市场的挤出效应,也体现在金砖国家之间的内部贸易竞争,其二,没有将金砖国家双边贸易结构、工业化进程等因素所带来的贸易结构的动态转变所引致的竞争纳入分析。诚然,静态贸易关系是影响中国与其他金砖国家外贸共享式增长的现实基础,但金砖国家出口产品结构的调整升级以及工业化进程所引致的竞争,以及由于贸易结构问题导致的经贸利益不对等而引发的竞争,也是影响金砖国家外贸共享式增长的重要因素。

鉴于此，本书从金砖国家的贸易互补性和竞争性两个方面，探讨中国与其他金砖国家实现共享式外贸增长的可行性及途径。从金砖国家出口产品结构的系统性变化，分析中国与其他金砖国家的贸易关系，重点引入金砖国家之间的内部贸易竞争和它们在外部市场的贸易竞争，以及由于金砖国家之间经贸利益的不对等性与相同目标产业发展所引致的竞争。在此基础上，进一步探讨实现中国与其他金砖国家共享式外贸增长的可行途径。

5.2　金砖国家贸易利益的分析框架

在比较优势理论范式下，要素禀赋和技术差异较大的国家之间的贸易更有利于福利水平的改进。与技术领先的北方国家进行的贸易，通过内含于资本品的技术转移，为南方国家的技术进步带来更大的技术扩散效应。发展中国家之间的南南贸易则通常被认为是竞争性的，缺乏内在的发展动力。然而2008年国际金融危机爆发之后，曾长期被迅猛增长的南北贸易所掩盖的南南贸易，其重要性日益凸显。尽管贸易占比不大，但新兴国家之间、特别是金砖国家间的贸易增速却超过了全球贸易增速，成为世界经济增长的新引擎。金砖国家间的南南贸易之所以发展迅速，其根本原因在于它们之间存在共享式外贸增长的基础。这不仅体现在金砖国家因资源禀赋差异所形成的互补性贸易格局上，也体现在南南贸易框架下金砖国家之间的贸易存在广泛的贸易利益上，即便在它们增长方式的转变过程中，由于经济结构趋同引发过一定的贸易竞争，但也存在广泛的协调空间。

5.2.1　金砖国家资源禀赋差异与贸易利益互补

比较优势理论还是资源禀赋理论都认为，国家之间技术差异和资源禀赋差异是形成国际分工进而促发国际贸易收益的源泉。在这一理论范式下，发达国家与发展中国家之间因要素禀赋与经济结构的巨大差异，构成互补性贸易。同样，金砖国家资源禀赋条件也有明显差异，决定了金砖国家之间南南贸易的巨大发展潜力。金砖国家的资源禀赋和产业优势各不相同，经济发展模式差别较大，经济结构具有较强的互补性，也导致了高度互补的贸易结构。有“世界工厂”之称的中国提供大量廉价的工业制成品，被誉为“世界办公室”的印度提供信息软件和服务产品以及矿石原料，而“世界加油站”俄罗斯、“世界原料基地”巴西和资源丰富的南非，提供中印发展所需要的大量能源和矿产资源。中国和印度对原材料和能源的巨大需求，给矿产资料大国俄罗斯、巴西和南非注入资金，这三国又成为中国和印度的制造品重要消费市场。这种资源互补性和分工合作关系为发展金砖国家之间的贸易奠定了基础。金砖国家资源禀赋差异决定了其比较优势的差异，从而导致出口结构的差异，这种差异性出口结构不仅耦合了金砖国家互补性贸易结构，并且使得实施出口导向增长的金砖国家在外部市场上也不呈竞争关系。

5.2.2 金砖国家增长方式转变中的贸易竞争与协调

虽然金砖国家经济贸易结构具有高度互补性，但由于工业化进程和经济转型而导致的相同目标产业的发展，以及力图在新一轮国际竞争中占据主动的意愿，金砖国家内部的贸易竞争也不可避免。①如印度和巴西均志在成为制造业强国。(王永中、姚枝仲，2011)巴西“不甘心沦落为资源性产品出口大国”，努力实现从依赖大宗商品出口向依赖高附加值产品和服务出口的转型，加快工业技术革新、加强制造业的竞争力就成为“加速发展计划”的重要内容。印度政府力图借人口年龄结构优势发展制造业。南非也以“加速增长、成果共享倡议”推进工业化进程，将产业升级、支持高技术产业的发展作为重要内容。俄罗斯为改变过度依赖能源和原材料出口的经济增长方式，加紧落实创新型经济发展战略，推进经济增长方式转变，重点发展节能、航天、核能以及医药等高科技创新项目。南非则将制造

① 如根据中国商务部资料，印度是对中国产品实施反倾销最多的国家之一，印度不断对从中国进口的手机、牛奶制品和玩具采取更加严格的质量限制；巴西近来针对中国产品的贸易保护措施急剧增加。

业、基础设施建设以及清洁能源作为发展重点，并希望通过“新工业政策行动计划”扩大就业，提高制造业的竞争力，实现可持续的生产性经济发展模式。为实现本国的制造业发展，对中国质优价廉的工业制成品频繁实施反倾销措施，成为印、巴等其他金砖国家保护本国工业的一个必要步骤。金砖国家增长方式转变中引发的贸易竞争，可能制约中国与其他金砖国家的共享式外贸增长。

随着金砖国家工业化进程的推进，中国与印度、巴西、俄罗斯和南非的制造业结构趋同将凸显。但也应该注意到，金砖国家间的工业化进程差异较大，中国处于重化工业的后期，以“创新型国家”建设实现新型工业化是中国的必然选择，其经济结构的定位是高技术与新兴产业的发展。而巴西和俄罗斯正努力实现从生产资源型大宗商品的经济结构向高附加值制成品转型，印度和南非则需要注重基础工业的发展。这一差异明显的工业化进程为实现金砖国家间产业“雁行”布局与差异化发展提供了巨大的协调空间。同时应看到，以工业技术革新带动结构转型成为金砖国家的共同选择，这为金砖国家的科技合作拓展出共同发展的空间。

5.2.3　南南贸易框架下金砖国家之间的贸易利益

首先，金砖国家之间的南南贸易可减缓大幅度的结构性调整，提供出口机会，实现规模经济。发展中国家与发达国家不仅在经济发展水平上存在巨大差距，在文化上也存在很大差异，因而商品的需求结构不尽相同。发展中国家受自身能力的限制，生产的产品常常难以适应发达国家消费者的需求，这阻碍了南北贸易的扩大。发达国家对进口产品实行的苛刻标准，已经成为阻碍发展中国家产品进入发达国家市场的门槛。相比之下，南南贸易具有广泛的贸易基础。林德(Linder)的相互需求理论认为，国际贸易是由贸易双方的需求结构相似性决定的。强调规模经济和产品差异的“新贸易理论”认为，贸易收益通过相似国家之间的产业内贸易获得。根据这些理论，金砖国家之间的南南贸易应该具有比南北贸易更大的贸易基础，这个结论也得到了实证经验的支持。(Juan Carlos Hallak, 2006)发展中国家在竞争不太激烈的市场上进行“干中学”和发展规模经济，为它们进入北方国

家的制造业市场提供了可能。(S.Otsubo, 1998)

其次,金砖国家之间的南南贸易有利于技术进步和结构转换。在与北方国家的贸易中,由于北方国家强有力的议价能力和垄断地位,南方国家高度依赖于北方的高技术资本产品,出口低技术、低附加值的初级产品,导致了贸易条件的恶化和贸易地位的边缘化。斯图尔特指出,北方国家在新技术上的垄断地位,使得南方国家通过贸易的技术扩散效应实现技术赶超可望而不可及;内含北方国家新技术的生产工艺和成品往往不适合南方国家的要素禀赋和消费模式;扩大南南贸易更适合南方的技术发展。(F.Stewart, 1984)因为南南贸易与南北贸易的结构不同,南南贸易具有相对高的技术密集度,有助于南方国家和地区实现工业化与产品差异化。(Yves Sabolo, 1983)20 世纪 80 年代很多对南南贸易和南北贸易结构的经验研究发现,南南贸易具有更大的学习效应和技术扩散效应。(A. H. Amsden, 1986)对于大部分发展中国家而言,对北方国家的出口并不是增长促进型的,而且南北贸易也没有为它们提供经济结构转换的学习机会,而南南贸易则提供了这一转换的试验场所(Bailey Klinger, 2009)。

再次,金砖国家之间的南南贸易可降低对北方国家市场的依赖,减轻北方市场波动的不利影响。发展中国家向发达国家出口初级原料和低技术劳动密集型产品,同时从发达国家进口资本和技术密集型产品,这一南北贸易模式在一定程度上限制了发展中国家实现产业升级的可能性,(Hans Singer, 1950)造成在高技术产品上对发达国家的过分依赖。而扩大南南贸易有助于发展中国家逐渐优化产业结构,并且在当前欧美市场需求不振的情况下,南南贸易扩张可填补由北方进口增长放缓造成的世界市场需求的不足。由于金砖国家和发达经济体之间的商业周期存在明显差异,以及其巨大的经济规模效应①,金砖国家之间南南贸易的扩张,可减少对发达经济体依赖和成为全球经济增长的一个主要来源。②

① 金砖国家作为主要的新兴市场经济国家,在全球具有举足轻重的地位,2010 年其人口占世界总人口的 43.2%,占世界经济总量的 18.2%,占全球贸易份额的 15.4%,对世界经济增长的贡献率高达 60%。见《金砖国家联合统计手册(2011)》电子版本,第 2、12、32、128 页(http://www.stats.gov.cn/tjsj/qtsj/jzgj2011)。其中的贸易数据根据联合国商品贸易统计数据库(UN comtrade)的数据整理(http://comtrade.un.org/db)。

② 参见 Manoj Pant 为印度《经济时报》写的评论(2012 年 2 月 10 日)。

5.3　中国与其他金砖国家贸易结构的互补性

5.3.1　金砖国家出口产品结构的差异性与趋同性

首先,从出口产品的总体结构来看,金砖国家出口商品结构有较大差异。2011年俄罗斯和巴西的初级产品出口比例分别达到66%和62%,印度和南非初级产品出口比重也超过30%,而中国制成品出口占97.3%,机械及运输设备为主的工业制成品占中国出口的主要份额。[①]印度出口则主要集中在以原材料为基础的制成品(SITC6)、化学成品和机械及运输设备,矿物燃料出口也占较大比重。俄罗斯出口以石油、天然气等矿物燃料(SITC3)为主,农牧产品与矿产资源在巴西出口中占有重要份额,南非出口以资源密集型制成品和运输设备等产品为主。这一差异较大的出口结构说明金砖国家的贸易互补性较好。

其次,从主要出口产品来看,金砖国家出口产品结构差异显著,互补性强(见表5.1)。中国的出口覆盖了几乎所有类型的制造业产品,在机器及交通设备、电子产品、纺织品等方面的出口遥遥领先。印度出口比较多元化,2011年印度前10位出口部门涵盖了原油等初级产品、服装等劳动密集型产品以及医药等高技术产品,石油原油为印度主导出口部门,占总商品出口的18.1%。很显然,主导印度出口的还是资源密集型或资本技术含量较低的产品。矿产品、食品和植物产品是巴西长期主要出口商品,2011年铁矿砂与石油原油占巴西出口的24.7%。巴西工业各部门发展比较全面,其中,石化、矿业、钢铁、汽车等产业较发达,民用支线飞机制造和生物燃料产业还处于世界领先地位。

① 数据来源:根据联合国商品贸易统计数据库(UN comtrade)的数据整理,http://comtrade.un.org/db。

表 5.1　金砖国家的主要出口产品变化

	年份	主要出口产品(出口比例)	前十位产品出口比例
中国	2011	无线电传输器具(8.5%)、自动数据处理设备(8.4%)、电子集成电路(3.7%)、电子仪器(2.5%)、套头衫及类似品(2.4%)、家具及零件(2.4%)、船(2.3%)、鞋靴(2.3%)	36.3%
	1995	鞋靴(4.5%)、婴孩车及游戏品(4%)、套头衫及类似品(4%)、无线电传输器具(2.7%)、未列名电气机器及器具(1.6%)、自动数据处理设备(1.5%)、家具及零件(1.2%)	21.7%
印度	2011	石油原油(18.1%)、钻石(10.8%)、珠宝首饰(5.4%)、未分类商品(4.6%)、医药制剂(2.5%)、船(2.3%)、纺织纱线(1.6%)、无线电传输器具(1.7%)、女式服装(1.5%)	50.0%
	1995	钻石(15%)、服装(4.9%)、稻谷(4.3%)、纺织纱线(4.3%)、医药制剂(1.8%)、铁矿石及其精矿(1.6%)、珠宝首饰(1.6%)、未分类商品(1.6%)、石油原油(1.4%)	36.8%
巴西	2011	铁矿砂及其精矿(16.3%)、石油原油(8.4%)、大豆(6.4%)、糖类(5.7%)、肉类(3.5%)、咖啡(3.4%)、动物饲料(2.3%)、机动车辆零部件(2.0%)、未分类商品(1.97%)	52.2%
	1995	铁矿砂及其精矿(5.5%)、糖类(4.1%)、机动车辆零部件(3.2%)、生铁(1.8%)、大豆(1.7%)、肉类(1.7%)、汽车(1.0%)、航空器(0.6%)、石油原油(0.1%)	21.0%
南非	2011	铂(11.9%)、铁矿石及其精矿(9.7%)、原煤(7.96%)、黄金(7.7%)、铁合金(5.4%)、贱金属(4.7%)、汽车和其他机动车辆(4.6%)、离心机(3.1%)、珍珠和宝石(2.4%)	59.9%
	2000	珍珠和宝石(6.7%)、铁合金(5.0%)、原煤(5.0%)、铂(13.3%)、汽车和其他机动车辆(4%)、未锻轧铝(3.3%)、离心机(2.9%)、贱金属(2.3%)、铁矿石及其精矿(1.2%)	31.3%
俄罗斯	2011	石油原油(36%)、石油(19.1%)、天然气(14.2%)、未分类商品(17%)、煤(2.4%)、肥料(2.1%)、铁或非合金钢产品(1.7%)、未锻轧铝(1.6%)、铜(1.1%)	82.7%
	1996	石油原油(16.9%)、天然气(15.8%)、未分类商品(15.8%)、石油(8.4%)、未锻轧铝(4.8%)、铁或非合金钢平板轧材(2.6%)、铁或非合金钢产品(2.6%)、肥料(2.2%)	70.9%

资料来源:根据联合国商品贸易统计数据库(UN comtrade)数据整理,http://comtrade.un.org/db。

南非和俄罗斯出口结构较为单一。南非是世界上最大的非油气矿产出口国，铂、铁矿石、原煤成为目前南非的主要出口产品。为改变单一的出口结构状况，南非政府大力鼓励矿山机械、汽车及零配件等产品的出口，同时也鼓励高技术产品出口。在政府的扶持下，南非汽车和货运车辆等交通设备产品及机电产品出口的比例持续增长，2011 年占总出口的 17.1%。俄罗斯出口结构最为单一，以初级产品出口为主，原油、石油和天然气为 2011 年的三大出口产品，依靠能源出口仍将是其经济发展的主要支柱。

从主要出口产品的变化来看，随着工业化进程的推进，金砖国家出口产品结构有一定的趋同性。中国商品出口占世界份额从 1992 年的 2.3%增长到 2011 年的 10.4%，出口产品结构发生了较大变化。[①]其间服装等劳动密集型产品的出口份额明显下降，以自动数据处理设备为代表的高科技产品出口比例不断提升。印度主导出口部门虽然还是资源密集型产品，但在造船和无线电传输器具等技术含量较低产品的出口比例不断提高。俄罗斯和巴西仍以初级产品出口为主，以原材料为基础的制成品是南非的主要出口产品，但运输设备等产品的出口比例不断提高。

最后，从制成品出口的技术结构来看，金砖国家的出口产品结构差异显著(见表 5.2)。中国劳动密集型和资源密集型制成品占中国制成品出口比例不断降低，制成品出口产品主要集中在高技术产品。巴西制成品出口以中等技术制成品为主，其高技术制成品出口比例也不断提高，而劳动与资源密集型制成品以及低技术制成品出口比例不断降低。印度在大幅度降低劳动与资源密集型制成品出口的同时，低、中、高技术制成品出口比例不断提高。南非制成品出口以中等技术和低技术制成品为主，而俄罗斯制成品出口主要集中在低技术制成品上。

从发展趋势上看，金砖国家制成品出口结构的趋同性主要体现在，劳动与资源密集型制成品出口比例都明显下降，而中等和高技术制成品出口比例持续扩张。随着出口产品结构的升级，中国与巴西和南非的贸易竞争关系在中等技术制成品上可能进一步凸显。随着印度低技术产品的扩张，中国与印度在低技术制成品上竞争态势也可能强化。

---

① http://comtrade.un.org/db.

表 5.2　金砖国家制成品出口的技术结构演进

（%）

制成品出口	中国			巴西			印度			南非			俄罗斯		
	1995 年	2004 年	2010 年	1995 年	2004 年	2010 年	1995 年	2004 年	2010 年	1995 年	2004 年	2010 年	1995 年	2004 年	2010 年
劳动与资源密集型制成品	48.6	30.3	25.5	25.3	20.2	14.3	56.5	38.6	27.6	20.0	11.4	6.6	10.1	8.2	7.9
低技术制成品	11.3	10.0	11.3	22.1	19.6	17.7	10.6	15.3	18.1	19.6	31.7	30.3	41.2	42.6	40.7
中等技术制成品	13.5	17.4	20.5	33.0	36.2	39.4	11.3	14.3	18.1	32.3	35.6	39.4	18.7	17.3	16.8
高技术制成品	22.3	39.9	40.2	18.4	23.0	27.4	17.1	22.0	25.4	25.7	19.7	21.6	27.7	30.1	33.4

资料来源：同表 5.1。

5.3.2　中国与其他金砖国家的出口产品结构相似度

借鉴 Glick-Rose(1999)的出口相似度指数计算方法，对中国与印度、巴西、南非和俄罗斯的出口产品结构相似度进行测度。相似度指数越高，表明两国的出口结构趋于收敛。按照 SITC 一位数分类标准，测度中国与其他金砖国家的总体出口产品结构相似度。根据表 5.3，中国与印度出口结构较相似，2011 年达到 56；中国与南非贸易相似度也达到了 48，可能构成潜在的贸易竞争关系；中国与俄罗斯出口结构相似度相对最低，说明出口结构的互补程度相对较好。但中国与印度、巴西、俄罗斯的总体出口结构相似度指数有明显下降的趋势。

表 5.3　中国与其他金砖国家总体出口产品结构相似度指数

	1992	1994	1996	1998	2000	2002	2004	2006	2008	2011
印　度	70.16	67.48	63.9	61.7	60.73	57.12	56.65	55.21	54.98	56.25
巴　西	63.96	64.75	62.66	62.62	65.08	59.88	58.25	56.24	50.58	39.76
俄罗斯	—	—	41.22	39.06	36.34	35.65	33.23	27.45	25.46	23.27
南　非	—	—	—	—	53.91	57.88	52.28	52.66	53.78	48.13

注：—表示数据缺失。
资料来源：同表 5.1。

为了反映细分类产品的出口相似度，选择 SITC 第 7 类产品(机械及运输设备)四分位数据，计算中国与其他金砖国家的贸易结构相似度。这样做的理由是，中国机械及运输设备产品出口占总出口比重自 2000 年以来一直高达 45%，2011 年达到 48.8%。因此，中国与其他金砖国家的竞争贸易关系很大程度上取决于第 7 类产品的出口结构相似度。

表 5.4　中国与其他金砖国家的机械及运输设备产品出口结构相似度指数

	1992	1994	1996	1998	2000	2002	2004	2006	2008	2011
印　度	38.44	36.72	41.93	36.17	39.26	36.47	34.7	35.33	36.22	41.46
巴　西	29.64	28.42	28.18	22.14	26.12	26.87	24.4	29.57	29.09	27.33
俄罗斯	—	—	30.72	27.37	27.94	24.41	23.04	28.2	33.78	40.83
南　非	—	—	—	—	29.28	25.08	23.86	24.03	25.65	27.38

注:—表示数据缺失,按照 SITC 四位数分类标准,SITC 第 7 类产品包括 214 种产品。
资料来源:同表 5.1。

根据表 5.4,与总体出口结构相似度相比,中国与印度、巴西以及南非的机械及运输产品的出口结构相似度明显降低,这可能是由于产业内贸易和产品内贸易的存在,降低了在机械及运输产品上的产品同质程度。虽然中国与俄罗斯在机械及运输产品上的相似度达到了 40.8,但由于这类产品只占俄罗斯出口的 2.5%,说明潜在竞争关系并不强。

5.3.3　中国与其他金砖国家的双边贸易互补性与单一性

总体来看,中国与其他金砖国家双边贸易呈大幅增长态势,双边贸易结构体现了各自的比较优势。但双边贸易结构比较单一,体现在中国向其他金砖国家主要出口机电、纺织品等制成品,并从其他金砖国家集中进口铁矿砂、石油等原材料。这种单一的贸易结构,成为引发贸易摩擦、制约双边贸易进一步拓展的重要因素。

就中印双边贸易来看,中印货物贸易结构和产品种类互补优势明显,但中印双边贸易结构单一,中国向印度主要出口机电产品及化学产品,从印度进口的产品高度集中在矿产品及原料制成品。中俄双边贸易大幅增长,中国成为俄罗斯第一大贸易伙伴。中国从俄罗斯进口的产品也高度集中在石油、矿产品、原木和贱金属制品。俄罗斯自中国进口的主要商品为机电产品、纺织品及原料和鞋靴等轻

表 5.5　2011 年中国从其他金砖国家主要进口产品所占比例　(%)

中国从印度进口		中国从俄罗斯进口		中国从巴西进口		中国从南非进口	
产品组	比例	产品组	比例	产品组	比例	产品组	比例
铁矿砂及其精矿	41.3	石油原油	40.4	铁矿砂	49.2	未分类商品	49.6
棉花	11.5	石油	11.7	大豆	22.5	铁矿砂	20.1
铜	9.1	铁矿石	6.9	石油原油	9.3	未列名贱金属	7.3
珍珠、宝石	5.1	镍	6.2	纸浆	3.5	铂	6.1
纺织纱线	2.3	原木	5.2	甘蔗糖或甜菜糖	2.4	铁合金	4.1
未列名贱金属	2.1	原煤	3.9	航空器及设备	1.4	珍珠、宝石	4.0
塑料	1.8	鱼	3.8	生铁	1.3	煤	3.6
石、砂	1.7	木材	3.3	植物油	1.2	纸浆	0.6
植物油	1.3	肥料	2.8	棉花	1.2	羊毛	0.4
皮革	1.3	纸浆	2.3	肉及食用品	1.1	镍	0.4
合计	77.7		86.6		93.1		96.2

注:"比例"表示中国对某一国每种产品的进口占中国从这一国总进口的比例。按照 SITC 三位数分类标准统计。

资料来源:同表 5.1。

工产品。俄罗斯在航天等产业的优势并没有在双边贸易中体现,双边贸易结构单一是目前中俄贸易面临的重要困难和问题。中巴双边贸易额迅速扩张的同时,双边贸易结构问题也更加凸显。2011 年中国制成品出口占对巴西总出口的 97%。巴西对中国出口品种非常集中,主要是铁矿砂、大豆和原油等原材料,2011 年巴西对中国的原材料出口比例超过 90%。巴西不仅仅是农产品、矿产品和原油的生产大国,还有极其发达的工业部门。中国成为南非第一大贸易伙伴的同时,矿产品、贱金属及制品一直是南非对中国出口的最主要产品,而南非自中国进口的主要商品为机电产品、纺织品。尽管中国与南非双边贸易产品结构符合双方比较优势,但这种单一的贸易结构限制了两国经贸范围的扩大,加剧了两国的贸易摩擦。[①]

① 南非是非洲地区对中国出口产品提起反倾销最多的国家。2010 年 7 月,南非贸工部长戴维斯表示,南非不会与中国签署自由贸易协定,因为这对南非不利,南非没有能力与中国的经济规模竞争。见中国——南非经贸合作网,http://www.csc.mofcom.gov.cn/article/csacsbdt/201007。

5.4 中国与其他金砖国家的竞争性贸易关系

为实现金砖国家的共享式外贸增长，不仅应在金砖国家之间形成互补性为主导的贸易格局，规避内部竞争，还应在金砖国家的外部市场上形成非竞争性的贸易关系。利用“全球化红利”，实施出口导向增长，以国际市场带动本国经济增长，是金砖国家的共同选择。中国与其他金砖国家的出口市场结构都高度依赖于美国、日本和欧盟市场。（林跃勤，2011）为识别中国与其他金砖国家在外部市场上的贸易竞争关系，选择美国市场作为外部市场的参照系，这是由于美国是金砖国家的主要出口市场，如 2008 年美国是中国、巴西、印度的第一大出口市场和南非的第二大出口市场，对美国的出口分别占其总出口的 19.14%、14%、13.8%和 10.8%。要识别现实的竞争性贸易关系，关键在于考察在同一外部市场，中国出口是否挤出了其他金砖国家的出口。由于其他金砖国家在外部市场的出口不仅受到自身前期出口量的影响，也可能受到中国当期和前期在同一外部市场出口的影响；为检验中国出口是否在美国市场上挤出了其他金砖国家的出口，可设定以下动态模型：

$$shareX_{i,t} = \alpha_1 shareX_{i,t-1} + \beta_1 share156_{i,t} + \beta_2 share156_{i,t-1} + \mu_i + e_{i,t} \quad (5.1)$$

*share*X 为印度、巴西、俄罗斯和南非在美国市场的出口额（FOB 价格）与美国总进口额（CIF 价格）之比，即在美国市场上的出口份额，*share*156 为中国在美国市场的出口额（FOB 价格）与美国总进口额（CIF 价格）之比。为了消除地理距离及运输、保险费用对出口份额的影响，采用 FOB 价格计算出口额。μ 被用来度量各个横截面单位的个体，即不同产品的差异，e 为随机扰动项。数据来源于联合国商品贸易统计数据库（UN comtrade），俄罗斯为 1996—2008 年期间的数据，南非为 2000—2008 年期间的数据，其他国家为 1992—2008 年期间的数据。根据 Lall 的

产品技术结构的类标准，将出口产品在 SITC 三位数分类标准下的 260 多种商品分为五大类：原料产品、资源密集型制成品、低技术制成品、中等技术制成品和高技术制成品。(Sanjaya Lall, 2000)由于中国出口产品结构高度集中在低、中、高技术产品上，中国对其他金砖国家的贸易影响主要体现在这三类产品上，所以竞争性贸易关系检验主要集中在这三类产品上。

由于该模型解释变量中包含被解释变量的滞后项，导致解释变量与随机扰动项相关(即解释变量具有内生性)。另外，由于采用 200 多个产品数据，难以纳入其他控制变量，可能会有遗漏变量问题。而系统广义矩估计方法(Sys-GMM)一方面能够在很大程度上克服解释变量的内生性问题，另一方面，其通过差分过程可以部分解决解释变量的遗漏问题。但系统广义矩两步估计的标准差存在向下偏倚，会导致两步广义矩估计量的近似渐进分布不可靠，在经验应用中通常使用一步广义矩估计量。除时间虚拟变量外，解释变量的所有二阶以上滞后变量与解释变量相关，但与随机扰动项不相关，将解释变量的滞后项作为工具变量，采用 Sargan 统计量来检验工具变量的整体有效性。以一阶差分转换方程的一阶、二阶序列相关检验 AR(1)、AR(2)来判断残差项是否序列相关。为检验系统广义矩是否比差分广义矩更有效，利用 difference-in-Hansen 检验确定新增工具变量的有效性。为克服截面相依性对估计结果的影响，纳入年份虚拟变量。为了避免伪回归，对估计的模型进行诊断检验，运用 Im, Pesaran 和 Shin 的 w 统计量进行面板残差的平衡性检验。(Im, K.S., M.H.Pesaran, Y.Shin, 2003)判断广义矩估计是否可靠，有效的简单方法是看因变量滞后项的广义矩估计量是否介于 OLS 估计量和静态固定效应模型估计量之间。(S.Bond, 2002)运用系统广义矩估计方法分组检验的结果，见表 5.6 和表 5.7。

表 5.6 和表 5.7 中的 sargan 统计量不显著，说明工具变量是联合有效的，difference-in-Hansen 检验表明新增工具变量的有效性，即采用系统广义矩比差分广义矩更有效。AR(2)检验接受原假设(原假设为不存在序列相关)，则表明原方程的残差序列不相关。对各模型分别采用混合 OLS 及面板固定效应估计，一阶滞后被解释变量的参数见表的倒数第二行和第一行，广义矩估计的因变量 *share*X

表 5.6　中国与印度(356)、巴西(76)在美国市场上的竞争性贸易关系检验

被解释变量:*share*699					被解释变量:*share*76				
	所有产品	低技术	中等技术	高技术		所有产品	低技术	中等技术	高技术
$share356_{t-1}$	0.350*** (7.36)	0.797*** (8.92)	0.946*** (3.10)	0.851*** (4.31)	$share76_{t-1}$	0.637*** (9.94)	0.946*** (9.31)	0.872*** (8.86)	0.826*** (8.36)
$share156_t$	0.168 (1.11)	0.034 (1.35)	0.023 (0.29)	−0.004 (−0.99)	$share156_t$	0.026 (0.72)	0.351 (0.67)	0.015 6 (1.24)	0.004 (0.95)
$share156_{t-1}$	−0.167 (−1.24)	−0.022*** (−3.76)	−0.022 (−0.27)	0.002 (0.47)	$share156_{t-1}$	0.053 (0.72)	−0.064 (−1.65)	0.004 (0.16)	−0.012 (−0.30)
cons	0.013*** (3.26)	0.004*** (3.33)	0.006*** (7.50)	0.009*** (4.30)	cons	0.082*** (4.61)	0.073*** (10.53)	0.017*** (4.57)	0.025*** (5.61)
控制年份	是	是	是	是	控制年份	是	是	是	是
AR(1)	0.296	0.125	0.102	0.117	AR(1)	0.104 2	0.007	0.135	0.016
AR(2)	0.322	0.271	0.340	0.195	AR(2)	0.274 3	0.264 5	0.269	0.267
sargan test	48.87 [0.159]	41.79 [0.977]	45.96 [0.937]	78.99 [1.000]	sargan test	224.637 4 [0.908]	27.91 [1.000]	31.99 [0.999]	210.25 [0.975]
残差平稳性检验 W-stat	−3.466 [0.000]	−3.735 [0.000]	−3.864 [0.000]	−3.753 [0.000]	残差平稳性检验 W-stat	−3.681 [0.000]	−3.271 [0.000]	−3.579 [0.000]	−3.863 [0.000]
Difference-in-Hansen	0.521	0.439	0.232	0.522	Difference-in-Hansen	0.674	0.754	0.859	0.837
观测值(n)	2 976	640	768	272	观测值(n)	2 880	600	690	135
OLS	0.652*** (2.72)	0.972*** (5.79)	0.986*** (5.81)	0.954 9*** (5.65)	OLS	0.972*** (5.52)	1.030*** (3.38)	0.948*** (3.77)	0.998*** (3.65)
FE	0.327*** (8.41)	0.748*** (12.70)	0.893*** (4.80)	0.875*** (11.75)	FE	0.058*** (5.75)	0.917*** (15.51)	0.723*** (13.64)	0.777*** (6.29)

注:(　)内为考虑异方差稳健性标准误对应的 t 值,[　]内为伴随概率; $*\ p<0.05$, $**\ p<0.01$, $***\ p<0.001$。

表 5.7　中国与俄罗斯(643)、南非(710)在美国市场上的竞争性贸易关系检验

	被解释变量:*share*643					被解释变量:*share*710			
	所有产品	低技术	中等技术	高技术		所有产品	低技术	中等技术	高技术
$share643_{t-1}$	0.646*** (4.93)	0.690*** (4.41)	0.621*** (5.41)	0.381*** (4.04)	$share710_{t-1}$	0.196*** (5.29)	0.756*** (5.19)	0.624*** (5.34)	0.618*** (6.10)
$share156_{t}$	−0.029 (−0.90)	−0.021 (−0.42)	0.002 (0.53)	0.039 4 (1.30)	$share156_{t}$	0.004 (0.42)	0.003 (0.601)	−0.002 (−0.42)	0.005 (0.39)
$share156_{t-1}$	−0.019 (−1.21)	−0.029 (−0.42)	−0.004 (−0.89)	−0.032 (−1.11)	$share156_{t-1}$	−0.028** (−2.82)	−0.010 (−0.172)	−0.015*** (−4.57)	0.007 (0.54)
cons	0.003 (2.25)	0.021*** (9.48)	0.004* (2.14)	0.001 73 (1.14)	cons	0.009*** (13.27)	0.002** (2.47)	0.005*** (5.87)	0.002 6 (2.66)
控制年份	是	是	是	是	控制年份	是	是	是	是
AR(1)	0.109	0.261	0.238	0.141	AR(1)	0.003	0.166	0.043	0.221
AR(2)	0.152 5	0.290	0.337	0.128	AR(2)	0.569 6	0.479	0.282	0.177
sargan test	63.19 [0.209]	22.59 [1.000]	24.85 [0.998]	13.73 [1.000]	sargan test	28.44 [0.128 1]	28.69 [0.121 6]	28.79 [0.320 4]	9.936 [0.979]
残差平稳性检验 W-stat	−3.537 [0.000]	−2.846 [0.000]	−3.357 [0.000]	−3.625 [0.000]	残差平稳性检验 W-stat	−4.168 [0.000]	−3.579 [0.000]	−2.935 [0.000]	−3.568 [0.001]
Difference-in-Hansen	0.486	0.512	0.999	0.768	Difference-in-Hansen	0.785	0.276	0.288	0.681
观测值(*n*)	1 674	384	444	180	观测值(*n*)	1 414	301	343	119
OLS	0.673*** (4.62)	0.691*** (5.82)	0.858*** (5.68)	0.382*** (5.30)	OLS	0.854*** (9.17)	0.944*** (8.50)	0.982*** (7.17)	0.973*** (6.31)
FE	0.233*** (9.65)	0.499* (2.17)	0.475 5** (2.59)	0.188* (2.37)	FE	0.162 9*** (7.76)	0.724*** (9.81)	0.451** (3.53)	0.589** (2.76)

注:同表 5.6。

滞后项的系数基本处于混合 OLS 及面板固定效应估计之间，说明我们的估计结果并没有因为样本量和工具的选择而产生大的偏倚。面板残差的平衡性检验(W-stat)表明，估计模型的面板残差均在 1%的显著性水平上具有平衡性。所以，本书所估计的动态面板数据模型基本准确地揭示了中国与其他金砖国家的贸易关系。

我们重点关注的是中国出口份额($share156_t$)及其滞后期($share156_{t-1}$)的系数及其显著性。根据中国与印度在美国市场上贸易关系的检验结果(表 5.6)，在包括 200 多种产品的"所有产品"检验以及"中等技术"和"高技术"检验中，$share156_t$ 和 $share156_{t-1}$的系数不显著，说明中国在美国市场上的出口并没有明显挤出印度在美国市场上的同类产品销售。这与 Barrye 等人的结论一致。(Barry Eichengreen, Yeongseop Rhee, Hui Tong, 2004)而在"低技术产品"的检验中，$share156_{t-1}$的系数显著为负，说明中国与印度在低技术产品上构成贸易竞争关系，中国出口对印度的出口有明显的滞后挤出效应。可能的原因是，中印在美国市场上出口产品结构相似度较高，特别是服装、纺织品等低技术产品都是中国与印度的主要出口产品，并且美国成为中印低技术产品出口的主要市场，如 2008 年中国低技术产品占美国同类产品市场的 28.4%，印度为 2.7%。在中国与巴西贸易关系的分组检验中，中国出口都没有明显挤出巴西的出口。

在"所有产品"、"低技术"、"中等技术"和"高技术"的产品检验中，中国的出口没有明显挤出俄罗斯在美国市场上的出口(见表 5.7)。在中国与南非在美国市场上的出口竞争关系检验中，在"所有产品"检验上，中国在美国市场上的前一期出口明显挤出了南非在美国市场上的出口，这一竞争关系主要是由中国和南非在中等技术产品的竞争引致的。由于南非运输设备等中技术产品占南非总出口比例不断提高，2008 年达到 30.4%，并且南非中等技术产品出口占美国市场比例不断提高，从而与中国在美国市场的竞争关系明显。

5.5　实现中国与其他金砖国家贸易共享式增长的途径

金砖国家之间的贸易具有广泛的利益源，建立同生共赢的贸易关系具有比较稳健的经济基础。但由于贸易结构升级导致的相同目标产业的发展，双边贸易结构单一导致的贸易利益不对等，以及力图在新一轮国际竞争中占据主动的意愿，金砖国家内部的贸易竞争也制约了中国与其他金砖国家的共享式外贸增长。金砖国家大都实施出口导向的增长模式，出口产品及出口市场结构的相似，使它们在外部市场上也呈现一定的竞争性。为实现中国与其他金砖国家的共享式外贸增长，政策重点应从关注贸易摩擦转向互补性贸易的拓展，通过完善合作机制和创新合作方式，形成多层次、宽领域的合作架构，构建以互补为主导的贸易格局。

5.5.1　金砖国家通过产业链的“雁行”布局，构建互利共赢的贸易格局

共享式外贸增长在中国与其他金砖国家的“双边”层次上，要有利于贸易双方的互利共赢。通过产业结构升级实现可持续经济增长是金砖国家共同的目标。巴西和南非的中等技术制成品、印度的低技术制成品出口比例已明显攀升，中国与其他金砖国家在制成品上的竞争将逐步凸显。并且由于金砖国家的大国效应，这一竞争关系可能会随着工业化的推进而更加激烈。这就需要金砖国家根据自身资源与结构的优势，错位发展，形成“雁行”模式下的国际分工，以规避这一动态的竞争关系，实现中国与其他金砖国家贸易发展的互利共赢。

金砖国家资源禀赋各异，产品技术层次不同，产业优势互补性很强，为产业结构在金砖国家内部的“雁行”布局提供了可能，以充分发挥相互之间在资本、资源、市场、科技和人力资源上的优势互补性。在产业分工上，根据印度的高端人才优

势、中国的劳动力成本与资金优势、巴西的资源优势、俄罗斯的能源优势，可实施“资源密集型—劳动密集型—资本密集型—技术密集型”的产业“雁行”布局。在产业内分工上，根据各国企业优势实施“低质品—高质品”的差异产品“雁行”布局。金砖国家间经济发展水平的差异以及金砖国家内部收入阶层的差异性，产生了对不同质量层次产品的巨大需求，而金砖国家巨大市场规模可以支撑任一差异产品的规模经济。那么金砖国家同一产业内的异质企业可以定位于差异化产品的发展，实施“低质品—高质品”的“雁行”布局。通过差异产品“雁行”布局和贸易，金砖国家不仅可以通过“母市场效应”提高差异产品的生产率而改善贸易条件，(Corsetti, Giancarlo, Martin, Philippe and Pesenti, Paolo, 2007)也可以通过市场份额重新配置和行业生产率的提高而提高社会福利，(Melitz, Marc, 2003)同时也规避了金砖国家由于产业结构趋同引发的贸易竞争。在产品内分工上，根据不同国家的优势，可将产品的设计、研究开发、生产加工、组装、销售等价值链环节在金砖国家内部优化配置，根据不同国家的优势，将不同类别的中间产品生产环节布局在不同国家，形成产业链的“雁行”布局。金砖各国拥有不同的核心优势，如俄罗斯拥有基础科学优势，印度拥有软件技术优势，巴西拥有清洁技术与现代农业优势，中国拥有制造加工与资金优势，南非拥有矿产开采技术优势等，金砖各国可根据这些情况，利用不同国家的区位优势，构建以本国企业为“雁头”的产业链，形成多产业共同发展的“雁群模式”。这种产业链的“雁行”布局，不仅规避了传统“技术密集产业—资本技术密集产业—劳动密集型产业”的产业间“雁行”分工体系所导致的贸易结构单一、贸易利益不对等的问题，也有助于价值链的整合，推动产业结构的合理布局，化解金砖国家之间在产业结构和出口结构上的竞争，从广度和深度上推进中国与其他金砖国家贸易的互利共赢式发展。推进金砖国家产业链的“雁行”布局，政府需要关注的重点领域应该是：通过实施金砖国家之间的贸易便利化和本币结算以及简化通关、提供信息平台等措施，降低贸易成本，为微观企业布局“雁行”模式提供一个更加开放的贸易环境。

5.5.2　以科技合作强化优势互补，实现经济贸易结构的调整升级

共享式外贸增长在“多边”层次上，要有利于金砖国家贸易利益的整体改进。出口结构升级是金砖国家改进贸易利益的经济基础，科技进步又是出口结构升级的必备条件。但金砖国家研发费用占 GDP 的比重为 0.9%—1.4%，只有经济合作与发展组织国家平均值的一半，（林跃勤，2011）科技创新面临人才、资金短缺的瓶颈，亟需加强合作。金砖国家在科技方面各具优势，俄罗斯有强大的航天产业和军事工业，在冶金、重工业、医学、高能物理等领域居于世界领先地位，中国在机电产品、工程机械技术上也有优势，巴西拥有发达的农牧业，民用飞机制造和生物燃料产业处于领先地位，印度拥有生物工程、软件开发的技术优势。金砖国家在科技发展方面又有利益交织点，都将新能源、新材料、环境保以及信息技术等作为技术开发重点，进行合作研发，将激发出巨大的创新能量。

金砖国家可采用多种科技合作模式，包括政府间联合资助国际科技合作计划、政府间开展人力资源计划以及政府采购项目下的国际科技合作等。在政府间联合资助国际科技合作计划方面，可根据金砖国家产业、科技发展的共同目标，由政府机构通过科技合作协定等联合设立科技合作主题计划。在人力资源计划方面，金砖国家可以通过科技考察、人才引进、人才联合培养、专家互访等多种形式，促进五国科技人才交流。同时加强金砖国家科技合作平台建设，如建设以网络平台为依托、服务体系为支撑的国际科技合作平台，包括构建金砖国家科技合作的公共信息网络平台、服务体系、人才交流平台，为开展国际科技合作提供服务和保障。

5.5.3　通过“出口转投资”模式，实现中国与其他金砖国家外贸的共享式增长

共享式外贸增长在“单边”层次上要有利于提高中国自身的对外贸易效益。

中国出口增长过度依赖“两高一资”(高耗能、高污染和资源性)的外商投资,出口的迅速增长并没有带来福利的显著改善,而国际国内的资源与市场均难以支撑其持续增长,面临的贸易磨擦及遭遇的贸易壁垒越来越多。中国粗放型的外贸扩张,在外部市场上与其他金砖国家争市场,在金砖国家内部市场上也容易遭受贸易抵制。中国由出口向投资转变,通过对外投资方式利用国外市场,能增加东道国的投资与就业水平,并提高利用国际市场的绩效。

中国出口向投资转变,不仅要在金砖国家的外部市场上,规避与其他金砖国家的贸易竞争。更重要的是,在金砖国家内部市场上,通过拓展中国对其他金砖国家的投资,实现贸易发展的互利共赢。金砖国家之间的经济结构与经济发展水平的差异,为相互扩大投资提供了机遇,但目前相互投资很少,中国流入到其他金砖国家的投资仅占中国对外总投资的0.86%,中国接受其他金砖国家的投资仅占流入中国外贸的0.2%[①]。这与金砖国家作为全球投资热点的事实相背离。中国利用强大的资金优势,可根据其他金砖国家的不同优势,布局不同的投资类型,而不仅仅是寻求自然资源型投资[②],还可以是市场或效率型投资以及寻求战略性资产投资等,有效利用其他金砖国家的各类优势,实质性提高了中国的出口能力和出口效益。在对外投资的结构方面,中国从传统制造业和能源行业向电信技术、清洁能源、金融服务、新材料等新兴产业拓展,由制造环节向研发设计、销售服务等高端环节延伸。在促进措施方面,要加强在金融、证券和其他金融机制方面的合作,支持金砖国家成员国间的投资,签订双边货币互换协议,以及开展人民币的境外投资等。在制度安排上,应当先以建立某种形式的“更紧密经贸关系安排”等较松散的经济一体化组织形式为基础,逐步扩大中国对其他金砖国家的投资,推进中国“出口到投资”的转变,实现中国与其他金砖国家外贸的共享式增长。

---

① 《金砖国家联合统计手册(2011)》,北京:中国统计出版社,2011年。

② 中国为获得可靠的原料来源,加大了对巴西、南非等国家资源行业的投资力度,引起东道国对自身经济安全的关注。

5.6 结论

金砖国家之间的贸易具有广泛的利益源，实现中国与其他金砖国家外贸的共享式增长，是促进金砖国家合纵连横的重要途径。为实现金砖国家共享式外贸增长，不仅应在金砖国家之间形成互补性为主导的贸易格局，还应在金砖国家的外部市场上规避竞争性贸易关系。本书基于分类贸易数据，分析了中国与其他金砖国家出口产品结构的系统性变化和双边贸易的发展态势，并检验了中国与其他金砖国家在外部市场的竞争性贸易关系。分析表明：其一，金砖国家的出口产品结构差异明显，贸易总体互补性强，中国与其他金砖国家的双边贸易扩张迅速，但双边贸易结构比较单一，集中表现在中国向其他金砖国家主要出口机电、纺织品等制成品，集中进口铁矿砂、石油等原材料，这种单一的贸易结构成为引发双边贸易摩擦、制约双边贸易进一步拓展的重要因素。其二，虽然金砖国家经济贸易结构具有高度互补性，但由于工业化进程和结构调整而导致的相同目标产业的发展，以及力图在新一轮国际竞争中占据主动的意愿，导致金砖国家贸易结构趋同，从而使得金砖国家内部的贸易竞争逐步显现。其三，金砖国家实施出口导向型经济增长模式，由于出口产品结构和出口市场结构的相似性，导致在外部市场上中国与印度在低技术制成品上、中国与南非在中等技术制成品上的竞争关系比较明显。

为实现中国与其他金砖国家外贸的共享式增长，应采取的战略性措施应包括以下方面：其一，实施中国由出口向投资的模式转变，规避与其他金砖国家的贸易竞争，跨越贸易壁垒，实质性提高中国出口能力和出口效益，在改善其他金砖国家经济福利的同时，在中国“单边”层次上改进中国的外贸绩效。其二，根据金砖国家的各自资源与结构优势，错位发展，在产业间、产业内和产品内分工上形成产业结构“雁行”布局，规避贸易结构单一、贸易利益不对等问题，化解金砖国家之间在产业结构和出口结构上的竞争，实现中国与其他金砖国家“双边”贸易层次的互利共赢。其三，通过多种科技合作模式以及科技合作平台建设，加强金砖国家科技合作，强化优势互补，推进经济贸易结构的调整和升级，实现金砖国家“多边”层次上贸易利益的共享式改进。

第 6 章

金砖国家金融合作平台构建

6.1 金砖国家开发银行的提出

进入新世纪，金砖国家从一个经济学概念发展成为一个新的国际合作平台。2011 年《三亚宣言》确立了以经贸和金融为重点领域的金砖国家合作机制，这一机制的特点在于坚持利益共享原则，推行多边主义和南南合作，堪称全球经济合作的新模式。2010—2011 年，金砖国家对全球经济贡献率均超过 50%[①]。金砖国家经济的崛起改变了 200 多年来世界经济主要依靠发达经济体驱动的历史。金砖国家发展潜力巨大，经济互补性强，利益诉求相近，深化经贸合作和金融合作具有良好的基础和广阔的前景。

2008 年世界性金融危机之后，从提出推动国际金融机构改革、提高新兴市场国家在国际金融机构中的发言权和代表性，到联合签署《金砖国家金融合作框架协议》，金砖国家的金融合作逐渐扩大和深化。2012 年 3 月，在金砖国家峰会上印度正式提议成立金砖国家开发银行，在 6 月的洛斯卡沃斯会晤时提出通过成立金砖国家应急储备安排来建设金融安全网。2013 年 3 月，金砖国家领导人在德班会晤时明确表示同意建立“新的开发银行”，努力建立应急储备基金，并指示财长和央行行长通过谈判完成建立该机制的协议。设立金砖国家开发银行并不是一种

① 按照国际货币基金组织测算。

偶然的提议，它反映了世界经济格局变化的趋势，也是改善全球经济治理、改革国际金融体制、重塑国际经济新秩序的必然要求。第一，金砖国家以积极姿态参与重塑国际经济新秩序。20 世纪 90 年代初“冷战”的结束，标志着两级争霸的雅尔塔体系的终结，转向由以美国为首的西方发达国家主导的国际经济体系和秩序。美元本位的国际货币体系无法根除“特里芬”难题，国际金融监管体系严重缺失，成为世界经济不稳定的根源。本次国际金融危机爆发以后，发达经济体呈萧条迹象，增长率在 2%左右徘徊；新兴经济体工业化势头仍在继续，平均增长率保持在 5%以上，成为世界经济增长的主要引擎。欧美等发达国家实施多轮量化宽松政策，向他国尤其是贸易顺差国转嫁危机，使发展中国家的巨额外汇储备面临“双缩水”境地。鉴于此，以金砖国家为代表的新兴市场国家，力图通过贸易和金融等领域的合作，积极参与构建更公平合理的国际经济新秩序，为全球的和平、稳定和发展作出贡献。第二，金砖国家试图依靠自身力量弥补现有国际金融机构功能的缺失。在现有国际金融体制下，美国控制的世界银行和国际货币基金组织通过对贷款及其治理的附加条件，阻碍发展中国家根据本国国情走自己的发展道路，以维护其世界霸主地位。金砖国家为有效维护自身利益和满足投融资需求，产生依靠自身力量设立新的金融机构和应急储备安排从而弥补现有金融机构功能缺失的强烈愿望。第三，金砖国家需要“抱团取暖”，利用全球金融资源和形成核心凝聚力。此外，金砖国家正在基于共同的利益诉求开展多领域的合作，但是经济、政治、文化和地域方面的障碍性因素影响了联合行动的效率。通过设立共同金融机构和加强金融合作，为金融稳定和经济可持续发展服务，有利于形成金砖国家的核心凝聚力。在这种国际背景下，金砖国家联合建立开发银行成为深化金融合作的契机，同时也是改革国际金融体制和全球经济治理的战略性措施。

实际上最早提出发展中国家组建开发银行构想的是约瑟夫·斯蒂格利茨和尼格拉·斯特恩[①]。近些年来，围绕设立南南开发银行或金砖国家开发银行的必

① 约瑟夫·斯蒂格利茨(Joseph Stiglitz)和尼格拉斯·斯特恩(Nicholas Stern)认为为满足新兴发展经济体的投资需求，应当建立金融中介系统以循环利用新兴经济体的储蓄，而南南开发银行最适合承担这一金融中介功能，因此提出设立南南开发银行以促进南南投资。2010 年 11 月在韩国首尔举行的 G-20 峰会上，印度总理辛格非正式提出该想法供会议讨论，其基本观点也是将过剩储蓄通过循环利用变为发展中国家的投资，并指出这不仅有利于缓解直接需求不平衡，而且有助于解决发展不平衡。后新闻界、学术界称之为金砖国家开发银行。

要性和可行性，国内外学者展开激烈争论，形成以下观点。

第一，南北合作与南南合作之争。一种观点认为依靠现有全球通行的金融体系以及 IMF、世界银行等国际性金融机构可以使金砖国家发展得更好，其实质是认为南北合作优于南南合作而否认南南合作的必要。世界银行多项研究结果表明，对发展中国家而言，南北合作优于南南合作。他们根据新经济增长理论，指出知识在提高生产率和促进经济增长上起重要作用，而通过南北贸易、投资等合作将使拥有较多知识资源的发达国家的知识溢出到发展中国家从而促进其经济增长（David T.Coe, Elhanan Helpman and Alexander W.Hoffmaister, 1997）；南北合作也使发展中国家更能获得产业垂直分工的益处（苏雪串，2006）；有利于缩小联盟国家之间的差距。而以斯蒂格利茨为代表的观点认为，应当建立金融中介系统以循环利用新兴经济体的储蓄、满足新兴经济体的投资需求，其实质是主张以南南开发银行的形式开展南南合作。其理论渊源可追溯至 20 世纪 60 年代后期西方经济学界出现的激进主义流派，他们坚决主张南南合作而反对南北合作，认为发达国家凭借拥有雄厚资金、控制先进技术和垄断发展研究，通过不平等交换和设立跨国公司等方式，与发展中国家形成“支配—依附”关系，成为导致发展中国家贫困的根源，因而主张它们与国际体系“脱钩”，走集体自力更生道路，加强南南合作。实际上斯蒂格利茨等主张的是新型的南南合作，也是联合国一直推动的，即充分利用发达国家知识溢出效应和发展中国家资源与市场优势，多元化选择与组合其战略伙伴，以不排斥南北合作为前提的包容式南南合作。

第二，重复建设与有益补充之争。有的学者认为，目前国际上已经成立美洲开发银行、非洲开发银行、亚洲开发银行、欧洲开发银行等区域性金融机构，金砖国家分别是其成员，可以满足其投资需求，如果再组建金砖国家开发银行，将导致重复建设，引起资源分化（胡祖六，2012）。与此相左的观点是，目前区域性政府间金融机构运行没有达到饱和状态，“世界需要更多的银行”①。我们认为，金砖国家

① 据《日本经济新闻》报道，印度政府规划委员会副主席阿拉瓦利亚（Montek Singh Ahluwalia）于 2012 年 3 月 27 日表示世界需要更多的银行，设立金砖国家开发银行的最主要目标在于通过跨国金融机构，增加针对发展中国家基础建设投资的贷款规模。

虽然是这些区域性机构的成员，但由于它们都是中等收入国家，无法享受援助性低息贷款。此外，金砖国家在这些机构中投票权较低，如在亚洲开发银行的投票权占比为12.2%，在非洲开发银行中投票权占比为6.3%，加上这些银行的服务对象众多，金砖国家从中获得融资和所起作用十分有限。由此，组建一家以金砖国家为主要成员并起关键作用且主要服务于金砖国家经济发展的金融机构是对现有机构的有益补充，并非对它们的简单重复。

第三，地理差异与共同诉求之争。有的学者强调金砖国家的地理差异很大，它们分布在世界四大洲，而且各成员的身份、制度、理念与文化互难认同，因而建立一个统一的发展银行未必能够顺利运作[①]；他们预言南南合作将因为发展中国家之间的竞争而分化，这些学者根据中国和印度在具体构建问题上的分歧，预言设立金砖国家开发银行的构想将会流产。与上述持悲观态度的学者不同，另一些学者则对金砖国家组建统一的开发银行持乐观态度。他们认为前者仅仅看到金砖国家地理政治和文化差异，而没有看到金砖国家人口众多、市场潜力大、经济增长快以及转轨期面临相似问题等共同点，尤其是金砖国家在国际分工体系和货币金融体系中处于弱者地位、具有相同利益诉求，而“基于共同的利益诉求和高度互补的经济结构，金砖国家积极开展多层次、多领域的务实合作”，“共享式合作态势不断加强”（欧阳峣、张亚斌、易先忠，2012）。而且在通信网络和电子技术高度发达的全球化时代，信息电子化使地理差异的影响微乎其微，金砖国家建立开发银行的运作不会因地理差异而受阻，它主要取决于合作利益以及具体制度的合理设计。

以上讨论的核心问题是设立金砖国家开发银行的必要性。斯蒂格利茨和斯特恩认为，南南开发银行应该是一家完全现代的银行，包括货款担保等一系列工具，承担环保责任，各成员包括国家或国际开发银行以及主权财富基金等内容。(Mattia Romani, Nicholas Stern, Joseph Stiglitz, 2012)国内学者姚枝仲和李众敏

---

① 美银美林（印度）首席经济学家古普塔（Indranil Sen Gupta）指出除了世界银行和IMF以外，几乎所有的开发银行均依地理范围来划分，地理位置相近让这些多边组织成员实现了身份、政治和文化认同，但金砖国家分布在四大洲，彼此间差异巨大，一个统一的开发银行未必能顺利运作。

从基础设施投融资需求角度考察设立金砖国家开发性金融机构的现实依据，并对机构的宗旨职能、股权结构、治理结构、财务设计、重点业务领域及风险控制等进行了探讨（姚枝仲、李众敏，2012）。总体而言，国内外学术界对金砖国家开发银行的性质、设立的依据均缺乏系统研究，对融资途径、援助目标、投资领域以及与其他金融机构合作等问题尚未达成一致（周志伟，2012）。鉴于此，本书拟从功能角度对设立金砖国家开发银行的现实必要性进行系统分析，构建基于协动性的博弈模型，以进一步探讨建立金砖国家金融合作机制的合理性。然后，基于发展与稳定的主题，提出金砖国家开发银行的基本宗旨、股本结构和投票制度。在此基础上，讨论金砖国家开发银行的机构设置、总部选址及业务范围等问题，为金砖国家开发银行的设立和运作提供政策建议。

6.2　设立金砖国家开发银行的现实依据：功能视角

解释金融中介缘何存在的金融中介理论尽管流派纷呈、观点各异，但我们能从中找到一条功能分析的主线。无论是古典经济学家、新古典经济学家从宏观角度侧重金融与经济的关系来论述金融中介的价值，如斯密等的“信用媒介”（亚当·斯密，2009）①、熊彼特的“信用创造”②、格利和肖的“资产转换”（John G.Gurley, Edward Stone Shaw, 1960）③，还是现代金融家从微观视角以节约交易

① 斯密在《国富论》第二篇论及货币与银行在经济发展中的作用时阐述道，“慎重的银行活动可增进一国产业，可使死资财变成活动资财，使本无所用的资本大部分有用，本不生利的资本大部分生利，大大增加土地和劳动的年产物”。斯密认识到了银行具有信用媒介功能以及银行对产业发展的重要性。

② 熊彼特提出“信用创造论”，分析银行能增加社会总产量的原因，指出经济发展的实质是生产要素的新组合，银行信用在经济发展中的重要作用在于为生产要素的新组合提供必要的购买力。这种购买力并不是来源于银行所吸收的储蓄，也不来源于真实票据的贴现，而是来源于银行信用创造。正是这种信用创造能力，使之成为推动经济发展的动力。

③ 他们首次提出金融中介具有资产转换功能，通过发行间接融资证券，在资金剩余单位与资金不足单位之间融通资金，从而提高资金的可获得性。他们论证多样化的金融资产和金融中介机构在信用创造、资产转换及经济增长中的促进作用。

成本思路提出金融中介具有成本优势的系列主张，如利兰和派尔的“信息生产”(Leland, H. and D.Pyle, 1977)[①]、戴蒙德的“受托监控”(Peter A.Diamond, 1984)[②]、阿伦和桑特美罗的“风险管理”(Allen Franklin and Anthony M.Santomero, 1998)[③]、史高顿和温斯韦恩的“价值增值”(Bert Scholtens, Dick Van Wensveen, 2000)[④]等，无一不从功能视角分析金融中介存在的根源。功能相对稳定，无论其组织形式怎样改变，金融中介始终寻求跨时空、跨行业的资金最优配置。鉴于此，我们采用功能视角，以基本的资产转换功能为主线，探究金砖国家是否存在融资缺口，以寻找金砖国家开发银行成立的依据。

6.2.1 金砖国家基础设施巨大融资缺口为设立金砖国家开发银行提供客观依据

从单个金砖国家来分析，基础设施之所以成为各国的发展重点是基于以下原因：其一，金砖国家大多资源、能源丰富，但基础设施发展滞后。根据世界经济论坛的评估，144个国家和地区基础设施整体质量的排名中除南非和中国外，其他国家排名靠后；且不同类型基础设施的质量差异很大，巴西的道路、港口和机场，中国的移动通信，印度的电力、移动和固定通信，俄罗斯的道路等均落后于第110名(见表6.1)。陈旧的基础设施严重制约着资源开发，因此，投资基础设施成为开发资源、发展经济的前提。其二，金砖国家大多处于城市化进程中，产生对城市基础

① 他们从信息不对称角度，基于道德风险模型解释金融中介在信息生产过程中具有独特的成本优势。非对称信息条件下道德风险阻碍信息传递，企业家采取投入一定比例自有资本的行动，对贷款人起传递项目质量的信号作用。企业家结盟后将大大节省融资时的信息生产成本。引入金融中介作为企业家联盟的信息生产者可解决“次品车问题”。

② 他基于多个委托人的委托代理理论和非对称信息理论，构建受托监控模型。该模型证明金融中介存在的条件下会出现双层代理关系，即使考虑金融中介本身的代理成本，金融中介仍然具有信息生产和监控的优势。

③ 他们基于风险管理功能提出“参与成本论”。指出由于金融工具的日趋复杂化和人们单位时间收入水平的提高，投资者学习金融投资的机会成本、参与风险管理和决策的时间即参与成本大大增加，抵减了交易成本和信息成本下降的作用。他们认为作为创新工具主要交易主体和创新市场重要参与者的金融中介反而具有风险管理优势，通过降低投资者的参与成本来创造价值。

④ 他们从金融中介内部因素着手，认为价值增值才是推动金融中介发展的主要驱动力。金融中介作为一个独立的、专门生产金融产品的市场参与者，通过对金融产品风险、期限、规模、流动性等方面的技术性转换为储蓄者和投资者提供增值服务，同时实现自身价值。

设施的巨大需求。其三，随着全球化、市场化趋势日益明显，各种要素的流动规模和速度不断提升，需要更大的基础设施承载力与之相匹配。其四，伴随低碳、环保、新能源等绿色技术的开发，传统基础设施面临改造，低碳性、高效能、低污染的新型基础设施也需要投资。

表6.1　金砖国家基础设施质量统计表

国家	总计		道路		铁路		港口		机场		电力		移动通信		固定通信	
	排名	值	排名	值	排名	值	排名	值	排名	值	排名	值	排名	值	排名	值
巴西	107	3.4	123	2.7	100	1.8	135	2.6	134	3.0	68	4.9	41	123.2	55	21.9
中国	69	4.3	54	4.4	22	4.6	59	4.4	70	4.5	59	5.2	114	73.2	58	21.2
印度	87	3.8	86	3.5	27	4.4	80	4.0	68	4.7	110	3.2	116	72	118	2.6
俄罗斯	101	3.5	136	2.3	30	4.2	93	3.7	104	3.8	84	4.3	5	179.3	41	30.9
南非	58	4.5	42	4.9	46	3.4	52	4.7	15	6.1	94	3.9	35	126.8	99	8.2

资料来源：世界经济论坛：《2012—2013年全球竞争力报告》。

从金砖国家整体来看，联合进行基础设施投资的收益显著。首先，其可以克服单个国家独立投资中面临的资金、技术或人才等制约，刺激金砖国家的内需，带动经济增长。如中国既有较成熟的基础设施技术、装备和相对低廉的设计、施工人员，又有较成功的商业运营模式及国际工程承包竞争力，可服务于其他金砖国家，迅速带动金砖国家内原材料、建筑、金融等数十个相关产业的发展。其次，联合投资能够缓解金砖国家之间激烈的竞争关系。发展中国家之间由于产品可替代性，往往存在竞争关系，金砖国家群体性崛起导致更激烈的市场摩擦，尤其是在发达国家因欧美债务危机而减弱消费能力的情况下。目前金砖国家的贸易争端主要围绕中国工业制成品展开，对中国实施反倾销最多的是印度，巴西针对中国的贸易保护措施也剧增（王永中、姚枝仲，2011）。联合投资将弱化金砖国家间的竞争关系，增强其互补性，分享彼此经济增长的益处，从而实现共赢。此外，联合投资有助于促进金砖国家经济一体化，增加内部投资和贸易，形成良性循环，减少对发达国家主导的不公平国际经济秩序的依赖。

金砖国家基础设施投资需求产生巨额融资需求①(见表6.2)。开放经济条件下国民收入是本国和外国花费在由本国生产要素生产的商品和服务上的总和,而经常账户余额用来表示进出口商品与服务之差,即 $CA = X - M = Y - (C + I + G)$,用来衡量一国总体储蓄投资缺口状况②。巴西、南非、印度经常账户出现逆差,2011年分别达到524.8亿美元、134.8亿美元、627.6亿美元(International Monetary Fund, 2012),表明其国内储蓄不足以满足基础设施投资需求,存在巨大融资缺口;中国、俄罗斯虽然经常账户呈现顺差,2011年分别为2 017.2亿美元、988.3亿美元,表明国内储蓄过剩,但由于国内储蓄投资转换机制不健全、资本市场等长期融资欠发达、外汇储备不能直接用于国内投资等原因,中俄仍存在较大融资缺口。其次,从外部融资来看,现有多边开发机构数百亿的资金供给难以满足金砖国家以万亿计的基础设施融资需求(见表6.2)。

表6.2 金砖国家从世界银行和其他区域性开放银行的借贷情况 (亿美元)

国　家	中国	印度	俄罗斯	巴西	南非
世界银行	88.10	221.15	5.15	165.75	40.16
亚洲开发银行	259.76	269.96	0	0	0
欧洲复兴开发银行	0	0	208.75	0	0
泛美开发银行	0	0	0	400	0
非洲开发银行	0	0	0	0	—

注:世界银行对各金砖国家的贷款数据为2008—2012年的总贷款额,其他区域开发银行对相应金砖国家的贷款数据为截止到2011年12月30日的历年累计总贷款额。其中,欧洲复兴开发银行对俄罗斯的贷款原始数据为156亿欧元,为了数据的可比性,用2012年末汇率折算成美元。数据来源于世界银行和各开发银行官方网站。

---

① 中国在"十二五"规划中拟投资6.2万亿美元,将大规模基建、出口以及清洁能源作为促进经济增长的关键,具体包括能源、电力、铁路、高速公路、机场等项目;印度"十二五"计划提出投资1万亿美元用于基础设施建设,其中与公路相关的基础设施投资为420亿美元,与铁路相关的基础设施投资为670亿美元;俄罗斯从2012年起计划10年中投资1万亿美元;巴西2012—2016年拟投资1万亿美元;南非基础设施最发达,截至2015年投资1 000亿美元。以上数据来源于中国经济网、国家在线等权威媒体网站。

② 开放经济条件下,若经常账户余额为零,意味着国内储蓄刚好等于国内投资所需要的融资支持;若经常账户赤字,意味着国内储蓄不足以为国内投资提供融资支持,差额部分通过利用外国储蓄来弥补;若经常账户盈余,意味着国内储蓄超过国内投资的融资需要,剩余国内储蓄以经常项目盈余方式流出本国。该观点见余永定、覃东海的《中国的双顺差:性质、根源和解决办法》一文,载于《世界经济》,2006年第3期。

巨大融资缺口为金砖国家创新融资渠道提供了现实必要性。设立金砖国家开发银行，可通过金砖国家央行资本金的认缴等渠道集中各国外汇储备，同时通过债券发行、国际金融市场融资等途径创新国际开发性融资渠道，有效聚集金砖国家内以及国际上的闲散资金，满足金砖国家内基础设施巨额的投融资需求。这种资金供求之间的时空转移，资金期限、规模、币种、风险的转换与组合以及由此实现的资产转换功能、信息生产功能以及风险管理功能等都将有效促进金砖国家经济的可持续发展。

6.2.2　危机传染与储备不均是构建共同金融稳定基金的重要原因

1. 金融稳定资金需求：金砖国家金融危机的传染性

经济转型和持续快速增长中金砖国家累积了大量风险因素，根据危机传染理论①，随着金砖国家经贸关系日益紧密，将产生产业联动、贸易溢出和资本流动效应，金融危机传染的可能性增大。以贸易溢出效应(Glick，Reuven and Rose，Andrew K.，1999)②为例，2001—2011 年金砖国家间的贸易年均增速高达 20%，增长了 16 倍(见表 6.3)③。倘若一国发生危机，造成的货币贬值将相对抬高其他金砖国商品的出口价格，从而降低其竞争力(价格效应)，也将通过收入效应减少其他金砖国家的国民收入而相应减少其进口，两种效应都将导致其他金砖国家出口和国民收入下降，增加其失业人数。而为阻止衰退，其他金砖国往往采取扩张性货币政策，随着通货膨胀压力增大，将招致对这些国家货币的投机性冲击，使危机传染至其他金砖国。金砖国家还存在另一种隐蔽的传染途径。金砖国家具有诸多相似性，如国家规模大、经济持续快速增长、处于工业化相似阶段和转轨进

① 危机传染理论表明，危机通过产业联动效应、贸易溢出效应、资本流动效应等“接触式”途径从一国传播到另一国；现代危机更可能发生“非接触式”(或“纯粹性”)传染，即两国或多国无须任何产业、贸易、资金联系，仅通过投资者预期经心理渠道便可实现危机的传播。非接触式传染形成的关键是投资者认为传染国与被传染国在某些方面(如经济基本面、发展战略或发展史、政治文化、法律制度、汇率制度等)存在相似性。

② 格力克和罗斯在该文中通过实证检验证明贸易渠道能较好地解释危机传播。

③ 数据来源于《金砖国家联合统计手册》(2011)。

程、采取相似外向型发展战略和汇率制度、面临不公平国际货币金融体系且具相同利益诉求等；尤其是2001年金砖概念提出以来，金砖国家业已形成以首脑峰会为核心，以高级事务代表、部长和驻多边机构代表会晤为辅助，以智库、工商界、银行界等务实合作为支撑的合作机制。这些相似性和合作态势使投资者将金砖国家视为整体（汤凌霄，2010）。若一国发生危机，由于"羊群效应"和信息不对称，投资者将重新评价其他金砖国家的经济基础，即使它们并未恶化，投资者也将产生即将或正在恶化的心理预期，抛售它们的货币和金融资产，导致其货币贬值和金融资产价格暴跌，最终将危机传染至其他金砖国家。而随着这种传染可能性增加，将产生巨额金融稳定资金需求。

2. 外汇储备规模、协动性及适度性

外汇储备的基本功能在于防范危机，满足稳定的资金需求。为考察金砖国家的外汇储备能否满足金砖国家内金融稳定的资金需求，须进一步研究外汇储备的规模、协动性与适度性。

表6.3　金砖国家间贸易额排名

进口/出口	中国	巴西	印度	俄罗斯
中　国	1	9/9	2/2	8/8
巴　西	2/1	1	na	na
印　度	5/4	4/2	1	na/7
俄罗斯	3/3	9/9	8/8	1

注：分母表示纵向国家向横向国家出口排名，分子表示纵向国家向横向国家进口排名，如2/1表示巴西进口贸易国中中国排第2位，巴西出口贸易国中中国排第1位，na表示排名在第10位后。

资料来源：经《金砖国家联合统计手册》整理而成。

首先，考察金砖国家外汇储备规模。金砖国家外向型增长模式导致大量外汇储备持续增加，集中全球总额的45％。2011年底，中国、俄罗斯、巴西、印度外汇储备分别居全球第1、4、6、10位，2002—2011年增速为32％、33％、28％、21％（南非为24％）。

表 6.4　金砖国家外汇储备状况

（百万美元）

	2001	2002	2003	2004	2005	2006	2007	2008	2009	2010	2011
中　国	212 165	286 407	403 251	609 932	818 872	1 066 344	1 528 249	1 946 030	2 399 152	2 847 338	3 181 148
巴　西	35 522	37 161	46 684	52 411	53 145	84 463	163 526	190 929	228 644	276 148	343 180
俄罗斯	32 538	44 051	73 172	120 805	175 690	295 277	466 376	410 695	405 825	432 948	441 162
印　度	45 251	66 994	97 617	125 164	131 018	170 187	266 553	246 603	258 583	267 814	262 933
南　非	5 767	5 599	6 161	12 810	18 281	22 747	29 273	30 270	32 474	35 427	39 852

注：中国数据来源于国家外汇管理局网站，巴西、印度、俄罗斯和南非数据来源于央行网站。

其次,考察金砖国家外汇储备的协动性[①]。采用2001年1月至2012年6月的月度外汇储备数据,经HP滤波后取波动部分,计算各国储备波动的相关系数,发现金砖国家之间Pearson相关系数在99%的置信度(双侧)水平上具有显著性,除南非与中国以外的其他国家的相关系数接近0.4、中俄相关系数略小于0.5外,其余均大于0.5;Spearman相关系数在99%的置信度(双侧)水平上显著性相关,除南非[②]与中国以外的其他国家的相关系数小于0.5外,其他国家之间的相关系数均大于0.5(见表6.5),表明金砖国家外汇储备变化总体上呈现明显协动性[③]。

最后,考察金砖国家外汇储备规模的适度性。根据因素分析法从需求角度(武剑,1998)测算外汇储备合理规模,在武剑模型基础上构建测算模型(俞颖,2007):

$$FR = \chi_1 IM + \beta_1 SDEB + \beta_2 LDEB + \gamma FDI + A \tag{6.1}$$

其中:IM表示年度货物与服务进口总额,χ_1表示进口所需外汇量,根据特里芬储备/进口比例法,此项储备应满足3个月进口($\chi_1 = 3/12 = 25\%$),将其合理区间定为20%—40%;$SDEB$表示年度短期外债余额,因其还本付息压力大,应保持国际警戒线$\beta_1 = 100\%$的比例[④];$LDEB$表示年度中长期外债余额,β_2为其还本付息所需用汇量占外汇储备之比,参考国际惯例,将其定为15%—25%;FDI为年度余额,γ为FDI利润汇出比例,适度区间为10%—15%;A表示干预外汇市场所需用汇量,适度区间为30亿—50亿美元。采用2005—2011年数据测算金砖国家外汇储备规模的适度状况(见表6.6)。

3. 设立金砖国家开发银行,构筑共同金融稳定基金

综上所述,金砖国家随着相互间贸易、投资增多以及资金流动日益频繁,投资者视其为一体的心理预期增强,金融危机传染可能性增大,产生巨额金融稳定资金需

① 协动性,英文为co-movement,国内由钟伟和覃东海(2003)首次引入。指描述时间序列波动相互影响、相互作用的过程变量,度量协动性主要采用相关系数法和滤波分析法。

② 南非与其他几个金砖国家的协动性较差,可能是由于南非经济规模较小,且作为金砖国家新成员,它与其他金砖国家尚未建立密切而稳定的经贸关系。

③ 这一协动性主要归因于金砖国家面临共同的外部环境和冲击,相互间具有密切的经贸联系以及采取相似的经济结构和政策。

④ 分为交易性需求、偿债性需求、FDI利润汇出需求和预防性需求四类。

求。而金砖国家外汇储备由于近年来持续快速增长，规模巨大，总体上能够满足稳定需求，但分布不均，除印度规模适度外，中国、俄罗斯、巴西超额持有，而南非储备不足。

表 6.5　2001 年 1 月至 2012 年 6 月金砖国家外汇储备波动的相关系数

		中国	巴西	印度	俄罗斯	南非
中国	Pearson 相关系数	1	0.625**	0.586**	0.499**	0.625**
	Spearman 相关系数	1	0.677**	0.730**	0.559**	0.557**
巴西	Pearson 相关系数	0.625**	1	0.679**	0.767**	0.372**
	Spearman 相关系数	0.677**	1	0.722**	0.809**	0.301**
印度	Pearson 相关系数	0.586**	0.679**	1	0.651**	0.396**
	Spearman 相关系数	0.730**	0.722**	1	0.609**	0.349**
俄罗斯	Pearson 相关系数	0.499**	0.767**	0.651**	1	0.491**
	Spearman 相关系数	0.559**	0.809**	0.609**	1	0.444**
南非	Pearson 相关系数	0.625**	0.372**	0.396**	0.491**	1
	Spearman 相关系数	0.557**	0.301**	0.349**	0.444**	1

注：** 表示在置信度（双侧）为 99%时，相关性是显著性的。该表经外汇储备数据整理而成。中国数据来源于国家外汇管理局网站，巴西、印度、俄罗斯和南非数据来源于央行网站。

超额储备国的超额储备普遍缺乏回流国内的正常渠道，大多以发达国家国债和高等级金融债持有，回报率低，在当前发达国家多轮量化宽松货币政策下面临“双缩水”境地。此外，大量外汇储备迫使央行被动增加货币供给，既降低各国货币政策自主灵活性，又产生通货膨胀和实际汇率升值压力，危及实体经济运行。金砖国家储备的协动性增长加倍放大金砖国家集体面临的储备资产缩水和通胀风险。而储备不足的国家难以满足稳定需求，一旦危机从薄弱环节爆发，为求自保，事先没有合作制度安排的各国政府的博弈往往是超额储备国和储备不足国不会选择合作，即使合作也会附加诸多条件，最终结果将是储备不足国损失巨大，超额储备国也会因危机传染而受影响。理论上一国无力或不愿满足因危机传染而产生的稳定资金需求，客观上要求储备分布不均的金砖国家联合设立金融稳定基金，有效阻止危机传染，维护金砖国家的金融稳定。

表 6.6　金砖国家外汇储备规模适度状况

（亿美元）

国　家	区　间	2005 年	2006 年	2007 年	2008 年	2009 年	2010 年	2011 年
中　国	下限	3 213.8	3 788.0	4 516.3	4 798.8	5 066.4	7 076.3	9 098.7
	上限	4 825.4	5 705.3	6 832.7	7 543.5	7 560.8	10 450	13 213.9
	实际量	8 188.7	10 663.4	15 282.5	19 460.3	23 992	28 473.3	31 811.4
	偏离量	+3 363.3	+4 958.1	+8 449.8	+11 916.8	+16 430	+18 023	+18 597
印　度	下限	628.0	923.2	1 196.9	1 516.6	1 473.9	1 822.3	2 371.5
	上限	1 107.9	1 518.2	1 936.2	2 481.7	2 359.2	2 950	3 818.2
	实际量	1 310.2	1 701.9	2 665.5	2 466	2 585.8	2 678.1	2 629.3
	偏离量	+202.3	+183.7	+729.3	适量	+226.6	适量	适量
俄罗斯	下限	946.6	1 256.0	2 177.3	2 181.3	1 712.8	1 965.4	2 289.4
	上限	1 504.1	1 957.1	3 139.1	3 373.2	2 663.5	3 081.5	3 616.5
	实际量	1 756.9	2 952.8	4 663.8	4 106.9	4 058.3	4 329.5	4 411.6
	偏离量	+252.8	+995.7	+1 524.7	+733.7	+1 394.8	+1 248	+795.1
巴　西	下限	697.9	724.5	1 051.4	1 197.2	1 141.5	1 627.4	1 641.0
	上限	1 065.9	1 149.1	1 588.5	1 889.3	1 748.5	2 429.8	2 643.8
	实际量	531.5	844.6	1 635.3	1 909.3	2 286.4	2 761.5	3 431.8
	偏离量	−166.4	适量	+46.8	+20	+537.9	+331.7	+788
南　非	下限	337.3	427.1	510.3	543.2	463.8	540.0	576.5
	上限	511.8	631.0	754.7	805.7	684.1	822.0	914.2
	实际量	206.5	256.1	329.8	341.0	397.0	438.3	488.6
	偏离量	−130.8	−171	−180.5	−202.2	−66.8	−101.7	−87.9

注：外汇储备适度规模是动态概念，将其界定为合理区间值。偏离量表示实际值偏离适度区间的数量；超量"+"表示实际量大于区间上限；适量表示实际量介于上下限之间；不足"−"表示实际量小于区间下限。

资料来源：世界银行、WTO 数据库和中国国家统计局。

设立金砖国家开发银行，集中储备以形成共同金融稳定基金，既可起到调剂储备余缺、增加储备规模、降低储备变动率（Dodsworth，J.R.，1992）的作用，又能有效应对危机传染，满足金砖国家金融稳定的需求。储备闲置时还可部分用于金砖国家内的基础设施投资，将发达国家的低收益证券投资转化为金砖国家的高收益实体投资，实现储备保值增值，缓解储备资产缩水和通胀的风险。

6.3　设立金砖国家开发银行的理论基础：基于协动性的博弈模型

我们从金砖国家开发银行的国际组织属性探寻其存在的缘由，通过构建基于协动性的博弈模型论证合作对各参与国是否具有潜在利益，以阐释其设立的合理性。金砖国家开发银行既是金融中介机构，也是区域性政府间机构，归属于国际组织。国际组织为什么能够得到主权国家的承认？温特指出，国家行为可能比个人行为更易推测，因为国家是按照一定章程、规则行事，而个人则并非总是如此（亚历山大・温特，2000），故国家比个人更符合经济学的“理性经济人”假定。因此，安妮・克鲁格认为，应该采用这样的一种方法来研究，即检验合作的激励或能够从合作中得到的潜在利益，以及达到能够实现帕累托最优结果的规则或制度的可能性（Krueger，Anne O.，1998）。

“金砖国家”这一内涵的主要特征是指这些成员国在经济增长模式和速度、金融结构、对外贸易、外汇储备和金融风险等方面具有很强的协动性。前文已采用 2001 年 1 月至 2012 年 6 月的月度外汇储备数据，实证检验了金砖国家外汇储备的协动性；学者们通过全要素生产率、能源利用率等指标对金砖国家经济效率进行比较研究，认为其经济增长方式趋同，均为高投入的粗放型经济增长方式（吴俊、宾建成，2010）；部分学者实证检验了金砖国家贸易具有较高的互补性（欧阳峣、张亚斌、易先忠，2012）[①]；

① 这些文献以欧阳峣、张亚斌、易先忠的《中国与金砖国家外贸的“共享式”增长》为代表。

贺书锋(贺书锋,2010)利用SVAR模型实证检验了尽管各国在政治经济上存在差异,但在中国的影响下,金砖国家的经济周期已形成高度的协同性和互动性;张兵、李翠莲(2011)采用相关系数法证明金砖国家通货膨胀周期的协动性。正是由于协动性的存在,使得单个金砖国家经济的长期发展战略和国际发展战略在很大程度上受到限制。这种协动性往往体现出“一损俱损、一荣俱荣”的现象,金砖国家之间的利益往往比金砖国家与非金砖国家之间的利益要密切得多。因此,金砖国家之间只有紧密合作,才能长期、系统和稳定地增加各国财富。我们用博弈模型(王则柯、李杰,2004)来阐释金砖国家之间的经济关系。

每一个金砖国家对其他金砖国家的战略空间为{合作,独立,对抗},(合作,合作)即指在充分考虑双方利益的基础上,双方付出较小代价以获取整体的最大利益;(合作,独立)就是指前者愿意付出一定的成本并充分考虑后者的利益,后者则对前者的利益漠不关心,此时,前者得到的收益要小于第一种情况,而且整体利益也小于前者;(独立,独立)是指双方都对对方的利益漠不关心,这种情况下双方能够获取的收益都较小;(合作,对抗)是指前者充分愿意付出一定成本充分考虑对方利益,另一方则恶意惩罚或对抗对方以获取自己最大的利益;(对抗,对抗)就是指双方都不顾对方的利益,恶意损害对方利益以实现自己最大的利益,这种情况下的整体利益反而受到损害。我们可用以下博弈矩阵(表6.7)来描述金砖国家之间的博弈过程及其收益:

表6.7　金砖国家博弈矩阵(1)

		金砖国家2			金砖国家2的最大收益	
		合作	独立	对抗		根据最大最小准则可以得到纳什均衡战略↓
	合作	(10，10)	(5，12)	(−5，15)	15	
金砖国家1	独立	(12，5)	(5，5)	(−5，5)	5	
	对抗	(15，−5)	(5，−5)	(−5，−5)	−5	
金砖国家1的最大收益		15	5	−5		(−5，−5)或(对抗，对抗)
根据最大最小准则可以得到纳什均衡战略→						

从以上博弈结果可以看到，由于金砖国家之间具有很强的协动性，博弈策略的选择在很大程度上影响着金砖国家的整体利益，从而影响了整体利益在金砖国家之间的分布。为了得到可靠的结论，我们根据博弈论的研究惯例和思路，不妨对各种策略的结果赋予具体数字，具体数字见上表 6.7。从表 6.7 中可知（合作，合作）=（10，10）是一个富有激发力的战略，在这种状态之下，任何金砖国家在不损害其他国家利益的基础上就不能提升自身利益，因此，这种状态是一种帕累托最优状态。然而，这种状态是一种不稳定的状态，在纯自由和纯自主的市场条件下，任何金砖国家都符合理性经济人的假定，使得博弈不断演化。任一金砖国家的理性行为是希望对方采取“合作”而自己采取“对抗”这一战略，从博弈模型可以看到，这一战略使得该国家能够获取的收益最大，达到 15；然而，从整个博弈过程来看，（对抗，合作）战略不能稳定，因为对方也会采取相对称的（合作，对抗）这一战略，在没有激励和约束的条件下，双方最终只得都采取（对抗，对抗）=（－5，－5）这一战略，这是一个纳什均衡。因此，如果金砖国家之间没有一个有效力的合作机制和平台，纯粹遵从市场选择的逻辑，那么博弈的结果将陷入一个囚徒困境，即（对抗，对抗）=（－5，－5），各国都将承受较大的对抗损失，最终导致博弈结果陷入一种帕累托次优状态。

为了获得金砖国家之间整体利益的提升，实现较高的合作剩余，金砖国家之间就必须建立起较有置信力的约束激励机制，充分平衡各国之间的利益诉求，解除各种市场约束条件，实现帕累托改进，达到帕累托最优状态。从博弈模型来看，实现合作剩余有两种途径：

第一种途径是建立结构性的“对抗”和“独立”战略惩罚机制。将采取“对抗”或“独立”战略的金砖国家的收益至少分别降低 5 和 2，比如分别降低 6 和 3，那么，之前的博弈矩阵将演化为：

表 6.8　金砖国家博弈矩阵(2)

		金砖国家 2			金砖国家 2 的最大收益	根据最大最小准则可以得到纳什均衡战略↓
		合作	独立	对抗		
	合作	(10，10)	(5，9)	(－5，9)	10	
金砖国家 1	独立	(9，5)	(2，2)	(－7，－1)	5	
	对抗	(9，－5)	(－1，－7)	(－11，－11)	－5	
金砖国家 1 的最大收益		10	5	－5		(10，10)或(合作,合作)
根据最大最小准则可以得到纳什均衡战略→						

通过建立惩罚机制可以实现合作剩余(10，10)，但由于金砖国家之间的社会、政治和经济制度存在很大差异，惩罚机制必然难与各国法律或国际法相一致。因此，通过这一途径来实现合作剩余有很大的难度，制度设计的成本过大。

第二种途径是通过建立“增量性”的激励合作机制。将采取“合作”战略的国家利益提升至少5(比方说6)，那么，以上的博弈矩阵将演化为表6.9。

表 6.9　激励机制下的金砖国家博弈矩阵

		金砖国家 2			金砖国家 2 的最大收益	根据最大最小准则可以得到纳什均衡战略↓
		合作	独立	对抗		
	合作	(16，16)	(11，12)	(1，15)	16	
金砖国家 1	独立	(12，11)	(5，5)	(－5，5)	11	
	对抗	(15，1)	(5，－5)	(－5，－5)	1	
金砖国家 1 的最大收益		16	11	1		(16，16)或(对抗,对抗)
根据最大最小准则可以得到纳什均衡战略→						

通过第二种途径不但可以回避向各国既有的利益宣战这一难度较大的制度设计，而且可以提高合作剩余总额(16，16)，这是一个典型的“求同存异”的国际

经济战略。

很显然，第二种途径要比第一种途径优越，而且可行性好。正是这种潜在的帕累托最优状态，激励金砖国家进行各种形式的政治、经济金融合作。

由于金砖国家的政治体制属性存在很大差异，这方面合作平台的建立比较敏感，平台建立的时间和经济成本都很大，因此，中长期内这方面的合作仍然是有限的。在经济金融方面的合作可以着重考虑以下两方面。一是建立开放的金砖国家之间的自由市场。由于金砖国家都具有很大的市场需求，而且这种需求具有很强的互补性和梯度性，如果金砖国家之间的市场要素流动存在很大的障碍，那么在很大程度会阻碍金砖国家的经济增长。金砖国家自由市场的建立需要各金砖国家在经济体制、对外贸易制度等方面表现出充分的容忍性和一定的妥协性、前瞻性。这方面的合作并非短期内就能达到目标，必须有一个中长期的权衡。二是建立一个后援性和防御性的金融机构，即金砖国家开发银行。金砖国家要保持强劲的发展势头，必须有一个性能良好、效能持久的金融发动机，积累金砖国家之间的储蓄，以维持经济增长速度。同时，强劲的经济增长容易导致金砖国家的经济金融安全问题，因此，也需要一个经济金融的稳定机制。而建立金砖国家开发银行可以为金砖国家经济增长和经济金融安全提供一个后援性和防御性的平台，使得合作剩余由(10，10)增加到(16，16)。另一方面，金砖国家开发银行的建立可以充分考虑各金砖国家的利益，采取多种灵活和适宜的途径来实现。

从以上论述可以看到，设立金砖国家开发银行，相对其他合作形式而言，是一种有效率、剩余增大、灵活性强的合作制度安排。

6.4　金砖国家开发银行的宗旨、资本金及投票制度

从理论上讲，组建金砖国家银行能为外汇储备寻找保值和增值渠道，为基础

设施投资和金融稳定需求提供资金支持，为金砖国家经济增长和金融安全提供后援性和防御性平台，增加合作剩余。但实际运作中能否发挥其预设功能，还须把握细节和要素，这些要素应与其他国际性机构进行严格区分。

6.4.1 金砖国家开发银行的宗旨

如前所述，斯特恩、斯蒂格利茨主张组建开发银行，印度提议设立南南开发银行，姚枝仲、李众敏研究如何构建开发性金融机构，他们都将该机构定性为带有一定公共事业性质的国际开发性金融机构。我们认为，设立金砖国家开发银行的主要目标是为金砖国家中长期稳定与发展提供比其他外部融资更可靠、更符合实际需要的金融支持，因而提出“开发银行＋货币基金会”方案。虽然世界上已经存在类似的承担稳定职能的机构，但由于金砖国家总体经济规模占比较大，故它们的任何风吹草动都可能对全球经济造成巨大冲击。我们不能肯定 IMF 和 SRPA① 能为金砖国家的金融稳定问题提供一种及时、有效的解决方案，故应在金砖国家之间设立一种正式制度安排，与之共同承担金砖国家的稳定职能。所以，我们主张确立金砖国家开发银行的两大宗旨：一是以金砖国家及其他发展中国家的基础设施融资为主，促进资源适度开发和合理利用，同时兼顾减贫、中小企业发展、区域整合、气候变化与环保等公共事业，最大限度地促进金砖国家经济的可持续增长；二是危机时期金砖国家开发银行为金砖国家提供最后贷款人（the lender of last resort, LOLR）功能，防止危机在金砖国家内蔓延，维护金砖国家的金融稳定。即金砖国家开发银行围绕“发展与稳定”两大主题设计，目的是协调金砖国家财力，以较少的成本维持金砖国家目前的发展态势，即金砖国家的“可持续金砖性”。如果由于金砖国家开发银行的服务，金砖国家在若干年后仍然属于金砖国家行列，甚至被国际社会视为真正国际关系意义上的大国，则金砖国家开发银行的设立可视为一种成功。

① 东亚外汇储备库（Self-managed Reserve Pooling Arrangement, SRPA）是建立在清迈倡议基础上，由东盟和中日韩各国拿出各自外汇储备建立的共同外汇储备基金。

一方面，将金砖国家开发银行从“发展和稳定”这两大主题上进行立旨和定位符合金砖国家真实的社会经济需求。金砖国家可以容忍较大的、合理的经济增长弹性，维持和调高经济增长目标需要有实力的金融支持系统，金砖国家开发银行可以在这方面有所作为；同时，单个或整体金砖国家的经济规模都较大，较快的经济增长速度会冲击原来固有的经济模式和社会结构，从而诱致各种风险因素，使得金砖国家面临较大的潜在风险以及风险的传染性，如何抑制和管理这些风险客观上需要一个有实力的系统性专门机构。另一方面，相比分设两个分别承担稳定和发展两大职能的类似IMF和世界银行的金融机构，金砖国家开发银行更具有信息成本、范围经济、组织成本、危机转融资成本以及资本保值增值等相对优势。一是信息成本优势。由于金砖国家的服务对象以金砖国家为主，不管是行使发展与稳定中的哪一种职能，都必须随时跟踪金砖国家的发展态势，收集必要的社会经济信息，如果分设两个不同的机构，将导致信息重复搜寻的成本。二是范围经济优势。金砖国家开发银行可以根据金砖国家经济稳定和经济增长之间的相关性，在总资本规模内动态调整在发展基金和稳定基金上的相对规模。当各金砖国家的社会经济政治比较稳定时，可以将一部分稳定基金分离出来用来发展金砖国家的经济；当各金砖国家的社会经济政治的风险因素增多时，可以将一部分发展基金分离出来用于防御金砖国家的潜在危机，换言之，金砖国家开发银行的资本金可以根据金砖国家经济态势动态运用于稳定和发展职能，在长期的发展基金和短期的稳定基金之间实现结构性融资，从而产生一种范围经济。如果分设两个不同机构，将不能享受这种范围经济。三是组织成本优势。显然，分设两个独立的稳定和发展职能部门，需要增加更多的经济资源用于决策、执行、沟通、控制和反馈等行使职能的过程中。四是相机抉择的危机转融资成本优势。IMF的资金来源于成员国的固定比例，当经济危机发生时，IMF能够提供的资金相对有限，但金砖国家银行可以通过发行债券或信用借款，以较低的融资成本从国际金融市场或其他国家政府进行转融资用于应付金砖国家的经济危机，理论上这种机制可以无限制扩大稳定基金规模（类似于一国央行的最后贷款人角色），只要危机金砖国家的基本面良好和政府置信度高，那么金砖国家开发银行可以通过这种机制展示出无限的危机救助能力，可以充分、主动、自由和灵活地解决金砖国家的稳定性问题。如果这两大职能分设为两个不同机构，那么，稳定职能机构的危机救助能力将非常有限。五是资本保值增殖优势。在金砖国家经济平稳运行期间，稳定基金可以通过各种有效率的金融中介模式实现保值增值，如果职能机构分设的话，稳定基金将只能通过非常有限的途径来实现保值增值这一目标。

6.4.2 金砖国家开发银行的股本规模及结构

确定金砖国家开发银行的资本金规模，需要参照国际标准及金砖国家发展与稳定的状况。同时履行两大功能将产生范围经济，节约资本金。若金砖国家发展与稳定呈负相关关系，即高速发展的同时风险增大，则应加总两方面资本金需求；若其发展与稳定呈现正相关关系，则会减少部分稳定资本金需求。参照世界银行等开发性机构，粗略估计履行基建投资功能[①]所需发展资本金，将其大致定为1 500—2 000亿美元；参照IMF等稳定基金，考虑到金砖国家规模庞大及危机传染性等特点，将稳定资本金规模粗略估计为1 500—2 000亿美元；根据金砖国家发展与稳定相关性状况及范围经济，最终将金砖国家开发银行初始资本金规模的合理区间定为2 000—4 000亿美元。为有效开展基础设施融资以及金融稳定融资，资本金的性质应为实缴资本。

从股本结构来看，根据金砖国家外汇储备普遍充足的现状，为保持其“金砖特性”，可考虑资本金的60%—70%来源于金砖五国。资本金在五国间的配置则主要取决于各自经济实力、对外贸易与外汇储备等状况。鉴于中国已是世界第二大经济体，外汇储备居全球第一，持续巨额贸易顺差以及经济实力不断增强等状况，中国可在资本金配置中起主导作用。

① 目前已公布金砖五国3—10年内的基建投资总额为9.3万亿美元，若五国基建所需资金的5%拟从金砖国家开发银行筹集，且其资本充足率设定为30%（国际开发性金融机构资本充足率一般为30%—40%），粗略估算其所需资本金将达到1 550亿美元。

表6.10　政府间金融机构资本金及成员状况

银行名称	成立时间	初始资本	初始成员数	现有资本	现有成员数
国际货币基金组织	1945.12	88亿美元	45	7 200* 亿美元	188
东亚外汇储备库	2009.05	1 200亿美元	13	1 200亿美元	13
世界银行	1945.12	120亿美元	45	1 711亿美元	188
亚洲开发银行	1966.08	11亿美元	31	1 633亿美元	67
非洲开发银行	1963.07	2.5亿美元	23	1 014* 亿美元	77
欧洲投资银行	1958.01	10亿美元	6	2 324亿欧元	27

注：所有数据均来源于各银行官方网站和其公布的年度报告，这里世界银行是指国际复兴开发银行，其中，*表示法定资本，目前尚未认购完毕。

同时，为惠及其他发展中国家，可设计资本金的15%—20%来自其他发展中国家；为减少发达国家阻力，可考虑资本金的15%—20%从发达国家筹集。因成员国的主权信用等级影响银行信用评级，应选择经济增长前景与财务状况良好、信用评级较高的国家参股。

6.4.3　投票制度

投票表决制是国际金融机构制度设计的核心，而成员国的投票权重成为衡量其组织地位的重要指标。投票表决权一般分为一国一票制和加权表决制，前者体现公平公正原则，后者贯彻效率优先原则。世界银行、IMF、亚洲开发银行均采取两者融合的投票表决制。英国《金融时报》提议金砖国家开发银行由各国出资100亿美元等额资本金，拥有同等投票权。（亨利·曼斯，2012）鉴于各国经济实力尤其是外汇储备的不平衡，同等投票权安排将严重限制金砖国家开发银行的资本金规模，难以实现其预设功能，故应仿效世界银行等的做法，充分融合两种投票制的优点，体现“效率优先、兼顾公平”原则，20%—30%的票数均分，70%—80%的票数则根据成员国认股额多少按比例分配。这种投票制度与股本结构具有内在一致性，票数与认股额多寡成正比，从而确保金砖国家开发银行的金砖特性，也将保障认股额多的国家发挥主导作用。

6.5 金砖国家开发银行的机构设置与业务运作

围绕发展与稳定两大宗旨，金砖国家开发银行的机构设置包括总部选址和部门设置两部分；业务运作则主要从资金来源和运作两方面设计。

6.5.1 机构设置

就总部选址而言，为保障金砖国家开发银行可持续发展，应设在政局稳定、经济开放的发达地区。由于金砖国家开发银行分支机构少，须与商业银行广泛合作，为降低成本应选在金融基础设施完善、金融机构云集的金融中心。金砖国家最具代表性的金融中心为香港[①]、约翰内斯堡、圣保罗、莫斯科和孟买。总部选址的最适性应从六个因素进行综合考量：一是政局稳定程度。澳大利亚经济与和平研究所发布的全球和平指数(见表 6.11)揭示中国和巴西的和平程度显著高于其他国家。二是实体经济实力。采用 GDP 来衡量(见表 6.12)，目前中国 GDP 仅次于美国，2011 年超过其他金砖国家的总和。三是经济发展潜力。采用经济增长率来衡量，近十年巴西、俄罗斯、印度、中国、南非五国的 GDP 增长率分别达到 3.78%、4.83%、7.72%、10.6%、3.6%，中国增速最高，发展潜力巨大。四是金融发展程度。世界经济论坛发布的全球金融发展指数(见表 6.13)表明，中国香港状况最佳，连续两年名列榜首，指标涵盖金融体系的体制环境、营商环境、金融稳定性、银行金融服务、非银行金融服务、金融市场、金融渠道等内容。五是语言优势。英语是世界通用的商务语言，中国香港、印度、南非均以英语为官方语言，将为金

① 之所以未推上海，是考虑到目前中国大陆的资本账户仍受管制，且金融体系和资本市场发展不太完善，将对金砖国家开发银行的市场融资和资本运作产生不利影响。

砖国家开发银行设立及发展带来很大便利。六是地理位置与交通。各金融中心均具备便利的交通，此外，印度居五国中心位置，有利于金砖国家开发银行的业务拓展。经六项综合考察，金砖国家开发银行的总部最优选址是中国香港，次优选择为南非约翰内斯堡和印度孟买（见表 6.14）。

表 6.11　全球和平指数

	2012 年		2011 年		2010 年		2009 年		2008 年		2007 年	
	排名	得分	排名	得分	排名	得分	排名	得分	排名	得分	排名	得分
中国	89	2.061	80	2.054	80	2.034	74	1.921	67	1.981	60	1.98
巴西	83	2.017	74	2.04	83	2.048	85	2.022	90	2.168	83	2.173
俄罗斯	153	2.938	147	2.966	143	3.013	136	2.75	131	2.777	118	2.903
南非	127	2.321	118	2.353	121	2.38	123	2.437	116	2.412	99	2.399
印度	142	2.549	135	2.57	128	2.516	122	2.433	107	2.355	109	2.53

注：数据来源于 Institute for Economics and Peace。全球和平指数①是一套用作测量指定国家或地区的和平程度的指标，该指标主要包括对社会上犯罪情况的感知程度，每 10 万人中的内部安全官员和警察的人数、谋杀案数和入狱人数，较小破坏力武器的获取难易程度，暴力犯罪、政治不稳定与对人权不尊重程度，军队开支占国内生产总值的百分比，与邻国关系等 23 项内容。

表 6.12　金砖国家 GDP　　（10 亿美元）

	2002 年	2003 年	2004 年	2005 年	2006 年	2007 年	2008 年	2009 年	2010 年	2011 年
巴西	505.7	552.2	663.6	881.8	1 089.2	1 366.2	1 650.4	1 622.3	2 142.9	2 492.9
中国	1 453.8	1 641.0	1 931.6	2 256.9	2 712.9	3 494.2	4 520.0	4 990.5	5 930.4	7 298.1
印度	510.3	591.0	688.6	808.7	908.6	1 152.6	1 262.5	1 266.2	1 630.5	1 826.8
俄罗斯	345.1	430.3	591.2	763.7	989.9	1 299.7	1 660.8	1 222.7	1 487.3	1 850.4
南非	111.4	168.2	219.4	247.0	261.2	285.8	274.2	284.2	363.5	408.7

资料来源：IMF 的 WEO 数据库。

① 该指数是澳大利亚经济与和平研究所的出版物，由经济学人智库（Economist Intelligence Unit）专家小组公布，该小组成员主要来自和平学系、智库，以及澳洲悉尼大学和平及冲突学中心（The Centre for Peace and Conflict Studies）。对全球 158 个国家排名，首期排名于 2007 年公布，中国香港在 2007 年及 2008 年排名第 23 位，2009 年之后不再列入排名。

表 6.13　全球金融发展指数

	2012 年		2011 年		2010 年		2009 年		2008 年	
	排名	得分	排名	得分	排名	得分	排名	得分	排名	得分
中国香港	1	5.31	1	5.16	3	5.04	5	4.97	8	5.23
南非	28	3.71	29	3.64	31	3.53	32	3.48	25	4
巴西	32	3.61	30	3.61	32	3.53	34	3.46	40	3.28
俄罗斯	39	3.3	39	3.18	40	3.21	40	3.16	36	3.4
印度	40	3.29	36	3.29	37	3.24	38	3.3	31	3.63

注：全球金融发展指数（Financial Development Index）由世界经济论坛在每年的《全球金融发展报告》中发布，该指数对全球 62 个领先金融体系和资本市场的广度、深度和效率进行分析和排名，于 2008 年开始发布。数据来源于 World Economic Forum。

表 6.14　金砖国家开发银行总部选择结果

	巴西圣保罗	俄罗斯莫斯科	印度孟买	中国香港	南非约翰内斯堡
政局稳定程度	√			√	
实体经济实力				√	
经济发展潜力				√	
金融发展程度				√	√
语言优势			√	√	√
地理位置			√		

部门设置应首先充分体现职能性这一原则，金砖国家开发银行应当设立两大职能部门，即经济稳定局和经济发展局，前者主要着眼于金砖国家区域金融系统性风险的识别与预警、危机管理等，后者主要致力于金砖国家中长期经济发展所需要的资金运营业务（涵盖资产业务、负债业务和表外业务），主要包括为金砖国家开发和完善基础设施的中长期贷款业务、定向重点技术开发贷款、绿色贷款、成员国资产委托业务、国际融资业务等。其次，部门设置也应体现均衡性原则，防止角色冲突。在充分实现各自职能的过程中，由于本位利益、偶然性短视或偏见等原因，稳定局和发展局有可能产生角色冲突，如稳定局（或发展局）可能会错误地

坚持自己的判断,认为金砖国家更面临稳定性问题(或发展性问题),所以,基金动态调整应倾向于经济稳定功能(或经济发展功能),而且应该预料到有时这种冲突可能会很尖锐,因此,化解这一角色冲突的唯一有效的途径来自更高的权力机关即最高决策机构(一般为成员国理事会)的充分介入,在理事会中应当设置一个专门机构(如协调局)来平衡稳定局和发展局之间的分歧和冲突,使得经济稳定职能和经济发展职能在充分展示的同时,也能在空间和时间上充分实现结构性合作。再次,部门设置必须体现扁平化原则。作为一个国际性金融机构,不难网罗大批一流的专业人才,为了提高业务运作效率,应尽可能缩短行政流程,减少行政的交易成本,充分体现机构设置的内部规模经济。最后,经济发展局和经济稳定局内部的设置可以借鉴 IMF 和世界银行的合理及成熟的经验。当然,将经济稳定职能和发展职能融合到一个金融机构是一个较大的制度创新,在实践过程中应当动态地进行学习、改革和调整,以保持金砖国家开发银行的职能的持续性、适度性和开放性。

6.5.2　业务运行

1. 资金来源

除发行股票筹集资本金外,开发性银行一般不向普通公众吸收存款,其资金通常采取债券和票据形式从国际金融市场上筹集,尤其是那些信用评级高、融资成本低的机构[①]。金砖国家开发银行设立之初,其业绩和声誉尚未显现和确立,其主要成员国除中国评级为 AA－级外,其他国家评级均介于 BBB－与 BBB＋级之间[②],贸然向市场融入巨资势必影响运行效率。故应多从金砖国家内部融资,向各央行发行债券,而随着经验累积及市场认可度的提升,应逐步转向多从国际金融市场融资;在债券发行基础上逐步推出对冲汇率风险、利率风险的各种金融衍生

① 2010 年泛美开发银行资金的 97.5％为债券和票据融资,欧洲投资银行资金的 94.3％、欧洲复兴开发银行的 87.4％、非洲开发银行的 83.6％均如此。

② 标准普尔和穆迪评级机构截至 2011 年 7 月对金砖国家的信用评级为俄罗斯 BBB,南非 BBB＋,中国 AA－,巴西、印度 BBB－。

工具,以丰富融资工具;逐步从以美元定价发行转向更多以金砖国家货币定价发行,从平等推出各国货币转向集中推出最具竞争力的金砖货币。

2. 资金运用

(1) 基础设施等贷款业务。

鉴于环境保护与经济发展之间的矛盾日益突出,金砖国家开发银行应秉持"赤道原则",科学管理国际项目融资中的环境与社会风险,推动金砖国家社会经济可持续发展。贷款涵盖基础设施贷款、绿色技术贷款、特别项目贷款等。具体的贷款对象为政府担保的公私机构,其目的是缓解因分支机构少而产生的信息不对称问题。贷款利率一般要低于市场利率,但应确保银行正常运营;贷款期限一般为10—30年,其中,特别项目可延长至50年。

(2) 最后贷款人业务。

金砖国家金融危机的传染性以及IMF救助有限[①]使金砖国家联合充当自身的最后贷款人(LOLR)成为必要。随着全球经济一体化和资本流动的加速增长,经济危机从传统的经常账户波动转向以资本账户波动为特征的金融危机。金砖国家作为引资大国,未来更可能出现资本流入骤停和巨量资本外逃的危机。因此,金砖国家的最后贷款人不仅应向经常账户赤字提供融资,更应重点应对巨量资本的突然逆转,防止危机国陷入严重通货紧缩、经济衰退,尤其应有效阻隔危机向其他金砖国的传染。

不同于国内最后贷款人,国际最后贷款人(ILOLR)面临的首要问题是资金有限。理论上讲,LOLR若能无限度提供贷款直至资本抽逃停止,危机总能得以控制。而解决金砖国家LOLR的资金问题须把握三点:一是金砖国家开发银行通过发行债券或信用借款以较低融资成本从国际金融市场或其他国家政府进行转融资,只要危机金砖国基本面良好和政府置信度高,理论上该机制可无限扩大稳定基金规模;二是统一管理稳定基金,以建立资金保值增值的良性循环机制。金砖

① 从1973—2011年间金砖国家使用IMF信贷额(即除提取国家储备档头寸之外的成员国在IMF的提款)的累计来看,中国为431.7亿美元,印度为879.7亿美元,俄罗斯为2 196.6亿美元,巴西为1 473.1亿美元,南非为154.1亿美元。数据来源于世界银行数据库。

国家开发银行通过集中各国储备，依托发展部门长期资金运行网络和管理经验，凭借资金规模优势进行投资期限、币种和地区的合理组合并予以灵活调整，实现资金保值增值的良性循环，以履行救助功能。三是加强与IMF等机构的合作。明确金砖国家开发银行仅是危机时期流动性供应渠道之一，用以弥补IMF解决区域问题的滞后性，不是对IMF和发达国家救助的替代，因而需要加强与其沟通协调以形成稳定合力。

理论和实践表明，ILOLR的有效性取决于成功抑制受援国及其债权人的道德风险①。金砖国家普遍处于市场机制欠完善、信息非充分状态，除采取缩短贷款期限、实行非优惠利率以及限定额度等常规措施外，预先明确救助条件以增加透明度将起到抑制道德风险的关键作用。IMF救助强调外部均衡、经济自由化，推行新古典主义的紧缩财政货币政策，未分析受援国状况而一概付诸整顿金融秩序、开放金融市场、削减财政开支、调整经济结构等苛刻条件，既未维持受援国的汇率，又使其丧失货币经济主权而备受质疑，严苛的条件也使贷款数目减少而导致IMF收入锐减、财务困顿；SRPA由于缺乏经济监测预警能力，80%的资金与IMF的条件性贷款挂钩。金砖国家开发银行应当摆脱IMF贷款条件影响，避免利用救援机会干预受援国国内经济事务，采取更为灵活高效的方式，放宽并独立设定救助条件。一是基本经济面状况较好，包括公共财政、外汇储备、就业等状况较好，未出现严重通货膨胀，银行业较为健康，金融监管基本有效，且正在实施趋向稳健有效的经济政策。这一条件与国内LOLR只救助陷入流动性危机而非清偿力危机机构的逻辑一致。其目的是强化市场约束，防止赤字国长期持续消耗共同储备。二是超过缴纳份额部分提供价值相当的抵押物。由于金砖国家自然资源丰富，以资源开采权为抵押既具有可行性，又不会对国家经济命脉和主权造成冲击，且不与国际法相冲突；同时为推进金砖国家货币国际化进程，可考虑将金砖国家的货币、石油或矿产等资源能源开发权等作为抵押物，目的也在于控制道德风险。

① 受援国由于预期国际最后贷款人(ILOLR)救助而心存侥幸、放松对本国宏观经济和金融风险管理；追逐高额利润的国际债权人由于预期ILOLR援助而有意疏忽危机国的信贷风险。由于道德风险存在，成员国不愿承诺多注入资金。

为保障这两个基本条件得以执行，金砖国家开发银行应致力于金砖国家宏观经济运行及政策协调研究，构建金砖国家内的区域监测和预警机制，而相对于 IMF 等外部机构，金砖国家开发银行作为“内部人”具有信息优势，能够弥补 IMF 区域监测预警的滞后性。

6.6 结论

设立金砖国家开发银行对于维护金砖国家金融稳定、实现经济可持续增长具有重大意义。鉴于金砖国家在经济增长模式和速度、金融结构、对外贸易、外汇储备和金融风险等方面具有显著协动性，我们设计基于协动性的博弈模型，揭示金砖国家通过建立有置信力的约束激励合作机制可以实现帕累托改进、达到帕累托最优状态，试图用理论证明设立金砖国家开发银行是一种有效、正式、灵活、收敛的合作制度安排。

我们根据发展与稳定两大主题设计金砖银行两大宗旨，明确提出“开发银行＋货币基金会”方案。因国内外已有学者提出“开发银行”方案，故重点阐述为何金砖国家开发银行需要补充金融稳定功能，以及两大功能由一家机构承担为何更具信息成本、范围经济、组织成本、危机转融资成本以及资本保值增值等相对优势。紧紧围绕两大宗旨设计包括资本金规模及结构、投票制度、总部选址、部门设置及业务运行等系列要素，目的是使金砖国家通过集中有限财力建立属于自己的“世界银行”和“IMF”，以较少成本维持金砖国家目前经济发展态势，实现金砖国家的“可持续金砖性”。

参考文献

A.H.Amsden, "The Direction of Trade—Past and Present—and the 'Learning Effects' of Exports to Different Directions", *Journal of Development Economics*, 1986, 23(2):249—274.

Aghion Philippe, Howitt Peter, *Endogenous Growth Theory*, Cambridge: The MIT Press, 1992:327—340.

Akyüz Y., "Export Dependence and Sustainability of Growth in China", *China & World Economy*, 2011, 19(1):1—23.

Alan Wright, "Innovation in Brazil: Public Policies and Business Strategies", http://www.wilsoncenter.org/topics/pubs, 2008.

Arrow K.J., "The Economic Implication of Learning by Doing", *Review of Economic Studies*, 1962(29):155—173.

Avier M.Ekboir, "Research and Technology Policies in Innovation Systems: Zero Tillage in Brazil", *Research Policy*, 2003(32):573—586.

Bailey Klinger, "Is South-South Trade a Testing Ground for Structural Transformation?" *UN Policy Issues in International Trade and Commodities Study*, No.40, 2009.

Barro R., "Economic growth in a cross-section of countries", *Quarterly Journal of Economics*, 1990, 106:407—443.

Basu S.R., *The Economic Growth Story in India: Past, Present and Prospects for the Future*, The Making of National Economic Forecasts, 2009:69—92.

Bowonder and Sunil Mani, "Venture Capital and Innovation: The Indian Experience", http://www.insme.org/documents/bowonder.pdf, 2005.

Chitre V.S., "Growth Cycles in the Indian Economy", http://library.gipe.ac.in/jspui/handle/1/8206, 1982.

Corsetti, Giancarlo, Martin, Philippe and Pesenti, Paolo, "Productivity, Terms of Trade and the 'Home Market Effect'", *Journal of International Economics*, 2007, 73(1):99—127.

David T. Coe, Elhanan Helpman and Alexander W. Hoffmaister, "North-South R. & D Spillovers", The Economic Journal, 1997, 107(440):134—149.

De Gregorio J., "Economic Growth in Latin America", *Journal of Development Economics*, 1992, 39(1):59—84.

Denison E.F., *Trends in American Economic Growth: 1929—1982*, Brookings Institution Press, 1985.

Denison, E. F., *Why growth rates differ*, New York: Washington C: The Brookings Institution, 1976:286—290.

Dension, "Why Growth Rates Differ", New York: Washington C: The Brookings Institution 1975 Massachusetts Avenue, 1976:286.

Dodsworth, J.R., "Reserve Pooling: An Application of the Theory of Clubs", *Economia Internazionale*, 1992, 44(9):222.

Dong Zhu and Jennifer Tann, "The Development of a National Innovation System in China: Main Practitioners and Stages", *International Journal of Business Innovation and Research*, 2009(4):325—362.

Ellery Jr.R., Gomes V., Sachsida A., "Business Cycle Fluctuations in Brazil", *Revista Brasileira de Economia*, 2002, 56(2):269—308.

F.Stewart, "Recent Theories of International Trade: Some Implications for the South", in H.Kierzkowsku ed., *Monopolistic Competition and International Trade*, Oxford University Press, 1984.

Fei, C.H. and Ranie, G.A., "Theory of Economic Development", *American Economic Review*, 1961,(3):345—357.

Feltenstein A., Rochon C., Shamloo M., "High Growth and Low Consumption in East Asia: How to Improve Welfare while Avoiding Financial Failures", *Journal of Development Economics*, 2010, 91(1):25—36.

Fields, Gary S., "A Welfare Economic Analysis of Labor Market Policies in the Harris-Todaro Model", *Journal of Development Economics*, 2005, 76(1): 127—146.

Ghosh J., Chandrasekhar C. P., "The Costs of 'Coupling': The Global Crisis and the Indian Economy", *Cambridge Journal of Economics*, 2009, 33(4): 725—739.

Glick, Reuven & Rose, Andrew K., "Contagion and trade: Why are currency crises regional?", *Journal of International Money and Finance*, Elsevier, 1999, 18 (4):603—617.

Gordon H.Hanson and Raymond Robertson, "China and the Recent Evolution of Latin America's Exports," background paper for the Office of the Chief Economist for Latin America and the Caribbean Regional Study, Washington, DC: World Bank, 2006.

Grossman, G.M. and E.Helpman, "Quality Ladders and Product Cycles", *Quarterly Journal of Economics*, 1991, 106:557—586.

Gupt, Ashwani and P.K.Dutta, "Indian Innovation System Perspective and Challenges", *Technology Export*, 2005(4):1—12.

Hans Singer, "The Distribution of Gains between Investing and Borrowing Countries", *The American Economic Review*, 1950, 40(2):473—485.

Hodrick, Robert J., and Edward C.Prescott, *Postwar U.S. Business Cycles: An Empirical investigation*, Carnegie Mellon University Discussion Paper, 1980.

Im, K.S., M.H.Pesaran, Y.Shin, "Testing for Unit Roots in Heterogeneous

Panels", *Journal of Econometrics*, 2003, 115:53—74.

Juan Carlos Hallak, "Product Quality and the Direction of Trade", *Journal of International Economics*, 2006, 68(1):238—265.

Kalyanaram G. K., "India's Economic Growth and Market Potential: Benchmarked Against China", *Journal of Indian Business Research*, 2009, 1(1):57—65.

Kavita Mehra, "Role of Intermediary Organizations in Innovation Systems—A Case from India", http://asialics6.ust.hk/essays, 2008.

Kong Xinxin, Joel RUET, "Business Models Trajectories in National Innovation Systems: Origins and Motives of Indigenous Innovation in China & India", http://globelics2007.sstu.ru.

Krueger, Anne O., "Whither the World Bank and the IMF?", *Journal of Economic Literature*, 1998,(12):2005—2006.

Lazarev, Valery; Gregory, Paul, "Structural Convergence in Russia's Economic Transition, 1990—2002", *Economic Change and Restructuring*, 2007, 40(3): 281—304.

Leonid Gokhberg, "Russia: A New Innovation System for the New Economy", http://redesist.ie.ufrj.br/globelics/pdfs, 2003.

Leontiev Alexey, "Innovation System in Russia Increasing Competitiveness", http://www.idisc.net/en/Publication.176.

Lewis, W.A, "Economic Development with Unlimited Supply of Labour", *The Manchester School*, 1954, 22(2):139—191.

Liu, Xielin & White, Steven, "Comparing Innovation Systems: A Framework and Application to China's Transitional Context", *Research Policy*, Elsevier, 2001, 30(7):1091—1114, August.

Lucas Robert E., "On the Mechanics of Economic Development", *Journal of Monetary Economics*, 1988(22):3—42.

Mattia Romani, Nicholas Stern and Joseph Stiglitz, "Brics Bank is a Fine Idea

Whose Time has Come", *Financial Times*, April 5, 2012.

Melitz, Marc J., "The Impact of Trade on Intra-industry Reallocations and Aggregate Industry Productivity", *Econometrica*, 2003, 71(6):1695—1725.

Mizuho Research Institute, "Comparative Analysis of the BRICs", http://www. esri. go.jp/jp/archive/hou/hou020/hou16a-2-1.pdf, 2006.

Peilei Fan, "Innovation Capacity and Economic Development: China and India", http://www.wider.unu.edu/stc/repec, 2008.

Peltola, Kaisa-Kerttu, " Russian Innovation System in International Comparison—Opportunities and Challenges for the Future of Innovation Development in Russia", http://www.tse.fi/FI/yksikot/erillislaitokset/pei/Documents/Julkaisut/Peltola%201108%20web.pdf, 2008.

Pierre-Richard Agénor, C. John McDermott and Eswar S. Prasad, "Macroeconomic Fluctuations in Developing Countries: Some Stylized Facts", *World Bank Econ Rev*, 2000, 14(2):251—285.

Pione, M.J., "The Dual Labor Market: Theory and Applicationin Barringer", R. and Beer, S.H.(ed.), *The State and the Poor*, Cambridge Mass Winthop, 1970: 49—50.

R.Jenkins, "Measuring the Competitive Threat from China for Other Southern Exporters," *The World Economy*, 2008, 31(10):1351—1366.

Rafael Oliva, "Innovation in the Context of Industrial Policies in Brazil", http://ictsd.net/downloads/2009/07/oliva.pdf.

Reuven Glick and Andrew Rose, "Contagion and Trade: Why Are Currency Crises Regional?" *Journal of International Money and Finance*, 1999, 8(4):32—41.

Robertson J., "Investment led growth in India: Fact or mythology", *Economic and Political Weekly*, 2010, 45(40):120—124.

Romer P., "Endogenous Technological Change", *Journal of Political Economy*, 1990, 98(1):part II, 71—102.

Romer, P., "Increasing Returns and Long-Run Growth", *Journal of Political Economy*, 1986, Vol.94(5):45—56.

Romer, Rivera-Batiz, P.M., "Economic Integration and Endogenous Growth", *Quarterly Journal of Economics*, 1991, 106:531—555.

S.Bond, "Dynamic Panel Data Models: A Guide to Micro Data Methods and Practice", working paper, 09/02. Institute for Fiscal Studies. London, 2002, http://www.cemmap.ac.uk/wps/cwp0209.pdf.

S.Otsubo, *New Regionalism and South-South Trade: Could it be an Entry Point for the South toward Global Integration*? APEC Discussion Paper, 1998.

Sanjaya Lall, "The Technological Structure and Performance of Developing Country Manufactured Exports, 1985—98", *Oxford Development Studies*, 2000, 3: 338—368.

Shiue C.H., Keller W., "Markets in China and Europe on the Eve of the Industrial Revolution", *The American Economic Review*, 2007, 97(4):1189—1216.

Solow, Robert, "M.A Contribution to the Theory of Economic Growth", *Quarterly Journal of Economics*, 1956, 70(1):65—94.

Swan, Trevor W., "Economic Growth and Capital Accumulation", *Economic Record*, 1956, 329, 334—361.

Tabata S., "The Impact of Global Financial Crisis on The Mechanism of Economic Growth in Russia", *Eurasian Geography and Economics*, 2009, 50(6): 682—698.

Tsen W. H., "Exports, Domestic Demand, and Economic Growth in China: Granger Causality Analysis", *Review of Development Economics*, 2010, 14(3): 625—639.

Yanrui Wu and Zhangyue Zhou, "Changing Bilateral Trade between China and India," *Journal of Asian Economics*, 2006, 17(3):509—518.

Yuqing Xing, "China's Exports in ICT and its Impact on Asian Countries,"

WIDER Research Paper，2008。

Yves Sabolo，"Trade between Developing Countries，Technology Transfers and Employment"，*International Labour Review*，1983，122(5):593—602.

保罗·肯尼迪:《大国的兴衰》，国际文化出版公司 2006 年版。

波特:《国家竞争优势》(中译本)，华夏出版社 2002 年版。

蔡荣生、刘传扬:《低碳、技术进步与产业结构升级——基于 VEC 模型和脉冲响应函数的实证分析》，《财政研究》2012 年第 6 期，第 33—36 页。

曹平:《中美日三国经济增长质量比较:基于技术进步的角度》，《经济理论与经济管理》2010 年第 6 期，第 24—29 页。

曹新:《产业结构、技术进步与经济增长》，《社会科学辑刊》1997 年第 2 期，第 48—52 页。

陈佳贵、黄群慧:《我国实现工业现代化了吗——对巧个重点工业行业现代化水平的分析与评价》，《中国工业经济》2009 年第 4 期，第 5—17 页。

陈乐一:《双重约束:中国商品市场波动的分析》，商务印书馆 1999 年版。

陈乐一:《中国经济的繁荣与萧条》，立信会计出版社 2000 年版。

范剑平:《论投资主导型向居民消费、社会投资双拉动型转换》，《经济学动态》2003 年第 2 期，第 11—14 页。

范泽孟、徐建华:《技术进步与产业升级问题研究》，《科学·经济·社会》2002 年第 2 期，第 59—63 页。

傅家荣:《可持续消费的合理内涵及其实现对策》，《经济问题》1998 年第 3 期，第 48—50 页。

高更和、田红、刘兆德、陈素青:《山东省产业结构变动对区域经济增长贡献的演变》，《经济地理》2009 年第 1 期，第 270—273 页。

格伦·E.施韦策:《新时期俄罗斯的科技、经济与安全》，北京理工大学出版社 2007 年版。

葛新元等:《中国经济结构变化对经济增长的贡献的计量分析》，《北京师范大学学报》(自然科学版)2000 年第 1 期，第 43—48 页。

龚海林、梅国平:《总需求结构对经济波动的影响分析》,《统计与决策》2012年第9期,第135—138页。

顾新一:《技术进步与经济增长》,《数量经济技术经济研究》1988年第9期,第64—71页。

贺书锋:《"金砖四国"经济周期互动与中国核心地位——基于SVAR的实证分析》,《世界经济研究》2010年第4期,第80—86页。

亨利·曼斯:《金砖国家筹建开发银行》,《金融时报》2012年10月10日。

胡云超:《英国经济增长动力解析》,《欧洲研究》2006年第4期,第137—153页。

胡振华、周永文:《产业结构变动对经济增长的影响及其测算》,《数量经济技术经济研究》1997年第4期,第18—20页。

胡祖六:《中国勿重蹈南美"失落二十年"覆辙》,《证券时报》2012年06月02日。

黄军英:《从国家创新体系看印度发展信息技术的成功经验》,《科技与经济》2006年第4期,第38—41页。

黄茂兴、李军军:《技术选择、产业结构升级与经济增长》,《经济研究》2009年第7期,第143—151页。

黄群慧、贺俊:《"第三次工业革命"与中国经济发展战略调整——技术经济范式转变的视角》,《中国工业经济》2013年第1期,第5—18页。

黄松、安义中:《技术进步对美国经济增长的影响极其借鉴意义》,《经济体制改革》2000年第2期,第104—106页。

纪玉山、吴勇民:《科技创新促进经济增长的微观机理与政策选择》,《经济社会体制比较》2007年第5期,第40—46页。

贾立江、范德成、武艳君:《低碳经济背景下我国产业结构调整研究》,《经济问题探索》2013年第2期,第87—92页。

江小涓:《大国双引擎增长模式》,《管理世界》2010年第6期,第1—7页。

蒋佩晔:《技术进步与经济增长——新经济增长理论及实证》,《社会科学论坛》2006 年第 12 期,第 117—121 页。

金浩、李延军、高素英:《关于经济波动周期性及成因的实证研究》,《数理统计与管理》2005 年第 1 期,第 52—57 页。

卡尔・皮尔尼:《印度中国如何改变世界》,国际文化出版公司 2008 年版。

康玉泉、孙庆兰:《低碳经济与我国产业结构调整研究》,《价值工程》2011 年第 10 期,第 143—144 页。

库兹克著,孟秀云译:《2030 年前俄罗斯经济创新发展战略》,《国外社会科学》2005 年第 6 期,第 41—46 页。

李朝鲜、白先华:《投资周期波动与经济增长关系的实证分析》,《北京工商大学学报》2007 年第 5 期,第 41—43 页。

李杰:《中国、印度软件产业国家创新系统对比研究》,内蒙古大学硕士论文,2005 年。

李天锋:《开放条件下经济周期波动传导机制研究——中国经验分析》,复旦大学博士论文,2011 年。

李卫兵:《产业结构、技术创新与经济增长——基于中国制造业和采掘业数据的考察》,《华中科技大学学报》(社会科学版)2008 年第 4 期,第 52—58 页。

李晓宁:《经济增长的技术进步效率研究:1978—2010》,《科技进步与对策》2012 年第 7 期,第 5—10 页。

李杏、刘博:《中国经济增长中的内需与外需之间的互动关系研究》,《现代管理科学》2013 年第 2 期,第 44—47 页。

利・曼斯著:《金砖国家筹建开发银行》,邢嵬译,英国:《金融时报》(FT 中文网),2012 年 10 月 10 日。

林跃勤:《新兴经济体经济增长方式评价》,《经济社会体制比较》2011 年第 5 期,第 126—133 页。

林跃勤、D.索罗金、L.雅科勃松:《俄罗斯关于转变经济增长方式的讨论评述》,《经济学动态》2009 年第 3 期,第 137—141 页。

林跃勤、周文:《金砖国家发展报告(2012)》,社会科学文献出版社 2012 年版。

林跃勤、周文:《金砖国家经济社会发展报告(2011)》,社会科学文献出版社2011年版。

林跃勤主编:《金砖国家经济社会发展报告》,社会科学文献出版社2011年版。

刘金全:《投资波动性与经济周期之间的关联性分析》,《中国软科学》2003年第4期,第30—35页。

刘树成:《投资周期波动对经济周期波动的影响》,《数量经济与技术经济研究》1987年第11期,第26—33页。

刘伟:《产业结构与经济增长》,《中国工业经济》2002年第5期,第14—20页。

刘伟:《需求结构不对称经济运行失衡加剧》,《中国城乡金融报》2006年5月8日。

刘伟、李绍荣:《产业结构与经济增长》,《中国工业经济》2002年第5期,第14—20页.

刘伟、张辉:《中国经济增长中的产业结构变迁和技术进步》,《经济研究》2008年第11期,第4—15页。

刘秀莲:《韩国2015年产业创新战略评析》,《亚非纵横》2006年第5期,第45—51页。

刘迎秋:《我国总需求结构变动及其产出效应剖析》,《中国工业经济研究》1991年第11期,第32—41页。

柳思维、王娟、尹元元:《1978—2007年市场动力对中国工业化影响的实证分析》,《系统工程》2009年第2期,第38—44页。

柳卸林、段小华:《转型中的俄罗斯国家创新体系》,《科学学研究》2003年第5期,第325—330页。

吕冰洋、于永达:《要素积累、效率提高还是技术进步?——经济增长的动力分析》,《经济科学》2008年第1期,第16—27页。

罗伯托·杜马斯·达马斯著,生延超译:《巴西经济的历史与展望》,《湖南商学院学报》2010年第2期,第15—19页。

孟伟:《高新技术产业与经济增长关系研究》,《当代经济》2008 年第 1 期,第 140—142 页。

欧阳峣:《“大国内生能力”与经济发展》,《光明日报》2013 年 3 月 27 日。

欧阳峣:《“金砖四国”崛起的大国效应》,《光明日报》2010 年 2 月 2 日。

欧阳峣:《大国经济研究(2009,第一辑)》,经济科学出版社 2009 年版。

欧阳峣:《大国经济研究(2010,第二辑)》,经济科学出版社 2010 年版。

欧阳峣:《大国经济研究(2011,第三辑)》,经济科学出版社 2011 年版。

欧阳峣:《基于大国综合优势的中国对外直接投资战略》,《财贸经济》2006 年第 5 期,第 57—60 页。

欧阳峣等:《中国与金砖国家外贸的“共享式”增长》,《中国社会科学》2012 年第 10 期,第 67—86 页、206 页。

戚文海:《俄罗斯的科技创新政策》,《西伯利亚研究》2001 年第 5 期,第 27—31 页。

戚文海:《基于转轨视角的俄罗斯国家创新战略的演进与趋势》,《俄罗斯研究》2007 年第 5 期,第 30—37 页。

戚文海:《经济转轨国家的国家创新体系评析——以俄罗斯为研究案例》,《俄罗斯中亚东欧研究》2005 年第 5 期,第 37—66 页。

钱纳里:《工业化和经济增长的比较研究》,吴奇译,上海三联出版社 1985 年版。

钱纳里著,吴奇译:《工业化和经济增长的比较研究》,上海三联出版社 1985 年版。

钱水土、周永涛:《金融发展、技术进步与产业升级》,《统计研究》2011 年第 1 期,第 68—74 页。

秦永良、张满银、姜秀谦:《发展知识经济:我国产业结构调整和升级的最佳战略选择》,《经济学动态》2000 年第 1 期,第 19—23 页。

权贤佐:《改革开放以来我国的产业技术进步与结构升级》,《调研世界》1997 年第 3 期,第 13—21 页。

任小军:《经济增长、产业升级与技术进步的互动机制》,《经济纵横》2011年第8期,第51—54页。

任泽平、张宝军:《我国经济增长模式比较:内需与外需》,《改革》2011年第2期,第14—20页。

沈开艳、刘社建:《印度“双核心”自主创新模式及其启示》,《毛泽东邓小平理论研究》2007年第7期,第74—78页。

沈坤荣、马俊:《中国经济增长的“俱乐部收敛”特征及其成因研究》,《经济研究》2002年第1期,第33—39页。

沈坤荣、马昀:《高新技术产业发展与经济增长》,《软科学研究》2002年第5期,第1—5页。

沈利生:《最终需求结构变动怎样影响产业结构变动——基于投入产出模型的分析》,《数量经济技术经济研究》2011年第11期,第82—96页。

石柱鲜、吴泰岳、邓创、王晶晶:《关于我国产业结构调整与经济周期波动的实证研究》,《数理统计与管理》2009年第3期,第412—419页。

石祖培、王珺、李雁玲:《广东产业结构与出口结构联系之分析》,《中山大学学报》(社会科学版)1991年第3期,第17—24页。

宋冬林、王林辉、董直庆:《资本体现式技术进步及其对经济增长的贡献率(1981—2007)》,《中国社会科学》2011年第2期,第91—106页、222页。

苏雪串:《南南合作? 南北合作? ——发展中国家在国际区域经济一体化中的选择》,《经济经纬》2006年第2期,第35—37页。

孙宝文:《信息技术产业对经济增长影响的实证研究》,《中央财经大学学报》2002年第6期,第76—80页。

汤凌霄:《“金砖四国”金融监管合作平台:依据与政策建议》,《财政研究》2010年第10期,第7—11页。

汤凌霄等:《金砖国家外汇储备波动的协动性及其影响因素》,《经济研究》2014年第1期,第112—126页。

田红、刘兆德、陈素青:《山东省产业结构变动对区域经济增长贡献的演变》,

《经济地理》2009年第1期，第50—53页。

涂俊、吴贵生：《对“华盛顿共识”的反思——巴西国家创新系统“失落的十年”及其启示》，《中国软科学》2005年第2期，第105—110页。

万广华、M.S Qureshi、伏润民：《中国和印度的贸易扩张：威胁还是机遇?》，《经济研究》2008年第4期，第66—77页、118页。

万勇：《区域技术创新推动经济增长的微观效应与宏观机制》，《华东经济管理》2011年第5期，第36—40页。

王兵、颜鹏飞：《技术效率、技术进步与东亚经济增长——基于APEC视角的实证分析》，《经济研究》2007年第5期，第91—103页。

王春明：《江苏省经济增长中高新技术产业贡献的计量分析》，《统计与决策》2009年第22期，第85—87页。

王宏淼：《西方国家经济增长方式的历史演变及对当今的启示》，《现代经济探讨》2006年第6期，第30—36页。

王敏晰：《我国高新技术产业对经济增长的贡献及启示》，《技术经济与管理研究》2010年第4期，第54—57页。

王宪勇：《DSGE框架下的中国经济波动研究》，东北财经大学博士论文，2009年。

王延军：《我国经济周期波动的需求分析》，《山西财经大学学报》2007年第4期，第32—36页。

王永中、姚枝仲：《金砖国家峰会的经济议题、各方立场与中国对策》，《国际经济评论》2011年第3期，第74—83页。

卫兴华、侯为民：《中国经济增长方式的选择与转换途径》，《经济研究》2007年第7期，第15—21页。

文富德：《印度应对国际金融危机的对策及其经济前景分析》，《四川大学学报》(哲学社会科学版)2009年第4期，第58—65页。

文启湘、高觉民：《消费需求结构升级与经济结构转换——消费需求的成长及其方略研究》，《消费经济》1999年第6期，第7—10页。

吴敬琏:《经济增长模式与技术进步》,《中国科技产业》2006 年第 1 期,第 23—29 页。

吴俊、宾建成:《“金砖四国”经济效率的比较研究》,《亚太经济》2010 年第 3 期,第 78—83 页。

吴玲菊:《经济增长中技术进步的国际比较与中国经济增长》,《上海经济研究》2003 年第 5 期,第 25—32 页。

吴晓波、范志刚、杜健:《国家创新系统视角下的中印比较》,《科学学研究》2007 年第 12 期,第 512—517 页。

吴晓波、黄娟、郑素丽:《从技术差距、吸收能力看 FDI 与中国的技术追赶》,《科学学研究》2005 年第 3 期,第 347—351 页。

武剑:《我国外汇储备规模的分析与界定》,《经济研究》1998 年第 6 期,第 20—29 页。

西蒙·库兹涅茨著:《各国的经济增长》,商务印书馆 1985 年版。

夏杰长:《技术进步与经济增长的实证分析及其财税政》,《财经问题研究》2002 年第 11 期,第 53—59 页。

徐向梅:《俄罗斯经济增长的多角度分析》,《当代世界社会主义问题》2009 年第 1 期,第 103—115 页。

徐瑛、陈秀山、刘凤良:《中国技术进步贡献率的度量与分解》,《经济研究》2006 年第 8 期,第 93—103 页、128 页。

许永兵:《我国消费需求变动与经济景气波动的实证分析》,《管理现代化》2001 年第 4 期,第 16—21 页。

亚当·斯密著,郭大力、王亚南译:《国富论》中文版,上海三联出版社 2009 年版。

亚历克斯·马里昂纽沃著,邱文敏编译:《巴西:走向世界经济舞台》,《大经贸》2008 年第 9 期,第 68—70 页。

亚历山大·温特:《国际政治的社会理论》(中文版),上海人民出版社 2000 年版。

闫成海:《从贸易结构看中国与印度经济间的竞争关系》,《世界经济》2003 年第 1 期,第 57—60 页。

颜鹏飞、王兵:《技术效率、技术进步与生产率增长:基于 DEA 的实证分析》,《经济研究》2004 年第 12 期,第 55—65 页。

姚枝仲、李众敏:《点石成金——金砖国家开发性金融合作构想》,《财经》2012 年第 9 期,http://read.139life.com/read/article.php? id=202461&all=1。

英定文:《高新技术产业发展与经济增长方式转变》,《数量经济技术经济研究》1996 年第 8 期,第 10—13 页。

于泽、章潇萌、刘凤良:《中国产业结构升级内生动力:需求还是供给》,《经济理论与经济管理》2014 年第 3 期,第 25—35 页。

余江、叶林:《经济增长中的资源约束和技术进步——一个基于新古典经济增长模型的分析》,《中国人口·资源与环境》2006 年第 5 期,第 7—10 页。

余元明:《中国经济发展过程中的外需和内需问题探讨》,《当代经济》2012 年第 11 期,第 64—65 页。

俞颖:《中国外汇储备适度规模研究综述》,《经济问题》2007 年第 8 期,第 96—98 页。

张兵、李翠莲:《"金砖国家"通货膨胀周期的协动性》,《经济研究》2011 年第 9 期,第 29—40 页。

张国富:《论技术进步与经济增长》,《北京大学学报》(哲学社会科学版)1997 年第 3 期,第 72—78 页。

张军:《消费不足是个伪命题》,《社会观察》2010 年第 11 期,第 55—57 页。

张军、桂林:《中国的经济发展如何影响了全球经济:基于经济学文献的答案》,《世界经济》2008 年第 8 期,第 3—19 页。

张文军:《论我国的消费需求与经济波动》,湖南大学硕士论文,2004 年。

张寅生、鲍鸥:《俄罗斯科技创新体系改革进展》,《经济社会体制比较》2005 年第 3 期,第 57—62 页。

赵忆宁:《为双边贸易"整容":巴西为何从高兴变为不高兴》,《21 世纪经济报道》2011 年 8 月 27 日。

郑超愚、赵旸:《中国经济波动的需求驱动力与国际耦合性》,《金融研究》2010 年第 10 期,第 1—10 页。

周志伟:《巴西缓解贫富悬殊之路》,《南风窗》2012 年第 9 期,第 61—63 页。

祝树金、陈艳、谢锐:《"龙象之争"与"龙象共舞"——基于出口技术结构的中印贸易关系分析》,《统计研究》2009 年第 4 期,第 25—32 页。

后　记

摆在读者面前的是我们承担的国家软科学研究计划重大项目《"金砖国家"的增长与转型》(批准号:2012GXS3D040)的最终研究成果,该项目于2013年7月通过科技部办公厅调研室组织的验收,专家组认为:"这项研究目标明确、视野开阔、思路清晰、逻辑严谨、资料翔实、方法科学,提出的观点和思路有创新,对策建议可行。"

近几年来,我们的大国经济研究团队对金砖国家经济增长与转型问题进行了比较系统的研究。为了增强感性认识和收集相关资料,欧阳峣教授先后到俄罗斯、印度、巴西和南非进行考察;欧阳峣教授、汤凌霄教授和易先忠副教授先后到美国斯坦福大学、英国牛津大学担任高级研究学者和访问学者。通过与国内外专家进行研讨,我们提出了一些有价值的观点和思路,受到了学术界和政府部门的认同。课题的阶段性成果分别在《人民日报》、《光明日报》、《中国社会科学》、《经济学动态》、《中国科技论坛》等权威刊物发表,对策建议在科技部的《软科学要报》刊登,这种鼓励给我们的研究增添了动力。

本书是集体成果,由首席专家欧阳峣教授进行总体设计,课题组成员分别撰写初稿。具体分工如下:欧阳峣撰写第1章;陈琦撰写第2章;生延超撰写第3章;杜焱撰写第4章;易先忠、欧阳峣、张亚斌撰写第5章;汤凌霄、欧阳峣、黄泽先撰写第6章。最后由欧阳峣、易先忠修改定稿。

在研究和写作过程中,国家科技部的胥和平、刘琦岩、刘育新、邵学清、常玉峰,湖南省科技厅的姜郁文、易向凡、黄耀等同志给予了指导和支持;斯坦福大学的麦金农教授和尼克·霍普博士,牛津大学的芭芭拉教授和傅晓岚教授,湖南大学的张亚斌教授、许鹏教授以及湖南商学院的柳思维教授提出了建设性意见；罗会华和张杨博士做了组织协调工作。在此谨致以诚挚的谢意！

欧阳峣

2015 年春于长沙梦泽园